à Roger Leenhardt
et
François Truffaut

andré bazin

qu'est-ce que le cinéma ?

Deuxième édition

7ART

collection dirigée par Guy Hennebelle

LES ÉDITIONS DU CERF
29, bd Latour-Maubourg, Paris

1994

I.S.B.N. 2-204-02419-8
ISSN 0768-1426

AVERTISSEMENT

En 1958, six ans après la fondation de cette collection « Septième Art », André Bazin publiait le premier volume d'une série qui devait en compter quatre sous le titre général *Qu'est-ce que le cinéma ?* Son avant-propos, dont nous avons conservé ici l'essentiel, en indiquait clairement l'esprit : « Ce titre n'est pas tant la promesse d'une réponse que l'annonce d'une question que l'auteur se posera à lui-même tout au long de ces pages. »

Pour lui, pratique et théorie se renvoient l'une à l'autre dans une lecture où la « naïveté » interrogative constitue un moment d'une compréhension rigoureuse. Sans doute est-ce cette rigueur d'où l'émotion n'est pas absente qui a assuré dès le premier volume le succès de cette œuvre.

La mort d'André Bazin ne devait pas lui permettre de terminer la mise au point de son quatrième tome sur le néoréalisme italien. Ce fut son ami Jacques Rivette qui s'en chargea, en 1962, comme en un dernier hommage à celui qui fut la conscience de toute une génération de critiques et de cinéastes.

L'ouvrage en quatre tomes a connu de nombreuses réimpressions, signes d'une demande qui ne s'est jamais démentie.

En 1975, nous en avions réuni en un seul volume les principaux articles. Tout choix est un risque. Ce risque nous l'avions assumé avec Mme Janine Bazin et conseillés par François Truffaut.

Dix ans après, tandis que Bazin connaît un regain d'intérêt en France et ailleurs, nous proposons aux nouvelles générations de cinéphiles cet ouvrage fondamental dans la même formule qui en fait assurément le recueil le plus significatif.

Notre vœu reste de faire partager aux lecteurs l'intense amour du cinéma qui animait André Bazin, dont l'œuvre a illuminé cette collection.

Le Cerf, 1985.

AVANT-PROPOS

Ce livre rassemble des articles publiés depuis la guerre. Nous ne nous dissimulons pas les périls de l'entreprise, dont le principal est d'encourir le reproche de présomption en offrant à la postérité des réflexions de circonstance inspirées plus ou moins par l'actualité. Mais ayant la chance d'exercer sa coupable industrie dans un quotidien et dans divers hebdomadaires et revues, l'auteur a peut-être bénéficié de la possibilité de choisir des articles moins directement déterminés par les contingences de l'actualité journalistique. Il s'ensuit en revanche que le ton et surtout les dimensions des articles groupés ici seront assez variés ; les critères qui nous ont guidé étant davantage de fond que de forme, tel article de deux ou trois pages, paru dans un hebdomadaire, pouvait, dans la perspective de ce livre, avoir autant d'importance qu'une longue étude de revue ou du moins apporter à l'édifice une pierre d'angle utile à la solidité de la façade.

Il est vrai que nous aurions pu et peut-être dû refondre ces articles dans la continuité d'un essai. Nous y avons renoncé par crainte de tomber dans l'artifice didactique, préférant faire confiance au lecteur et lui laisser le soin de découvrir tout seul, si elle existe, la justification intellectuelle au rapprochement de ces textes.

Le titre de cette série *Qu'est-ce que le cinéma ?* n'est pas tant la promesse d'une réponse que l'annonce d'une question que l'auteur se posera à lui-même tout au long de ces pages. Ces livres ne prétendront donc point offrir une géologie et une géographie exhaustives du cinéma, mais seulement entraîner le lecteur dans une succession de coups de sonde, d'explorations, de survols pratiqués à l'occasion des films proposés à la réflexion quotidienne du critique.

De la masse de feuillets noircis au jour le jour, nombre ne sont plus bons qu'à allumer le feu ; d'autres, qui avaient en leur temps une petite valeur en référence à l'état du cinéma contemporain n'auraient plus guère aujourd'hui que celle d'un intérêt rétrospectif. Ils ont été éliminés, car si l'histoire de la critique est déjà une bien petite chose, celle d'un critique particulier n'intéresse personne, pas même lui, si ce n'est comme exercice d'humilité. Restaient des articles ou des études nécessairement datés par les références des films qui en fournirent le prétexte, mais qui nous ont semblé, à tort ou à raison, conserver malgré le recul une valeur intrinsèque. Nous n'avons jamais hésité naturellement à les corriger, soit dans la forme soit dans le fond, chaque fois que cela nous a paru utile. Il nous est arrivé aussi de fondre plusieurs articles traitant du même thème à partir de films différents ou au contraire de couper des pages ou des paragraphes qui eussent pu faire double emploi à l'intérieur du recueil, mais le plus souvent ces corrections sont mineures et se bornent à émousser les pointes de l'actualité qui arrêteraient le lecteur sans profit pour l'économie intellectuelle de l'article. Il nous a cependant paru, sinon nécessaire, du moins inévitable de respecter celle-ci. Dans la mesure, si modeste soit-elle, où un article critique procède d'un certain mouvement de la pensée, ayant son élan, sa dimension et son rythme, il s'apparente aussi à la création littéraire et l'on ne saurait, sans briser le contenu avec la forme, le faire passer par un autre moule. Du moins nous a-t-il semblé que le bilan de l'opération serait déficitaire pour le lecteur et avons-nous préféré laisser subsister des lacunes par rapport au plan idéal du recueil plutôt que de boucher les trous par une critique disons... conjonctive. Le même souci nous a conduit, plutôt que d'intégrer de force à l'intérieur des articles nos réflexions actuelles, à les porter en notes à leur suite.

Néanmoins et en dépit d'un choix que nous espérons sans indulgence excessive, il était inévitable que le texte ne fût pas toujours indépendant de la date de sa conception ou que des éléments de circonstance fussent inséparables de réflexions plus intemporelles. Bref, et en dépit de corrections que nous leur avons fait subir, nous avons cru bon de donner chaque fois la référence originelle des articles ayant fourni la matière des pages qui vont suivre.

A. B.
(1958)

I

ONTOLOGIE DE L'IMAGE PHOTOGRAPHIQUE [1]

Une psychanalyse des arts plastiques pourrait considérer la pratique de l'embaumement comme un fait fondamental de leur genèse. A l'origine de la peinture et de la sculpture, elle trouverait le « complexe » de la momie. La religion égyptienne dirigée tout entière contre la mort, faisait dépendre la survie de la pérennité matérielle du corps. Elle satisfaisait par là à un besoin fondamental de la psychologie humaine : la défense contre le temps. La mort n'est que la victoire du temps. Fixer artificiellement les apparences charnelles de l'être c'est l'arracher au fleuve de la durée : l'arrimer à la vie. Il était naturel de sauver ces apparences dans la réalité même du mort, dans sa chair et dans ses os. La première statue égyptienne, c'est la momie de l'homme tanné et pétrifié dans le natron. Mais les pyramides et le labyrinthe des couloirs n'étaient pas une garantie suffisante contre la violation éventuelle du sépulcre ; il fallait encore prendre d'autres assurances contre le hasard, multiplier les chances de sauvegarde. Aussi plaçait-on près du sarcophage, avec le froment destiné à la nourriture du mort, des statuettes de terre cuite, sortes de momies de rechange, capables de se substituer au corps si celui-ci venait à être détruit. Ainsi se révèle, dans les origines religieuses de la statuaire, sa fonction primordiale : sauver l'être par l'apparence. Et sans doute peut-on tenir pour un autre aspect du même projet, considéré dans sa modalité active, l'ours d'argile criblé de flèches dans la caverne préhistorique, substitut magique, identifié au fauve vivant, pour l'efficacité de la chasse.

1. Étude reprise de *Problèmes de la peinture*, 1945.

Il est entendu que l'évolution parallèle de l'art et de la civilisation a dégagé les arts plastiques de ces fonctions magiques (Louis XIV ne se fait pas embaumer : il se contente de son portrait par Lebrun). Mais elle ne pouvait que sublimer à l'usage d'une pensée logique ce besoin incoercible d'exorciser le temps. On ne croit plus à l'identité ontologique du modèle et du portrait, mais on admet que celui-ci nous aide à nous souvenir de celui-là, et donc à le sauver d'une seconde mort spirituelle. La fabrication de l'image s'est même libérée de tout utilitarisme anthropocentrique. Il ne s'agit plus de la survie de l'homme, mais plus généralement de la création d'un univers idéal à l'image du réel et doué d'un destin temporel autonome. « Quelle vanité que la peinture » si l'on ne décèle pas sous notre admiration absurde le besoin primitif d'avoir raison du temps par la pérennité de la forme ! Si l'histoire des arts plastiques n'est pas seulement celle de leur esthétique mais d'abord de leur psychologie, elle est essentiellement celle de la ressemblance ou, si l'on veut, du réalisme.

***

La photographie et le cinéma situés dans ces perspectives sociologiques expliqueraient tout naturellement la grande crise spirituelle et technique de la peinture moderne qui prend naissance vers le milieu du siècle dernier.

Dans son article de « Verve », André Malraux écrivait que « le cinéma n'est que l'aspect le plus évolué du réalisme plastique dont le principe est apparu avec la Renaissance, et a trouvé son expression limite dans la peinture baroque ».

Il est vrai que la peinture universelle avait réalisé des équilibres divers entre le symbolisme et le réalisme des formes, mais au XVe siècle, le peintre occidental a commencé de se détourner du seul souci primordial de la réalité spirituelle exprimée par des moyens autonomes, pour en combiner l'expression avec l'imitation plus ou moins complète du monde extérieur. L'événement décisif fut sans doute l'invention du premier système scientifique et, en quelque sorte, déjà mécanique : la perspective (la chambre noire de Vinci préfigurait celle de Niepce). Il permettait à l'artiste de donner l'illusion d'un espace à trois dimensions où les objets pussent se situer comme dans notre perception directe.

Désormais la peinture fut écartelée entre deux aspirations : l'une proprement esthétique — l'expression des réalités spirituelles où le modèle se trouve transcendé par le symbolisme des formes —, l'autre qui n'est qu'un désir tout psychologique de remplacer le monde extérieur par son double. Ce besoin d'illusion s'accroissant rapidement de sa propre satisfaction, dévora peu à peu les arts plastiques. Cependant la perspective n'ayant résolu que le problème des formes non celui du mouvement, le réalisme devait se prolonger naturellement par une recherche de l'expression dramatique dans l'instant, sorte de quatrième dimension psychique capable de suggérer la vie dans l'immobilité torturée de l'art baroque [1].

Certes, les grands artistes ont toujours réalisé la synthèse de ces deux tendances : ils les ont hiérarchisées, dominant la réalité et la résorbant dans l'art. Mais il demeure que nous sommes en présence de deux phénomènes essentiellement différents qu'une critique objective doit savoir dissocier pour comprendre l'évolution picturale. Le besoin d'illusion n'a pas cessé depuis le XVIe siècle de travailler intérieurement la peinture. Besoin tout mental, inesthétique en lui-même, dont on ne saurait trouver l'origine que dans la mentalité magique, mais besoin efficace dont l'attraction a profondément désorganisé l'équilibre des arts plastiques.

La querelle du réalisme dans l'art procède de ce malentendu, de la confusion entre l'esthétique et le psychologique, entre le véritable réalisme qui est besoin d'exprimer la signification à la fois concrète et essentielle du monde, et le pseudo-réalisme du trompe-l'œil (ou du trompe-l'esprit) qui se satisfait de l'illusion des formes [2]. C'est pourquoi

---

1. Il serait intéressant de suivre de ce point de vue la concurrence, dans les journaux illustrés de 1890 à 1910, entre le reportage photographique, encore à ses origines, et le dessin. Ce dernier satisfaisant surtout le besoin baroque du dramatique (cf. *Le Petit Journal illustré*). Le sens du document photographique ne s'est imposé que peu à peu. On constate du reste, au-delà d'une certaine saturation, un retour vers le dessin dramatique du type « Radar ».

2. Peut-être en particulier la critique communiste devrait-elle, avant d'attacher tant d'importance à l'expressionnisme réaliste en peinture, cesser de parler de celle-ci comme on aurait pu le faire au XVIIIe siècle, avant la photographie et le cinéma. Il importe peut-être assez peu que la Russie soviétique fasse de la mauvaise peinture si elle fait du bon cinéma : Eisenstein est son Tintoret. Il importe en revanche qu'Aragon veuille nous persuader que c'est Repine.

l'art médiéval, par exemple, ne paraît pas souffrir de ce conflit ; à la fois violemment réaliste et hautement spirituel, il ignorait ce drame que les possibilités techniques sont venues révéler. La perspective fut le péché originel de la peinture occidentale.

***

Niepce et Lumière en furent les rédempteurs. La photographie, en achevant le baroque, a libéré les arts plastiques de leur obsession de la ressemblance. Car la peinture s'efforçait au fond en vain de nous faire illusion et cette illusion suffisait à l'art, tandis que la photographie et le cinéma sont des découvertes qui satisfont définitivement et dans son essence même l'obsession du réalisme. Si habile que fût le peintre, son œuvre était toujours hypothéquée par une subjectivité inévitable. Un doute subsistait sur l'image à cause de la présence de l'homme. Aussi bien le phénomène essentiel dans le passage de la peinture baroque à la photographie ne réside-t-il pas dans le simple perfectionnement matériel (la photographie restera longtemps inférieure à la peinture dans l'imitation des couleurs), mais dans un fait psychologique : la satisfaction complète de notre appétit d'illusion par une reproduction mécanique dont l'homme est exclu. La solution n'était pas dans le résultat mais dans la genèse [1].

C'est pourquoi le conflit du style et de la ressemblance est un phénomène relativement moderne et dont on ne trouverait guère de traces avant l'invention de la plaque sensible. On voit bien que l'objectivité fascinante de Chardin n'est point celle du photographe. C'est au XIXe siècle que commence véritablement la crise du réalisme dont Picasso est aujourd'hui le mythe et qui mettra en cause tout à la fois les conditions d'existence formelle des arts plastiques et leurs fondements sociologiques. Libéré du complexe de la ressemblance, le peintre moderne l'abandonne au

---

1. Il y aurait lieu cependant d'étudier la psychologie de genres plastiques mineurs, comme le moulage de masques mortuaires qui présentent, eux aussi, un certain automatisme dans la reproduction. En ce sens on pouvait considérer la photographie comme un moulage, une prise d'empreinte de l'objet par le truchement de la lumière.

peuple [1] qui l'identifie désormais d'une part à la photographie et de l'autre à la seule peinture qui s'y applique.

***

L'originalité de la photographie par rapport à la peinture réside donc dans son objectivité essentielle. Aussi bien, le groupe de lentilles qui constitue l'œil photographique substitué à l'œil humain s'appelle-t-il précisément « l'objectif ». Pour la première fois, entre l'objet initial et sa représentation, rien ne s'interpose qu'un autre objet. Pour la première fois, une image du monde extérieur se forme automatiquement sans intervention créatrice de l'homme, selon un déterminisme rigoureux. La personnalité du photographe n'entre en jeu que par le choix, l'orientation, la pédagogie du phénomène ; si visible qu'elle soit dans l'œuvre finale, elle n'y figure pas au même titre que celle du peintre. Tous les arts sont fondés sur la présence de l'homme ; dans la seule photographie nous jouissons de son absence. Elle agit sur nous en tant que phénomène « naturel », comme une fleur ou un cristal de neige dont la beauté est inséparable des origines végétales ou telluriques.

Cette genèse automatique a bouleversé radicalement la psychologie de l'image. L'objectivité de la photographie lui confère une puissance de crédibilité absente de toute œuvre picturale. Quelles que soient les objections de notre esprit critique nous sommes obligés de croire à l'existence de l'objet représenté, effectivement re-présenté, c'est-à-

1. Mais est-ce bien « le peuple » en tant que tel qui est à l'origine du divorce entre le style et la ressemblance que nous constatons effectivement aujourd'hui? Ne s'identifie- t- il pas plutôt avec l'apparition de « l'esprit bourgeois » né avec l'industrie et qui servit justement de repoussoir aux artistes du XIXe siècle, esprit qu'on pourrait définir par la réduction de l'art à ses catégories psychologiques? Aussi bien la photographie ne prend-elle pas historiquement de manière directe la relève du réalisme baroque et Malraux fait remarquer à juste titre qu'elle n'a d'abord d'autre souci que « d'imiter l'art » en copiant naïvement le style pictural. Niepce et la plupart des pionniers de la photographie cherchaient d'ailleurs par ce moyen à copier les gravures. Ce dont ils rêvaient c'était de produire des œuvres d'art sans être des artistes, par décalcomanie. Projet typiquement et essentiellement bourgeois mais qui confirme notre thèse en la portant en quelque sorte au carré. Il était naturel que le modèle le plus digne d'imitation apparût d'abord au photographe être l'objet d'art en ce qu'il imitait déjà à ses yeux la nature, « mais en mieux ». Il fallait un certain temps pour que, devenant lui-même artiste, le photographe en arrive à comprendre qu'il ne pouvait copier que la nature.

dire rendu présent dans le temps et dans l'espace. La photographie bénéficie d'un transfert de réalité de la chose sur sa reproduction [1]. Le dessin le plus fidèle peut nous donner plus de renseignements sur le modèle, il ne possédera jamais, en dépit de notre esprit critique, le pouvoir irrationnel de la photographie qui emporte notre croyance.

Aussi la peinture n'est-elle plus du même coup qu'une technique inférieure de la ressemblance, un ersatz des procédés de reproduction. L'objectif seul nous donne de l'objet une image capable de « défouler », du fond de notre inconscient, ce besoin de substituer à l'objet mieux qu'un décalque approximatif : cet objet lui-même, mais libéré des contingences temporelles. L'image peut être floue, déformée, décolorée, sans valeur documentaire, elle procède par sa genèse de l'ontologie du modèle ; elle est le modèle. D'où le charme des photographies d'albums. Ces ombres grises ou sépia, fantomatiques, presque illisibles, ce ne sont plus les traditionnels portraits de famille, c'est la présence troublante de vies arrêtées dans leur durée, libérées de leur destin, non par les prestiges de l'art, mais par la vertu d'une mécanique impassible ; car la photographie ne crée pas, comme l'art, de l'éternité, elle embaume le temps, elle le soustrait seulement à sa propre corruption.

*
* *

Dans cette perspective, le cinéma apparaît comme l'achèvement dans le temps de l'objectivité photographique. Le film ne se contente plus de nous conserver l'objet enrobé dans son instant comme, dans l'ambre, le corps intact des insectes d'une ère révolue, il délivre l'art baroque de sa catalepsie convulsive. Pour la première fois, l'image des choses est aussi celle de leur durée et comme la momie du changement.

1. Il faudrait introduire ici une psychologie de la relique et du « souvenir » qui bénéficient également d'un transfert de réalité procédant du complexe de la momie. Signalons seulement que le Saint Suaire de Turin réalise la synthèse de la relique et de la photographie.

Le Saint Suaire de Turin. [Photo C. Enrie.] ►

Les catégories [1] de la ressemblance qui spécifient l'image photographique, déterminent donc aussi son esthétique par rapport à la peinture. Les virtualités esthétiques de la photographie résident dans la révélation du réel. Ce reflet dans le trottoir mouillé, ce geste d'un enfant, il ne dépendait pas de moi de les distinguer dans le tissu du monde extérieur ; seule l'impassibilité de l'objectif, en dépouillant l'objet des habitudes et des préjugés, de toute la crasse spirituelle dont l'enrobait ma perception, pouvait le rendre vierge à mon attention et partant à mon amour. Sur la photographie, image naturelle d'un monde que nous ne savions ou ne pouvions voir, la nature enfin fait plus que d'imiter l'art : elle imite l'artiste.

Elle peut même le dépasser dans son pouvoir créateur. L'univers esthétique du peintre est hétérogène à l'univers qui l'entoure. Le cadre enclave un microcosme substantiellement et essentiellement différent. L'existence de l'objet photographié participe au contraire de l'existence du modèle comme une empreinte digitale. Par là, elle s'ajoute réellement à la création naturelle au lieu de lui en substituer une autre.

Le surréalisme l'avait entrevu quand il faisait appel à la gélatine de la plaque sensible pour engendrer sa tératologie plastique. C'est que, pour le surréalisme, le but esthétique est inséparable de l'efficacité mécanique de l'image sur notre esprit. La distinction logique de l'imaginaire et du réel tend à s'abolir. Toute image doit être sentie comme objet et tout objet comme image. La photographie représentait donc une technique privilégiée de la création surréaliste puisqu'elle réalise une image participant de la nature : une hallucination vraie. L'utilisation du trompe-l'œil et de la précision méticuleuse des détails dans la peinture surréaliste en est la contre-épreuve.

La photographie apparaît donc bien comme l'événement le plus important de l'histoire des arts plastiques. A la fois délivrance et accomplissement, elle a permis à la pein-

---

1. J'emploie ce terme de « catégorie » dans l'acception que lui prête M. Gouhier dans son livre sur le théâtre, quand il distingue les catégories dramatiques des esthétiques. De même que la tension dramatique n'engage aucune valeur d'art, la perfection de l'imitation ne s'identifie pas avec la beauté ; elle constitue seulement une matière première dans laquelle le fait artistique vient s'inscrire.

ture occidentale de se débarrasser définitivement de l'obsession réaliste et de retrouver son autonomie esthétique. Le « réalisme » impressionniste, sous ses alibis scientifiques, est à l'opposé du trompe-l'œil. La couleur ne pouvait d'ailleurs dévorer la forme qu'autant que celle-ci n'avait plus d'importance imitative. Et quand, avec Cézanne, la forme reprendra possession de la toile, ce ne sera plus en tout cas selon la géométrie illusionniste de la perspective. L'image mécanique, en opposant à la peinture une concurrence qui atteignait, au-delà de la ressemblance baroque, l'identité du modèle, la contraignait à se convertir de son côté en objet.

Vanité désormais que la condamnation pascalienne puisque la photographie nous permet d'une part d'admirer dans sa reproduction l'original que nos yeux n'auraient pas su aimer et dans la peinture un pur objet dont la référence à la nature a cessé d'être la raison.

***

D'autre part le cinéma est un langage.

II

LE MYTHE DU CINÉMA TOTAL [1]

Ce que révèle paradoxalement la lecture de l'admirable livre de Georges Sadoul sur les origines du cinéma [2] c'est, en dépit du point de vue marxiste de l'auteur, le sentiment d'une inversion des rapports entre l'évolution économique et technique et l'imagination des chercheurs. Tout me semble se passer comme si l'on devait renverser ici la causalité historique qui va de l'infrastructure économique aux superstructures idéologiques et considérer les découvertes techniques fondamentales comme des accidents heureux et favorables, mais essentiellement seconds par rapport à l'idée préalable des inventeurs. Le cinéma est un phénomène idéaliste. L'idée que les hommes s'en sont faite existait tout armée dans leur cerveau, comme au ciel platonicien, et ce qui nous frappe c'est bien plutôt la résistance tenace de la matière à l'idée, que les suggestions de la technique à l'imagination du chercheur.

Aussi bien le cinéma ne doit-il presque rien à l'esprit scientifique. Ses pères ne sont point des savants (Marey excepté, mais il est significatif que Marey ne s'intéressait qu'à l'analyse du mouvement, nullement au processus inverse qui permettait de le recomposer). Même Edison n'est au fond qu'un bricoleur de génie, un géant du concours Lépine. Niepce, Muybridge, Leroy, Joly, Demeny, Louis Lumière lui-même sont des monomanes, des hurluberlus, des bricoleurs ou, au mieux, des industriels ingénieux. Quant au merveilleux, au sublime E. Reynaud, qui ne voit que ses dessins animés sont le résultat de la poursuite tenace d'une

---

1. Extrait de *Critique*, 1946.
2. *L'invention du Cinéma*, T. I., Éd. Denoël.

idée fixe ? On rendrait bien mal compte de la découverte du cinéma en partant des découvertes techniques qui l'ont permise. Au contraire une réalisation approximative et compliquée de l'idée précède presque toujours la découverte industrielle qui peut seule en ouvrir l'application pratique. Ainsi, s'il nous paraît évident aujourd'hui que le cinéma, sous sa forme même la plus élémentaire, avait besoin d'utiliser un support *transparent*, *souple* et *résistant* et une émulsion sensible *sèche*, capable de prendre une image instantanée (le reste n'étant qu'aménagements mécaniques bien moins compliqués qu'une horloge du XVIIIe siècle), on s'aperçoit que toutes les étapes décisives de l'invention du cinéma ont été franchies avant que ces conditions ne soient remplies. Muybridge, grâce à la fantaisie dispendieuse d'un amateur de chevaux, parvient en 1877 et 1880 à réaliser un immense complexe qui lui permettra d'impressionner, avec l'image d'un cheval au galop, la première série cinématographique. Or, il a dû se contenter pour ce résultat du collodion humide sur plaque de verre (c'est-à-dire d'une seule des trois conditions essentielles : instantanéité, émulsion sèche, support souple). Après la découverte en 1880 du gélatino-bromure d'argent, mais avant l'apparition des premières bandes de celluloïd dans le commerce, Marey construit avec son fusil photographique une véritable caméra à plaques de verre. Enfin, même après l'existence commerciale du film en celluloïd, Lumière lui-même tentera d'abord d'employer du film de papier.

Encore n'envisageons-nous ici que la forme définitive et complète du cinéma photographique. La synthèse de mouvements élémentaires scientifiquement étudiée pour la première fois par Plateau, n'avait nul besoin du développement industriel et économique du XIXe siècle. Comme le remarque à juste titre G. Sadoul, rien ne s'opposait à la réalisation d'un phénakisticope ou d'un zootrope depuis l'antiquité. Certes, ce sont ici les travaux d'un authentique savant, Plateau, qui sont à l'origine des multiples inventions mécaniques qui permirent un usage populaire de sa découverte. Mais alors que pour le cinéma photographique nous avons lieu de nous étonner que la découverte précède en quelque sorte les conditions techniques indispensables à sa réalisation, il faudrait expliquer ici au contraire que, toutes les conditions réunies depuis longtemps (la persistance rétinienne était un phénomène très anciennement connu),

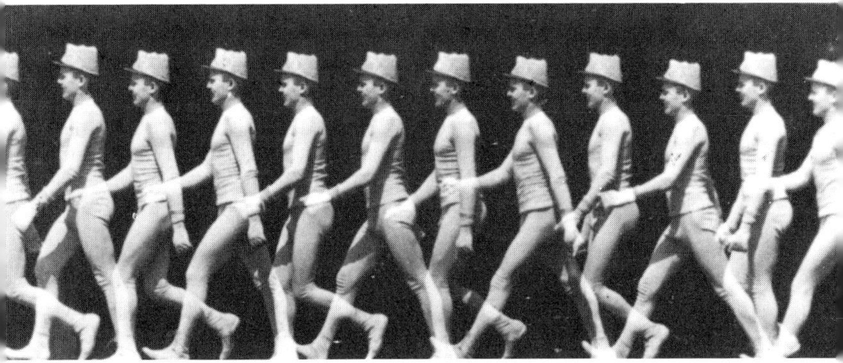

Chronophotographie de J. E. Marey. Marche du troupier.
[Photo Cinémathèque Française.]

l'invention ait mis tant de temps à éclore. Il ne sera peut-être pas inutile de noter que, sans aucun rapport scientifiquement nécessaire, les travaux de Plateau sont à peu près contemporains de ceux de Nicéphore Niepce, comme si l'attention des chercheurs avait, durant des siècles, attendu pour s'intéresser à la synthèse du mouvement que — tout à fait indépendamment de l'optique — la chimie s'intéressât de son côté à la fixation automatique de l'image[1].

1. Les fresques ou les bas-reliefs égyptiens témoignent plutôt d'une volonté d'analyse du mouvement que de sa synthèse. Quant aux automates du XVIIIe siècle ils sont au cinéma comme la peinture à la photographie. Quoi qu'il en soit, et même si les automates préfigurent depuis Descartes et Pascal les machines du XIXe siècle, ce n'est encore qu'à la manière dont les « trompe-l'œil » picturaux témoignent d'un goût exacerbé de la ressemblance. Mais la technique du trompe-l'œil n'a pas fait avancer l'optique et la chimie photographique, elle se bornait, si j'ose dire, à les singer par anticipation.

Du reste, ainsi que le mot l'indique, l'esthétique du « trompe-l'œil » au XVIIIe siècle réside davantage dans l'illusion que dans le réalisme, c'est-à-dire dans le mensonge que dans la vérité. Une statue peinte sur un mur doit paraître posée sur un socle dans l'espace. Dans une certaine mesure c'est aussi à quoi visa le cinéma débutant, mais cette fonction de supercherie cède vite la place à un réalisme ontogénétique (cf. Ontologie de l'image photographique).

J'insiste sur le fait que cette coïncidence historique ne semble pouvoir aucunement s'expliquer par l'évolution scientifique économique ou industrielle. Le cinéma photographique aurait tout aussi bien pu se greffer vers 1890 sur un phénakisticope imaginé depuis le XVIe siècle. Le retard à l'invention de celui-ci est aussi troublant que l'existence des précurseurs de celui-là.

Mais si nous examinons maintenant de plus près leurs travaux, le sens de leur recherche tel qu'il transparaît dans les appareils eux-mêmes et, plus indiscutablement, dans les écrits et commentaires qui les accompagnent, nous constatons que ces précurseurs étaient bien plutôt des prophètes. Brûlant les étapes, dont la première même leur était matériellement infranchissable, c'est directement au plus haut que la plupart d'entre eux vont viser. Leur imagination identifie l'idée cinématographique à une représentation totale et intégrale de la réalité, elle envisage d'emblée la restitution d'une illusion parfaite du monde extérieur avec le son, la couleur et le relief.

Pour ce dernier un historien du cinéma, P. Potoniée, a même pu soutenir que « ce n'est pas la découverte de la photographie mais celle de la stéréoscopie (introduite dans le commerce peu de temps avant les premiers essais de photographie animée en 1851) qui ouvrit les yeux aux chercheurs. En apercevant les personnages immobiles dans l'espace, les photographes s'avisèrent que le mouvement leur manquait pour être l'image de la vie et la copie fidèle de la nature ». En tout cas il n'est guère d'inventeur qui ne cherche à conjoindre le son ou le relief à l'animation de l'image. Que ce soit Edison, dont le kinétoscope individuel devait être couplé à un phonographe à écouteurs, ou Demeny et ses portraits parlants, ou même Nadar qui, peu de temps avant de réaliser le premier reportage photographique sur Chevreul, écrivait : « Mon rêve est de voir la photographie enregistrer les attitudes et les changements de physionomie d'un orateur au fur et à mesure que le phonographe enregistre ses paroles » (février 1887). Et si la couleur n'est pas encore évoquée, c'est que les premières expériences de trichromie sont plus tardives. Mais E. Reynaud peignait depuis longtemps ses petites figurines et les premiers films de Méliès sont coloriés au pochoir. Les textes abondent, plus ou moins délirants, où les inventeurs n'évoquent rien moins que ce cinéma intégral donnant la complète illusion de la vie dont nous sommes encore loin aujourd'hui, et l'on connaît cette page de *L'Ève Future* où Villiers de l'Isle-Adam, deux ans avant qu'Edison entreprenne ses premières recherches sur la photographie animée, lui prête cette fantastique réalisation : « ... la vision, chair transparente miraculeusement photochromée, dansait en costume pailleté une sorte de danse mexicaine populaire. Les mouvements s'accusaient avec le fondu de la vie elle-même, grâce au procédé de la photographie successive qui peut saisir dix minutes des mouvements sur des verres microscopiques reflétés ensuite par un puissant lampascope... Soudain une voix plate et comme empesée, une voix sotte et dure se fit entendre. La danseuse chanta l'alza et le hole de son fandango. »

Le mythe directeur de l'invention du cinéma est donc l'accomplissement de celui qui domine confusément toutes les techniques de reproduction mécanique de la réalité qui virent le jour au XIXe siècle, de la photographie au phonographe. C'est celui du réalisme intégral, d'une recréation du monde à son image, une image sur laquelle ne pèserait pas l'hypothèque de la liberté d'interprétation de l'artiste ni l'irréversibilité du temps. Si le cinéma au berceau n'eut pas tous les attributs du cinéma total de demain, ce fut donc bien à son corps défendant et seulement parce que ses fées étaient techniquement impuissantes à l'en doter en dépit de leurs désirs.

Si les origines d'un art laissent apercevoir quelque chose de son essence, il est permis de considérer les cinémas muet et parlant comme les étapes d'un développement technique qui réalise peu à peu le mythe originel des chercheurs. On comprend, dans cette perspective, qu'il soit absurde de tenir le cinéma muet pour une sorte de perfection primitive dont s'éloignerait de plus en plus le réalisme du son et de la couleur. Le primat de l'image est historiquement et techniquement accidentel, la nostalgie qu'entretiennent encore certains pour le mutisme de l'écran ne remonte pas assez loin dans l'enfance du septième art, les véritables primitifs du cinéma, ceux qui n'ont encore existé que dans l'imagination de quelques dizaines d'hommes du XIXe siècle, sont à l'imitation intégrale de la nature. Tous les perfectionnements que s'adjoint le cinéma ne peuvent donc paradoxalement que le rapprocher de ses origines. Le cinéma n'est pas encore inventé !

Ce serait donc renverser, au moins du point de vue psychologique, l'ordre concret de la causalité que de placer les découvertes scientifiques ou les techniques industrielles, qui tiendront une si grande place dans le développement du cinéma, au principe de son *invention*. Ceux qui ont eu le moins confiance dans l'avenir du cinéma comme art et même comme industrie sont précisément les deux industriels Edison et Lumière. Edison s'est contenté de son kinétoscope individuel et si Lumière a fort judicieusement refusé à Méliès la vente de son brevet, c'est qu'il pensait sans doute avoir plus de profit à l'exploiter lui-même, mais effectivement comme un jouet dont le public serait un jour ou l'autre lassé. Quant aux vrais savants comme Marey, ils n'ont qu'incidemment servi le cinéma : ayant un autre but précis dont ils se sont satisfaits sitôt qu'il fut atteint. Les fanatiques, les maniaques, les pionniers désintéressés, capables comme Bernard Palissy de brûler leurs meubles pour quelques secondes d'images tremblotantes, ne sont ni des industriels ni des savants mais des possédés de leur imagination. Si le cinéma est né, c'est de la convergence de leur obsession ; c'est-à-dire d'un mythe, celui du *cinéma total*. Ainsi s'explique aussi bien le retard des applications optiques de la persistance rétinienne par Plateau, que l'avance constante de la synthèse du mouvement sur l'état des techniques photographiques. C'est que les unes et les autres sont dominées par l'imagination du siècle. Certes, on trouverait sans doute d'autres exemples, dans l'histoire des techniques et des inventions, de la convergence des recherches, mais il faut distinguer celles qui résultent précisément de l'évolution scientifique et des besoins industriels (ou militaires) de celles qui, de toute évidence, les précèdent. Ainsi le vieux mythe d'Icare a dû attendre le moteur à explosion pour descendre du ciel platonicien. Mais il existait dans l'âme de tout homme depuis qu'il contemplait l'oiseau. Dans une certaine mesure, on peut en dire autant de celui du cinéma, mais ses avatars jusqu'au XIXe siècle n'ont qu'un rapport lointain avec celui auquel nous participons aujourd'hui et qui a été le promoteur de l'apparition des arts mécaniques qui caractérisent le monde contemporain.

III

LE CINÉMA ET L'EXPLORATION [1]

Dans son petit livre sur le *Cinéma au long cours*, Jean Thévenot a bien dégagé la courbe du film de grand reportage depuis l'origine de son succès vers 1920, et mis en lumière la décadence du genre entre 1930 et 1940 ainsi que sa renaissance depuis la guerre. Il vaut la peine de montrer le sens de cette évolution.

Ce fut après l'autre guerre, vers 1920, quelques dix ans après leur réalisation par Ponting au cours de l'héroïque mission Scott au Pôle Sud, que les images de *L'Éternel silence* révélèrent au grand public les paysages polaires qui devaient faire le succès de toute une série de films dont *Nanouk* (1922) de R. Flaherty demeure le chef-d'œuvre. Un peu plus tard, et probablement à cause du succès des films « blancs », se développa une production, disons « tropicale et équatoriale », dont la série africaine est la plus connue. Ce furent entre autres *La Croisière noire* (1926) de Léon Poirier, *Cimbo* et *Congorilla* (publiés en 1928, mais réalisés de 1923 à 1927).

Ces premiers chefs-d'œuvre du grand film de voyage témoignent déjà souvent des qualités majeures du genre : une authenticité poétique qui n'a pas vieilli (*Nanouk l'Esquimau* supporte encore admirablement l'épreuve). Mais cette poésie prenait, surtout avec les films tournés dans le Pacifique, cette forme particulière qu'on appelle « l'exotisme ». De *Moana*, reportage encore presque purement ethnographique, à *Tabou*, en passant par *Ombres blanches*, on voit clairement se former une mythologie et l'esprit

1. Synthèse de deux articles parus dans *France-Observateur* en avril 1953 et janvier 1954.

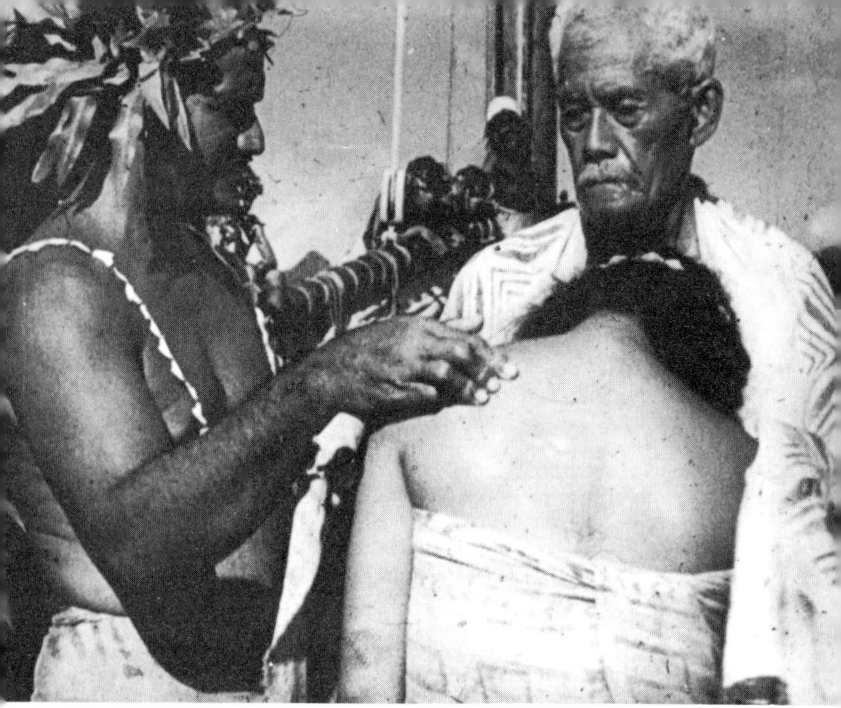

Tabou, de Murnau. De la pudeur à la tragédie.

occidental investir et interpréter une civilisation lointaine.

C'était alors aussi en littérature l'époque de Paul Morand, de Mac Orlan, de Blaise Cendrars. Cette mystique moderne de l'exotisme renouvelée par les nouveaux moyens de communication et qu'on pourrait appeler l'exotisme de l'instantané, trouvait sans doute son expression la plus typique dans un film de montage du début du parlant où toute la terre était jetée sur l'écran en un puzzle d'images visuelles et sonores, l'une des toutes premières réussites du nouvel art : *La Mélodie du Monde* de Walter Ruttmann.

Après, et en dépit d'exceptions encore importantes, commence une décadence du film exotique caractérisée par une recherche de plus en plus impudente du spectaculaire et du sensationnel. Il ne suffit plus de chasser le lion, s'il ne mange les porteurs. Dans *L'Afrique vous parle*, un nègre se faisait dévorer par un crocodile, dans *Trader Horn* un autre était chargé par un rhinocéros (je crois bien que cette fois la poursuite était truquée mais l'intention y était). Ainsi se créait le mythe d'une Afrique peuplée de sauvages et de bêtes féroces. Cela devait finir par *Tarzan* et *Les Mines du Roi Salomon.*

***

On assiste depuis la guerre à un évident retour à l'authenticité documentaire. Le cycle de l'exotisme étant bouclé par l'absurde, le public exige aujourd'hui de croire à ce qu'il voit et sa confiance est contrôlée par les autres moyens d'information dont il dispose, la radio, le livre et la presse. La renaissance du « cinéma au long cours » est due d'ailleurs essentiellement au récent renouveau de l'exploration, dont la mystique pourrait bien constituer la variante de l'exotisme pour notre après-guerre (cf. *Rendez-vous de juillet*). C'est ce nouveau point de départ qui donne aux films de voyage contemporains leur style et leur orientation. Ils se ressentent d'abord du caractère de l'exploration moderne qui se veut presque toujours scientifique ou ethnographique. Si le sensationnel n'en est pas banni par principe, du moins demeure-t-il subordonné à l'intention objectivement documentaire de l'entreprise. Cela a pour effet de le réduire presque à néant, car il est bien rare comme nous le verrons que la caméra puisse être témoin des moments les plus périlleux d'une expédition. En revanche, l'élément psychologique et humain passe au premier plan, soit par rapport aux auteurs eux-mêmes dont le comportement et les réactions devant la tâche à accomplir constituent une sorte d'ethnographie de l'explorateur, une psychologie expérimentale de l'aventure, soit par rapport aux peuples approchés et étudiés qu'on cesse enfin de traiter comme une variété d'animaux exotiques et qu'on s'efforce au contraire de mieux décrire pour les comprendre.

Il s'ensuit aussi que le film n'est plus le seul ni même sans doute le principal document témoignant pour le public des réalités de l'expédition. Il s'accompagne presque toujours aujourd'hui d'un livre ou d'une série de conférences avec projections, à la salle Pleyel puis un peu partout en France, sans compter les émissions de radio et de télévision. Et ceci pour l'honnête raison en dehors des économiques qu'il ne peut plus en effet rendre compte des buts de l'exploration et même de ses principaux aspects matériels. D'ailleurs ce film est bien plutôt conçu comme une conférence illustrée où la présence et la parole du conférencier-témoin complète et authentifie perpétuellement l'image.

***

De cette évolution nous fournirons d'abord un exemple *a contrario* et qui prouve suffisamment la mort du documentaire reconstitué. C'est un film anglais en technicolor, intitulé en français *L'Aventure sans retour*, et qui relate l'expédition du Capitaine Scott en 1911 et 1912. Celle précisément de *L'Éternel silence*. Rappelons le caractère héroïque et émouvant de cette entreprise : Scott partit à la conquête du Pôle Sud avec un équipement alors révolutionnaire mais encore tout expérimental ; quelques auto-chenilles, des poneys et des chiens. La mécanique le trahit la première ; il fallut peu à peu abattre les poneys ; quant aux chiens, ils n'étaient plus assez nombreux pour les besoins de l'expédition ; les cinq hommes, qui devaient aller du dernier camp de base au Pôle, tiraient eux-mêmes leur traîneau de matériel : près de deux mille kilomètres aller et retour. Ils atteignirent pourtant leur objectif, mais ce fut pour y trouver... le drapeau norvégien planté depuis quelques heures par Amundsen. Le retour fut une longue agonie, les trois derniers survivants moururent de froid sous leur tente faute d'essence pour alimenter leurs lampes. Leurs camarades du camp de base de la côte les retrouvèrent quelques mois plus tard et purent reconstituer toute leur odyssée grâce au journal de voyage tenu par leur chef et à des plaques photographiques impressionnées.

Cette expédition du capitaine Scott marque peut-être la première tentative — malheureuse — d'aventure scientifique moderne. Scott échoua où Amundsen réussit, pour avoir voulu sortir des techniques traditionnelles et empiriques du voyage polaire. Ses malheureuses auto-chenilles sont pourtant les ancêtres des Weasels de Paul-Émile Victor et de Liotard. Elle illustre aussi pour la première fois une pratique aujourd'hui courante : le reportage cinématographique organiquement prévu dans l'expédition puisque l'opérateur H. G. Ponting en rapporta le premier film d'exploration polaire (il eut du reste les mains gelées en rechargeant son appareil par — 30° et sans gants). Certes, Ponting ne suivit pas Scott dans sa longue marche vers le Pôle, mais du voyage en bateau, des préparatifs et de la vie du camp de base, de la fin tragique de l'expédition, il rapporta avec *L'Éternel silence* un témoignage bouleversant et qui reste l'archétype du genre.

On comprend que l'Angleterre soit fière du capitaine Scott et veuille lui rendre hommage. Je ne crois pas avoir vu pourtant beaucoup d'entreprises plus ennuyeuses et plus absurdes que *L'Aventure sans retour*. Voici un film qui a dû coûter presque aussi cher qu'une expédition polaire tant on a apporté de luxe et de soin à sa réalisation. Compte tenu de sa date de tournage (1947-48), c'est aussi un chef-d'œuvre de technicolor. Toutes les maquettes en studio constituent une prouesse de truquage et d'imitation. Et pourquoi ? Pour imiter l'inimitable, reconstituer ce qui par essence n'a lieu qu'une fois : le risque, l'aventure, la mort. Certes, le traitement du « scénario » n'est pas fait pour arranger les choses. La vie et la mort de Scott sont racontées de la manière la plus académique. Je passe sur la morale de l'histoire qui n'est qu'une morale de boy-scouts élevée à la dignité d'institution nationale. Le principe véritable de l'échec du film n'est pas là, mais dans son anachronisme technique. Cet anachronisme a deux causes.

Premièrement, la compétence scientifique de l'homme de la rue en matière d'expédition polaire. Compétence due aux reportages dans la presse, à la radio, à la télévision, au cinéma... Par rapport aux connaissances du spectateur moyen ce film est dans le rapport du certificat d'études avec le brevet élémentaire. Situation fâcheuse quand on s'avoue éducatif. Certes, l'expédition Scott était encore très près de l'exploration, la science n'y faisait qu'une timide tentative qui se révéla d'ailleurs malheureuse. Mais c'est justement pourquoi les auteurs auraient dû se soucier d'expliquer davantage le contexte psychologique de l'aventure. Au spectateur qui est allé voir dans le cinéma d'en face *Groenland* de Marcel Ichac et Languepin, Scott paraîtra un imbécile entêté. Bien sûr Charles Frend, le metteur en scène, s'est efforcé dans quelques scènes, d'ailleurs lourdement didactiques, de rendre compte des conditions sociales, morales et techniques de la genèse de l'expédition, mais il le fait seulement par rapport à l'Angleterre de 1910 alors qu'il eut fallu, par un artifice de scénario quelconque, prendre comparaison sur notre époque, car c'est à celle-ci que se réfèrera inconsciemment le spectateur.

Deuxièmement, et surtout, la généralisation du cinéma de reportage objectif depuis la guerre, qui a rectifié de manière décisive ce que nous attendons du reportage. L'exotisme, avec toutes ses séductions spectaculaires et romantiques, y cède la place au goût de la relation dépouillée du fait pour le fait.

Le film que H. G. Ponting tourna pendant le voyage est l'ancêtre tout à la fois de *Kon-Tiki* et de *Groenland*, des insuffisances du premier mais aussi de la volonté de reportage exhaustif du second. La seule photographie de Scott et de ses quatre compagnons au Pôle Sud, retrouvée dans leurs bagages, est en elle-même beaucoup plus passionnante que le film en couleurs de Charles Frend.

On mesurera mieux encore la vanité de son entreprise quand on saura que le film a été tourné sur les glaciers de Norvège et de Suisse. La seule idée que ce paysage, sans doute ressemblant, n'appartient pas réellement au continent antarctique suffirait à décharger l'image de tout potentiel dramatique. Il me semble que si j'avais été Charles Frend je me serais au moins arrangé pour avoir prétexte à montrer quelques images du film de Ponting. C'était affaire de scénario. Par rapport à cette réalité brute, objective, le film aurait peut-être trouvé le sens auquel il ne peut prétendre à aucun moment.

***

Le film que Marcel Ichac et Languepin ont rapporté du *Groenland* peut être considéré en revanche comme l'une des deux formes extrêmes prises par le reportage de voyage moderne dont *L'Éternel silence* est l'ancêtre. L'expédition P.-É. Victor, soigneusement préparée, comportait sans doute des risques mais le moins d'imprévu possible. Le service cinématographique y était intégré comme une spécialité supplémentaire. A la limite le découpage du film aurait pu être écrit au départ, comme l'emploi du temps quotidien de l'équipe. Le cinéaste en tout cas s'y trouvait au maximum libre de ses moyens, il était le témoin officiel comme le météorologue ou le géologue.

A l'opposé de cette intégration du film à l'expédition, le film de Tor Heyerdahl nous offre l'exemple d'un autre type de reportage : *Kon-Tiki* est le plus beau des films mais il n'existe pas ! Comme des ruines dont quelques pierres émoussées suffisent à faire lever les architectures et les sculptures disparues, les images qu'on nous propose sont le vestige d'une œuvre virtuelle dont on ose à peine rêver.

Je m'explique. On connaît l'aventure extraordinaire de ces quelques jeunes savants norvégiens et suédois décidés à prouver que, contrairement aux hypothèses scientifiques généralement admises, le peuplement de la Polynésie avait pu se faire par des migrations maritimes d'est en ouest, c'est-à-dire à partir des côtes du Pérou. Le meilleur moyen de lever les objections était de recommencer l'opération dans les mêmes conditions où elles avaient pu se produire il y a des millénaires. Nos navigateurs improvisés construisirent une sorte de radeau d'après les documents les plus anciens qu'on pouvait avoir sur les techniques indiennes. Incapable de se diriger par ses propres moyens, ce radeau dérivant comme une épave devait être porté par le courant marin et poussé par les vents alizés jusqu'aux atolls polynésiens, à quelque 7.000 kms de là. Que cette ahurissante expédition ait réussi parfaitement après plus de trois mois de navigation solitaire et malgré une demi-douzaine de tempêtes, est assurément une constatation bien réconfortante pour l'esprit et qui s'inscrit à l'actif d'un merveilleux moderne. On évoque Melville et Conrad. De leur aventure, nos voyageurs ont rapporté un livre passionnant et des dessins pleins d'humour. Mais il est évident qu'en 1952, le seul témoignage à la mesure de l'entreprise ne pouvait être que cinématographique. C'est là que le critique a de quoi méditer.

Nos garçons avaient une caméra. Mais c'étaient des amateurs. Ils savaient s'en servir à peu près comme vous et moi. D'ailleurs ils n'avaient visiblement pas prévu l'usage commercial de leur film comme le prouve des détails désastreux, ils ont tourné à la vitesse du muet, c'est-à-dire à seize images à la seconde, alors que la projection sonore impose vingt-quatre images. Résultat, il a fallu redoubler les images et le film est plus sautillant qu'une mauvaise projection de province vers 1910. Ajoutez les erreurs d'exposition et surtout l'agrandissement en 35 millimètres qui n'améliorent pas la qualité de la photographie.

Mais le plus grave n'est pas encore là. Le but de l'entreprise n'étant nullement, même à titre accessoire, d'en tirer un film, les conditions de prise de vue étaient aussi mauvaises que possibles. Je veux dire que la caméra ne pouvait pratiquement pas se distinguer de l'opérateur occasionnel coincé sur le bout de son radeau, au ras de l'eau. Pas de travellings, naturellement, pas d'angles plongeants, à peine la possibilité de faire des plans d'ensemble du « navire » depuis un canot pneumatique ballotté par les vagues. Enfin et surtout, si un événement important se produisait (une tempête par exemple), l'équipage avait autre chose à faire qu'à tourner. En sorte que nos amateurs ont visiblement gaspillé force bobines à filmer le perroquet fétiche et les rations alimentaires de l'Intendance américaine, mais quand d'aventure une baleine se précipite sur le radeau, l'image est si brève qu'il faut la redoubler dix fois à la Truca pour qu'on ait le temps de l'apercevoir.

Et pourtant... *Kon-Tiki* est admirable et bouleversant. Pourquoi ? Parce que sa réalisation s'identifie absolument avec l'action qu'il relate si imparfaitement ; parce qu'il n'est lui-même qu'un aspect de l'aventure ! Ces images floues et tremblantes sont comme la mémoire objective des acteurs du drame. Ce requin-baleine entrevu dans les reflets de l'eau nous intéresse-t-il par la rareté de l'animal et du spectacle — mais on le distingue à peine ! — ou plutôt parce que l'image a été prise dans le même temps où un caprice du monstre pouvait anéantir le navire et envoyer la caméra et l'opérateur par 7.000 ou 8.000 mètres de fond ? La réponse est facile : ce n'est pas tant la photographie du requin que celle du danger.

Il reste cependant que pour admirer ces ruines anticipées d'un film qui n'a pas été tourné, nous ne saurions nous en satisfaire. On rêve à la splendeur photographique des films de Flaherty par exemple (pensez au requin-marteau de *Man of Aran* somnolant dans les eaux d'Irlande). Mais un peu de réflexion nous enferme dans un insoluble dilemme. En effet, ce spectacle n'est si matériellement imparfait qu'autant que le cinéma n'a pas faussé les conditions de l'expérience qu'il relate. Pour tourner en 35 millimètres avec les reculs nécessaires à un découpage cohérent, il eut fallu construire le radeau autrement et, pourquoi pas, en faire un bateau comme les autres. Or la faune du Pacifique, grouillante autour du radeau, n'était là justement qu'autant qu'il avait les qualités d'une épave : moteur et hélice l'eussent

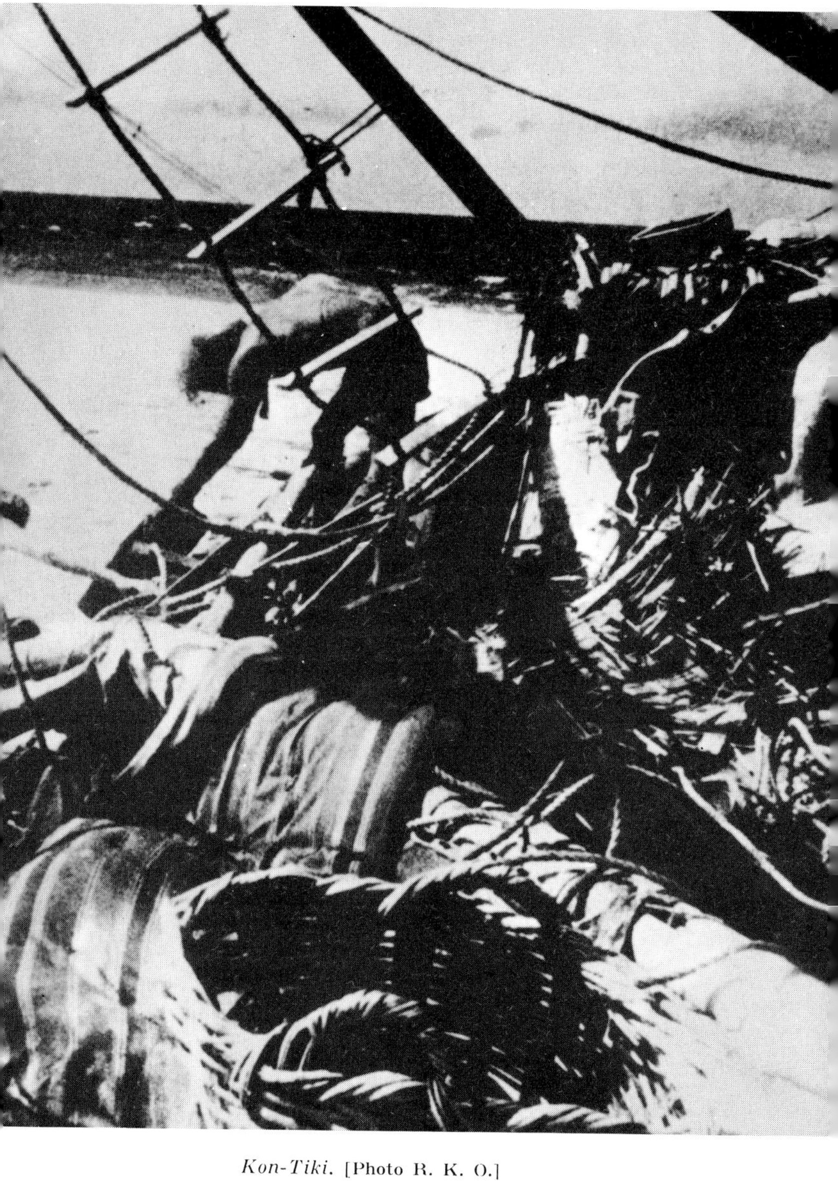

Kon-Tiki. [Photo R. K. O.]

fait fuir. Le paradis marin eut été aussitôt aboli par la science.

En fait ce genre de film ne peut être qu'un compromis plus ou moins efficace entre les exigences de l'action et celles du reportage. Le témoignage cinématographique est ce que l'homme a pu arracher à l'événement qui requérait dans le même temps sa participation. Mais combien plus émouvantes ces épaves sauvées de la tempête que le récit sans défaillance et sans lacune du reportage organisé. Car le film n'est pas constitué seulement par ce qu'on voit. Ses imperfections témoignent de son authenticité, les documents absents sont l'empreinte négative de l'aventure, son inscription en creux.

Certes, il manque aussi beaucoup d'images à l'*Annapurna* de Marcel Ichac et particulièrement celles par lesquelles il eût dû culminer : l'ascension terminale d'Herzog, de Lachenal et de Lionel Terray. Mais on sait pourquoi elles sont absentes : une avalanche arracha la caméra des mains d'Herzog. Elle lui arracha aussi ses gants. Le film abandonne donc les trois hommes au départ du camp II, s'enfonçant dans le brouillard, et ne les retrouve que 36 heures plus tard, sortant des nuées, deux fois aveugles et les membres gelés. De cette montée aux enfers de glace, le moderne Orphée n'a même pas pu sauver le regard de sa caméra. Mais alors commence le long calvaire de la descente, Herzog et Lachenal ficelés comme des momies sur le dos de leurs Sherpas, et cette fois le cinéma est là, voile de Véronique sur le visage de la souffrance humaine.

Sans doute le récit écrit d'Herzog est-il incomparablement plus précis et plus complet. La mémoire est le plus fidèle des films, le seul qu'on puisse impressionner à n'importe quelle altitude et jusqu'à la mort exclusivement. Mais qui ne voit la différence entre le souvenir et cette image objective qui l'éternise concrètement !

IV
LE MONDE DU SILENCE [1]

Assurément il y a un aspect dérisoire dans la critique du *Monde du silence.* Car enfin les beautés du film sont d'abord celles de la nature et autant donc vaudrait critiquer Dieu. Tout au plus, de ce point de vue, nous est-il permis d'indiquer que ces beautés, en effet, sont ineffables et qu'elles constituent la plus grande révélation que notre petite planète ait faite à l'homme depuis les temps héroïque de l'exploration terrestre. On peut aussi remarquer que, pour la même raison, les films sous-marins sont la seule nouveauté radicale dans le documentaire depuis les grands films de voyages des années 20 à 30. Plus précisément l'une des deux nouveautés ; la seconde étant constituée par la conception moderne des films sur l'art, mais cette nouveauté-là, tient à la forme, tandis que celle du film sous-marin appartient, si j'ose dire, au fond. Un fond qui n'est pas près de nous manquer.

Je ne pense pas toutefois que l'intérêt fascinant de ces documentaires procède seulement du caractère inédit de leur découverte et de la richesse des formes et des couleurs. Assurément, la surprise et le pittoresque font la matière de notre plaisir, mais la beauté de ces images relève d'un magnétisme bien plus puissant et qui polarise toute notre conscience : c'est qu'elles sont l'accomplissement de toute une mythologie de l'eau dont la réalisation matérielle par ces surhommes subaquatiques rencontre en nous-mêmes de secrètes, profondes et immémoriales connivences.

Je n'entreprendrai pas même d'en esquisser ici la description ou l'analyse. J'indiquerai seulement qu'il ne s'agit

1. *France-Observateur*, mars 1956.

pas du symbolisme attaché à l'eau superficielle, mobile, ruisselante, lustrale, mais plutôt de l'Océan, de l'eau considérée comme une autre moitié de l'univers, milieu à trois dimensions, plus stable et homogène d'ailleurs que l'aérien et dont l'enveloppement nous affranchit de la pesanteur. Cette libération des chaînes terrestres est aussi bien symbolisée au fond par le poisson que par l'oiseau, mais traditionnellement, et pour des raisons évidentes, le rêve de l'homme ne se déployait guère que dans l'Azur. Sec, solaire, aérien. La mer scintillante de lumière n'était au poète méditerranéen qu'un toit tranquille où marchent les colombes, celui des focs et non des phoques.

C'est finalement la science plus forte que notre imagination qui devait, en révélant à l'homme ses virtualités de poisson, réaliser le vieux mythe du vol, bien davantage satisfait par le scaphandrier autonome que par la mécanique bruyante et collective de l'avion, aussi bête qu'un sous-marin, aussi dangereux qu'un scaphandre à tuyaux et à casque. Dans l'admirable tableau de Brueghel, Icare tombant à l'eau dans l'indifférence agreste préfigure Cousteau et ses compagnons plongeant au large de quelque falaise méditerranéenne, ignorés du paysan qui gratte son champ en les prenant pour des baigneurs.

Il n'était que d'être affranchi d'abord de cette pesanteur à l'envers qu'est le principe d'Archimède, puis d'être accordé par le modificateur de pression à la profondeur pour se trouver non plus dans la situation fugace et périlleuse du plongeur, mais dans celle de Neptune, maître et habitant de l'eau. L'homme enfin volait avec ses bras !

Mais alors que l'Azur d'en haut est quasi vide et stérile, ouvert seulement à l'infini sur le feu des étoiles ou l'aridité des astres morts, l'espace d'en bas est celui de la vie, où de mystérieuses et invisibles nébuleuses de plancton réfléchissent l'écho du radar. De cette vie nous ne sommes qu'un grain abandonné avec quelques autres sur la plage océane. L'homme, disent les biologistes, est un animal marin qui porte sa mer à l'intérieur. Rien d'étonnant donc à ce que la plongée lui procure sans doute aussi le sourd sentiment du retour à l'originel.

On dira que je vaticine. Je veux bien qu'on oppose d'autres explications à mes suggestions, mais il n'est pas douteux que la beauté du monde sous-marin ne se réduit pas à sa variété décorative non plus qu'aux surprises qu'il

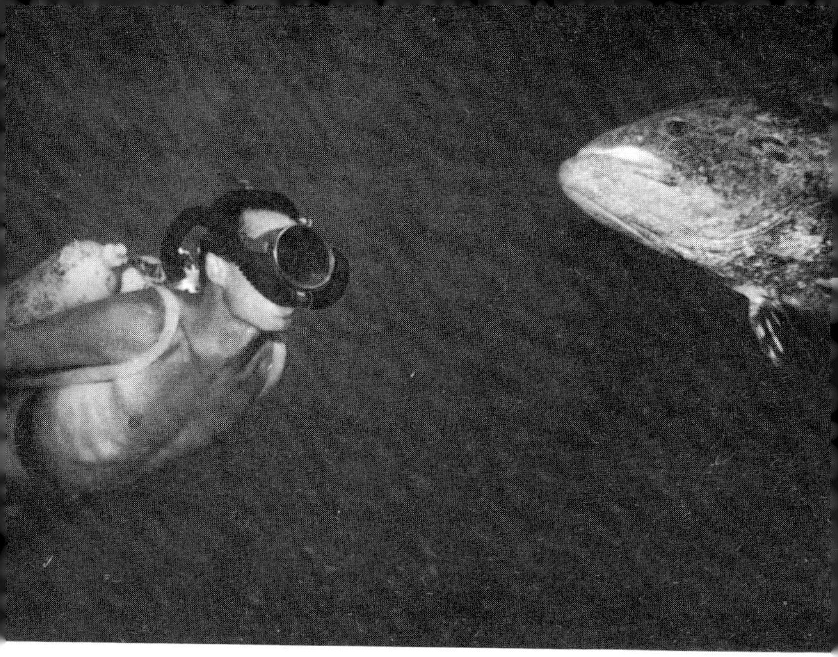

Le Monde du silence, de J.-Y. Cousteau et L. Malle.

nous réserve. C'est l'intelligence de Cousteau et de son équipe d'avoir compris dès le début que l'esthétique de l'exploration sous-marine, ou, si l'on préfère, sa poésie, faisait partie intégrante de l'événement et que, née de la science, elle ne lui revenait qu'à travers l'émerveillement de l'esprit humain. Un jour viendra sans doute où nous serons blasés de ces moissons d'images inconnues. Encore que le bathyscaphe nous promette bien des découvertes. Ce sera tant pis pour nous. En attendant profitons-en.

***

Il ne faudrait pas déduire de ces propos trop généraux que *Le Monde du silence* est beau *a priori* et que les réalisateurs n'ont que le mérite d'être allés sous l'eau chercher les images. La qualité du film doit beaucoup à l'intelligence de la réalisation de Louis Malle. Celle-ci nous offre un bon exemple des artifices autorisés dans le documentaire et la comparaison avec *Continent perdu* est significative. J'ai entendu se plaindre de ce que certaines séquences impliquaient une mise en scène invisible. La soi-disant exploration de l'épave par un nageur solitaire notamment, qui supposait en fait non seulement la présence de plusieurs caméras, mais un véritable découpage comme en studio.

Je dois dire que ce genre de scènes n'est pas le meilleur du film parce qu'il a de trop volontairement poétique. Mais ceci est une critique de fond. Pour la forme, elle est parfaitement légitime. En effet la reconstitution est admissible en ces matières à deux conditions : 1° qu'on ne cherche pas à tromper le spectateur ; 2° que la nature de l'événement ne soit pas contradictoire à sa reconstitution. Ainsi, dans *Continent perdu*, cherche-t-on à nous faire perpétuellement oublier la présence de l'équipe de cinéastes et à nous présenter comme sincères et naturelles des situations qui ne sauraient l'être si on a pu les reconstituer. Montrer en premier plan un « sauvage » coupeur de têtes surveillant l'arrivée des blancs, implique forcément que l'individu n'est pas un sauvage puisqu'il n'a pas coupé la tête à l'opérateur.

Au contraire, il est parfaitement permis de reconstituer la découverte d'une épave, car l'événement s'est produit et se reproduira et seul un minimum de mise en scène permet de faire comprendre et de suggérer les émotions de l'explorateur. Tout au plus peut-on exiger du cinéaste qu'il ne cherche pas à cacher le procédé. Mais on ne saurait le reprocher à Cousteau et Malle qui, plusieurs fois, au cours du film, nous présentent leur matériel et se filment eux-mêmes en train de filmer. Il suffit donc de réfléchir un peu pour n'être dupe qu'autant que le plaisir l'exige.

J'admets pourtant, pour les raisons que j'ai dites, qu'on soit gêné par ces séquences. Ce qui me paraît, en effet, le plus réussi du film, c'est l'organisation *a posteriori* des événements imprévus, afin de leur donner une présentation claire et logique sans nuire à leur authenticité. De ce point de vue, le plus grand moment est constitué par toute la séquence des baleines et surtout par la mort du baleineau blessé par l'hélice, puis dévoré par les requins. Les cinéastes ne perdent jamais le contrôle de l'événement, mais en même temps sa grandeur les dépasse et la poésie des images

... Ainsi, dans *Continent perdu*, cherche-t-on à nous faire perpétuellement oublier la présence du cinéaste... Montrer en premier plan un « sauvage » coupeur de tête implique forcément que l'individu n'est pas un sauvage puisqu'il n'a pas coupé la tête à l'opérateur.

est toujours plus forte et plus riche d'interprétation que celle qu'ils peuvent lui prêter.

Il y a là un moment grandiose quand, après avoir approché les cachalots et cherché assez cruellement le contact qui allait provoquer deux accidents dans le troupeau, on sent peu à peu les hommes devenir solidaires de la souffrance des mammifères blessés contre le requin qui n'est, lui, après tout, qu'un poisson.

Au fond, le problème de ce genre de documentaire est double. Il se ramène à une question de technique et à un problème de morale. Il s'agit en effet tout à la fois de tricher pour mieux voir, et cependant ne pas tromper le spectateur. *Kon-Tiki* était un film sublime, mais c'était un film inexistant, et pour cause. La « Calypso », elle, n'est pas un radeau. Percée de hublots sous la ligne de flottaison, équipée d'une chambre d'étrave, elle s'apparenterait plutôt au « Nautilus » ; approchant de l'idéal qui consiste à disposer d'un lieu d'observation exhaustif qui ne modifie pas l'aspect et la signification de l'objet observé.

V

M. HULOT ET LE TEMPS [1]

C'est un lieu commun que de constater le peu de génie du cinéma français dans le comique. Au moins trente ans. Car il convient de rappeler que c'est en France que prit naissance, dès les premières années du siècle, l'école burlesque qui devait trouver en Max Linder son héros exemplaire, école dont Mac Sennett reprenait à Hollywood la formule. Elle s'y développa de façon plus florissante encore, puisqu'elle permit la formation d'acteurs comme Harold Lloyd, Harry Langdon, Buster Keaton, Laurel et Hardy et par-dessus tout : Charlie Chaplin. Mais on sait que ce dernier a reconnu en Max Linder son maître. Cependant le burlesque français, si l'on excepte les derniers films de Max Linder réalisés à Hollywood, n'a pratiquement pas dépassé les années 1914, submergé ensuite par le succès écrasant — et justifié — du comique américain. Depuis le parlant, en dehors même de Chaplin, Hollywood est demeuré le maître, du cinéma comique : dans la tradition burlesque d'abord, régénérée et enrichie avec les W. C. Fields, les frères Marx et même, au deuxième plan, Laurel et Hardy, cependant qu'apparaissait un genre nouveau apparenté au théâtre : « la comédie américaine ».

En France, au contraire, la parole ne servit guère qu'à tenter une désastreuse adaptation du vaudeville des Boulevards. Si l'on se demande ce qui ressort dans l'ordre du comique depuis les années 1930, on ne voit guère que deux acteurs, Raimu et Fernandel. Mais, chose curieuse, ces deux monstres sacrés du rire n'ont guère interprété que de mauvais films. S'il n'y avait eu Pagnol et les quatre ou cinq

---

1. *Esprit*, 1953.

films valables qu'on lui doit, on ne pourrait citer une seule bande digne de leurs dons (exception faite à la rigueur, pour le curieux et méconnu *François 1er* de Christian Jaque, et ajoutons, pour faire bonne mesure, l'aimable mais légère création de Noël-Noël). Il est significatif qu'après l'échec du *Dernier Milliardaire* en 1934, René Clair ait quitté les studios français pour l'Angleterre, puis Hollywood. On voit donc que ce qui manque au cinéma français ce ne furent pas même les acteurs doués mais un style, une conception comique.

C'est à dessein que j'ai omis de mentionner le seul effort original pour tenter de régénérer la tradition burlesque française, je fais allusion aux Frères Prévert. Certains veulent voir dans *L'Affaire est dans le sac*, *Adieu Léonard* et *Le Voyage surprise* une renaissance du cinéma comique. Ce seraient, à les entendre, œuvres géniales et incomprises. Je ne parviens pas plus à m'en convaincre que le public qui les a boudées. Tentative intéressante, certes, et en tout état de cause sympathique, mais vouée à l'échec par son intellectualisme. Chez les Prévert, le gag est toujours une idée dont la visualisation vient *a posteriori*, en sorte qu'il n'est drôle qu'après une opération mentale, du gag visuel à son intention intellectuelle. C'est le processus des histoires sans paroles et c'est aussi pourquoi l'un des meilleurs de nos dessinateurs humoristes, Maurice Henry, n'est jamais parvenu à s'imposer au cinéma comme gagman. A cette structure trop intellectuelle du gag qui n'excite le rire que par ricochet, il faut ajouter le caractère quelque peu grinçant d'un humour qui requiert du spectateur une complicité injustifiée. Le comique cinématographique (comme sans doute le théâtral) ne peut aller sans une certaine générosité communicative, le *private joke* n'est pas son fait. Un seul film procédant de cet humour prévertien dépasse la velléité pour approcher la réussite : c'est *Drôle de Drame*, mais il y entre d'autres références et Marcel Carné s'y est utilement souvenu de *L'Opéra de quat'sous* et inspiré de l'humour anglais.

Sur cette pauvre toile de fond historique, *Jour de fête* apparut comme une réussite aussi inattendue qu'exceptionnelle. On connaît l'histoire de ce film réalisé presque à la sauvette, à très bon marché, et dont aucun distributeur ne voulait. Ce fut le best-seller de l'année, il rapporta dix fois son prix de revient.

D'un coup Tati devenait célèbre. Mais on pouvait se

demander si la réussite de *Jour de fête* n'épuisait pas le génie de son auteur. Il y avait là des trouvailles sensationnelles, un comique original, quoique retrouvant précisément la meilleure veine du cinéma burlesque ; mais d'une part on se disait que si Tati avait du génie il n'aurait pas dû végéter vingt ans dans les music-halls, et d'autre part l'originalité même du film laissait craindre que son auteur ne pût la soutenir une deuxième fois. On aurait sans doute d'autres aventures du populaire facteur comme un retour de Don Camillo, qui ne servirait qu'à faire regretter que Tati n'ait pas eu la sagesse d'en rester là.

Or, non seulement Tati n'a pas exploité le personnage qu'il avait créé et dont la popularité était une mine d'or, mais il a mis quatre ans à nous donner son second film, qui loin de souffrir de la comparaison, relègue *Jour de fête* à l'état de brouillon élémentaire. L'importance des *Vacances de M. Hulot* ne saurait être surestimée. Il s'agit non seulement de l'œuvre comique la plus importante du cinéma mondial depuis les Marx Brothers et W. C. Fields, mais d'un événement dans l'histoire du cinéma parlant.

Comme tous les très grands comiques, avant de nous faire rire, Tati crée un univers. Un monde s'ordonne à partir de son personnage, cristallise comme la solution sursaturée autour du grain de sel qu'on y jette. Certes, le personnage créé par Tati est drôle, mais presque accessoirement et en tout cas toujours relativement à l'univers. Il peut être personnellement absent des gags les plus comiques, car M. Hulot n'est que l'incarnation métaphysique d'un désordre qui se perpétue longtemps après son passage.

Si cependant l'on veut partir du personnage on voit d'emblée que son originalité, par rapport à la tradition de la Commedia dell'arte qui se poursuit à travers le burlesque, réside dans une sorte d'inachèvement. Le héros de la Commedia dell'arte représente une essence comique, sa fonction est claire et toujours semblable à elle-même. Au contraire le propre de M. Hulot semble être de n'oser pas exister tout à fait. Il est une velléité ambulante, une discrétion d'être. Il élève la timidité à la hauteur d'un principe ontologique ! Mais naturellement cette légèreté de touche de M. Hulot sur le monde sera précisément la cause de toutes les catastrophes, car elle ne s'applique jamais selon les règles des convenances et de l'efficacité sociale. M. Hulot a le génie de l'inopportunité. Ce n'est pas à dire pourtant qu'il soit gauche et maladroit. M. Hulot, au contraire, est toute grâce, c'est l'Ange Hurluberlu, et le désordre qu'il introduit est celui de la tendresse et de la liberté. Il est significatif que les seuls personnages à la fois gracieux et totalement sympathiques du film soient les enfants. C'est qu'eux seuls n'accomplissent pas ici un « devoir de vacances ». M. Hulot ne les étonne pas, il est leur frère, toujours disponible, ignorant comme eux les fausses hontes du jeu et les préséances du plaisir. S'il n'est qu'un danseur au bal masqué, ce sera M. Hulot, tranquillement indifférent au vide qui l'entoure. A-t-on ménagé, sur les directives du Commandant en retraite, une réserve de feu d'artifice, l'allumette de M. Hulot mettra le feu aux poudres.

Mais que serait M. Hulot sans les vacances ? On imagine parfaitement un métier, au moins une occupation, à tous les habitants provisoires de cette drôle de plage. On pourrait assigner une origine à ces voitures et à ces trains qui convergent au début du film vers cet X-sur-Mer et l'investissent d'un coup comme à un mystérieux signal. Mais l'Amilcar de M. Hulot n'a pas d'âge et, à la vérité, elle ne vient de nulle part : elle sort du Temps. On imaginerait volontiers de M. Hulot lui-même qu'il disparaisse dix mois de l'année et réapparaisse spontanément en fondu enchaîné le 1er juillet, quand enfin s'arrêtent les horloges pointeuses et que se forme, en certains lieux privilégiés de la côte et des campagnes, un temps provisoire, entre parenthèses, une durée mollement tourbillonnante, refermée sur elle-même, comme le cycle des marées. Temps de la répétition des gestes inutiles, à peine mobile, stagnant à l'heure de la sieste. Mais aussi Temps rituel, rythmé par la vaine liturgie d'un plaisir conventionnel plus rigoureux que les heures de bureau.

C'est pourquoi il ne saurait y avoir de « scénario » pour M. Hulot. Une histoire suppose un sens, une orientation du Temps allant de la cause à l'effet, un commencement et une fin. *Les Vacances de M. Hulot* ne peuvent être au contraire qu'une succession d'événements à la fois cohérents dans leur signification et dramatiquement indépendants. Chacune des aventures et mésaventures du héros commencerait par la formule : « Une autre fois M. Hulot. » Jamais, sans doute, le temps n'avait à ce point été la matière première, presque l'objet même du film. Bien mieux et bien

Tati, dans *Les Vacances de M. Hulot* ►

plus que dans ces films expérimentaux qui durent le temps même de l'action. M. Hulot nous éclaire sur la dimension temporelle de nos mouvements.

Dans cet univers en vacances les actes chronométrés prennent une allure absurde. Seul M. Hulot n'est jamais à l'heure nulle part, parce qu'il est seul à vivre la fluidité de ce temps où les autres s'acharnent à rétablir un ordre vide : celui que rythme le déclic de la porte battante du restaurant. Ils ne parviennent qu'à épaissir le temps, à l'image de ce tas de guimauve encore chaude s'étirant lentement à l'étal du confiseur et qui tourmente si fort M. Hulot, Sisyphe de cette pâte à berlingot dont la chute dans la poussière renouvelle perpétuellement son imminence.

Mais davantage que l'image la bande sonore donne au film son épaisseur temporelle. C'est aussi la grande trouvaille de Tati et techniquement la plus originale. On a parfois dit à tort qu'elle était constituée par une sorte de magma sonore sur lequel surnageraient par moment des bribes de phrases, des mots précis et d'autant plus ridicules. C'est seulement l'impression qu'en peut tirer une oreille inattentive. En fait, rares sont les éléments sonores indistincts (comme les indications du haut-parleur de la gare, mais alors le gag est réaliste). Au contraire, toute l'astuce de Tati consiste à détruire la netteté par la netteté. Les dialogues ne sont point incompréhensibles mais insignifiants et leur insignifiance est révélée par leur précision même. Tati y parvient surtout en déformant les rapports d'intensité entre les plans sonores, allant même parfois jusqu'à conserver le son d'une scène hors champ sur un événement muet. Généralement son décor sonore est constitué d'éléments réalistes : bouts de dialogues, cris, réflexions diverses, mais dont aucun n'est placé rigoureusement en situation dramatique. C'est en rapport à ce fond qu'un bruit intempestif prend un relief absolument faux. Par exemple, durant cette soirée à l'hôtel où les pensionnaires lisent, discutent ou jouent aux cartes : Hulot joue au ping-pong et sa balle de celluloïd fait un bruit démesuré, elle fracasse ce demi-silence comme une boule de billard ; à chaque rebond, on croit l'entendre grossir davantage. A la base de ce film, il y a un matériau sonore authentique, enregistré effectivement sur une plage, sur lequel se surimposent des sons artificiels non moins précis du reste, mais constamment décalés. De la combinaison de ce réalisme et de ces déformations naît l'irréfutable inanité sonore de ce monde cependant humain. Jamais sans doute l'aspect physique de la parole, son anatomie, n'avait été mise aussi impitoyablement en évidence. Habitués que nous sommes à lui prêter un sens même quand elle n'en a aucun, nous ne prenons pas sur elle le recul ironique qu'il nous arrive d'avoir par la vue. Ici les mots se promènent tout nus avec une indécence grotesque, dépouillés de la complicité sociale qui les habillait d'une dignité illusoire. On croit en voir sortir du poste de radio comme un chapelet de ballons rouges, d'autres se condenser en petits nuages au-dessus de la tête des gens, puis se déplacer dans l'air au gré du vent jusqu'à venir sous notre nez. Mais le pire est qu'ils aient justement un sens qu'une attention soutenue, un effort pour éliminer, les yeux fermés, les bruits adventices, finit par leur restituer. Il arrive aussi que Tati introduise subrepticement un son totalement faux, sans que, emmêlés dans cet écheveau sonore, nous songions même à protester. Ainsi du bruitage du feu d'artifice dans lequel il est difficile d'identifier, si l'on ne s'y efforce volontairement, celui d'un bombardement. C'est le son qui donne à l'univers de M. Hulot son épaisseur, son relief moral. Demandez-vous d'où vient, à la fin du film, cette grande tristesse, ce désenchantement démesuré, et vous découvrirez peut-être que c'est du silence. Tout au long du film, les cris des enfants qui jouent accompagnent inévitablement les vues de la plage, et pour la première fois leur silence signifie la fin des vacances.

M. Hulot reste seul, ignoré par ses compagnons d'hôtel qui ne lui pardonnent pas d'avoir gâché leur feu d'artifice, il s'en revient vers deux gamins, échange avec eux quelques poignées de sable. Mais subrepticement des amis viennent lui dire au revoir, la vieille anglaise qui compte les points au tennis, le gosse du Monsieur au téléphone, le mari promeneur... Ceux en qui vivait ou subsistait encore, parmi cette foule enchaînée à ses vacances, une petite flamme de liberté et de poésie. La délicatesse suprême de cette fin sans dénouement n'est pas indigne du meilleur Chaplin.

Comme tout grand comique celui des *Vacances de M. Hulot* est le résultat d'une observation cruelle. *Une si jolie petite plage* d'Yves Allégret et Jacques Sigurd relève de la bibliothèque rose auprès de celle de Jacques Tati. Il ne semble pas pourtant — et c'est peut-être la plus sûre caution de sa grandeur — que le comique de Jacques Tati soit un pessimisme, pas plus du moins que celui de Chaplin. Son personnage affirme, contre la sottise du monde, une légèreté incorrigible ; il est la preuve que l'imprévu peut toujours survenir et troubler l'ordre des imbéciles, transformer une chambre à air en couronne mortuaire et un enterrement en partie de plaisir.

VI

MONTAGE INTERDIT [1]

Crin Blanc, Ballon Rouge,
Une Fée pas comme les autres.

Déjà avec *Bim le petit âne*, A. Lamorisse avait affirmé l'originalité de son inspiration. *Bim* est peut-être, avec *Crin Blanc*, le seul vrai film pour enfant que le cinéma ait encore produit. Certes, il en existe d'autres — pas si nombreux du reste — convenant à des degrés divers à de jeunes spectateurs. Les Soviets ont fait dans ce domaine un effort particulier, mais il me semble que des films comme *Au loin une voile* s'adressent déjà à de jeunes adolescents. La tentative de production spécialisée de J. A. Rank a totalement échoué, économiquement et esthétiquement. En fait, si l'on voulait constituer une cinémathèque ou un catalogue de programmes, convenant à un public enfantin, on n'y pourrait mettre que quelques courts métrages, spécialement réalisés avec un bonheur inégal, et un certain nombre de films commerciaux, parmi lesquels des dessins animés — dont l'inspiration et le sujet sont d'une suffisante puérilité : certains films d'aventures en particulier. Mais il ne s'agit pas d'une production spécifique, simplement de films intelligibles par un spectateur d'un âge mental inférieur à 14 ans. On sait que les films américains ne dépassent pas souvent ce niveau virtuel. Ainsi en va-t-il des dessins animés de Walt Disney.

Mais on voit bien que de tels films n'ont rien de comparable à la vraie littérature enfantine (pas abondante du reste). Jean-Jacques Rousseau, avant les disciples de Freud,

1. *Cahiers du Cinéma*, 1953 et 1957.

s'était déjà avisé qu'elle n'était point inoffensive : La Fontaine est un moraliste cynique et la Comtesse de Ségur une diabolique grand-mère sadomasochiste. Il est désormais admis que les contes de Perrault recèlent les plus innommables symboles et il faut bien avouer que l'argumentation des psychanalystes est difficilement réfutable. Au demeurant, point n'est besoin de recourir à leur système pour apercevoir, dans *Alice au Pays des Merveilles* ou dans les *Contes* d'Andersen, la profondeur délicieuse et terrifiante qui est au principe de leur beauté. Leurs auteurs ont une puissance de rêve qui rejoint par sa nature et son intensité celle de l'enfance. Cet univers imaginaire n'a rien de puéril. C'est la pédagogie qui a inventé pour les enfants les couleurs sans danger, mais il n'est que de voir l'usage qu'ils en font pour être fixé sur leur vert paradis peuplé de monstres. Les auteurs de la vraie littérature enfantine ne sont donc qu'accessoirement et rarement éducatifs (Jules Verne est peut-être le seul). Ce sont des poètes dont l'imagination a le privilège d'être restée sur la longueur d'onde onirique de l'enfance.

C'est pourquoi il est toujours aisé de soutenir qu'en un certain sens leur œuvre est néfaste et qu'elle ne convient en réalité qu'aux adultes. Si l'on veut dire par là qu'elle n'est pas édifiante on a raison, mais c'est un point de vue pédagogique et non esthétique. Au contraire, le fait que l'adulte y trouve aussi un plaisir, et peut-être plus complet que l'enfant, est un signe de l'authenticité et de la valeur de l'œuvre. L'artiste qui travaille spontanément pour l'enfance rejoint sûrement l'universel.

***

Ballon Rouge est déjà peut-être plus intellectuel et par là moins enfantin. Le symbole apparaît plus nettement en filigrane dans le mythe. Sa mise en tandem avec *Une Fée pas comme les autres* fait néanmoins justement bien apparaître la différence entre la poésie valable pour les enfants comme pour les adultes et la puérilité, qui ne saurait satisfaire que les premiers.

Mais ce n'est pas sur ce terrain que je désire me placer pour en parler. Cet article ne sera pas une véritable critique et je n'évoquerai qu'incidemment les qualités artistiques que j'attribue à chacune de ces œuvres. Mon propos sera seulement d'analyser, à partir de l'exemple étonnamment significatif qu'elles en offrent, certaines lois du montage dans leur rapport avec l'expression cinématographique et, plus essentiellement même, son ontologie esthétique. De ce point de vue au contraire le rapprochement de *Ballon Rouge* et d'*Une Fée pas comme les autres* pourrait être prémédité. L'un et l'autre démontrent à merveille, en des sens radicalement opposés, les vertus et les limites du montage.

Je commencerai par le film de Jean Tourane pour constater qu'il est de bout en bout une extraordinaire illustration de la fameuse expérience de Koulechov sur le gros plan de Mosjoukine. On sait que l'ambition de Jean Tourane est tout naïvement de faire du Walt Disney avec de vrais animaux. Or, il est bien évident que les sentiments humains prêtés aux bêtes sont (pour l'essentiel du moins) une projection de notre propre conscience. Nous ne lisons sur leur anatomie ou leur comportement que les états d'âme que nous leur avons plus ou moins inconsciemment attribués à partir de certaines ressemblances extérieures avec l'anatomie ou le comportement de l'homme. Il ne faut certes pas méconnaître et sous-estimer cette tendance naturelle de l'esprit humain qui n'a été néfaste que dans le seul domaine scientifique. Encore faut-il remarquer que la science la plus moderne redécouvre, par de savants moyens d'investigation, une certaine vérité de l'anthropomorphisme : le langage des abeilles par exemple, prouvé et interprété avec précision par l'entomologiste Von Fricht, dépasse de loin les plus folles analogies d'un anthropomorphisme impénitent. L'erreur scientifique est en tout cas bien davantage du côté des animaux-machine de Descartes que des semi-anthropomorphes de Buffon. Mais, au-delà de cet aspect primaire, il est bien évident que l'anthropomorphisme procède d'un mode de connaissance analogique dont la simple critique psychologique ne saurait rendre compte et encore moins faire le procès. Son domaine s'étend alors de la morale (les *Fables* de la Fontaine) à la plus haute symbolique religieuse en passant par toutes les zones de la magie et de la poésie.

L'anthropomorphisme n'est donc pas a priori condamnable indépendamment du niveau où il se situe. Il faut convenir malheureusement que, dans le cas de Jean Tourane, c'est le plus bas. A la fois le plus faux scientifiquement et le moins transposé esthétiquement, s'il incline néanmoins à l'indulgence c'est dans la mesure où son importance quantitative permet une stupéfiante exploration des possibilités de l'anthropomorphisme comparativement à celles du montage. Le cinéma vient en effet multiplier les interprétations statiques de la photographie par celles qui naissent du rapprochement des plans.

Car il est très important de noter que les animaux de Tourane se sont pas dressés. Seulement apprivoisés. Et qu'ils ne réalisent pratiquement jamais ce qu'on les voit faire (quand il le semble, c'est qu'il y a truquage : main hors du cadre dirigeant l'animal ou fausses pattes animées comme des marionnettes à tige.) Toute l'ingéniosité et le talent de Tourane consistent à les faire rester à peu près immobiles dans la position où il les a placés pendant la durée de la prise de vue ; le décor d'alentour, le déguisement, le commentaire suffisent déjà à conférer à l'allure de la bête un sens humain que l'illusion du montage vient alors préciser et amplifier de façon si considérable qu'elle le crée parfois presque totalement. Toute une histoire s'échafaude ainsi avec de nombreux personnages aux relations complexes (si complexes du reste que le scénario est souvent confus), dotés de caractères variés, sans que les protagonistes aient presque jamais fait autre chose que se tenir tranquilles dans le champ de la caméra. L'action apparente et le sens qu'on lui prête n'ont pratiquement jamais préexisté au film, pas même sous la forme parcellaire des fragments de scène qui constituent traditionnellement les plans.

Je vais plus loin et j'affirme qu'il n'était pas seulement, en l'occurence, suffisant mais nécessaire de faire ce film « au montage ». En effet, si les bêtes de Tourane étaient des animaux savants (à l'instar par exemple du chien Rintintin), capables de réaliser par dressage la plupart des actions que le montage porte à leur crédit, le sens du film en serait radicalement déplacé. Notre intérêt n'irait plus alors à l'histoire mais à la prouesse. En d'autres termes, il passerait de l'imaginaire au réel, du plaisir de la fiction à l'admiration d'un numéro de music-hall bien exécuté. C'est le montage, créateur abstrait de sens, qui maintient le spectacle dans son irréalité nécessaire.

De *Ballon Rouge*, au contraire, je constate et vais démontrer qu'il ne doit et ne peut rien devoir au montage. Ce qui ne laisse pas d'être paradoxal, étant donné que le zoomorphisme conféré à l'objet est encore plus imaginaire que l'anthropomorphisme des bêtes. Le ballon rouge de Lamorisse en effet accomplit réellement devant la caméra les mouve-

Le Ballon rouge, de Lamorisse. ... le zoomorphisme des objets.

ments que nous lui voyons accomplir. Il s'agit bien entendu d'un truquage, mais qui ne doit rien au cinéma comme tel. L'illusion naît ici, comme dans la prestidigitation, de la réalité. Elle est concrète et ne résulte pas des prolongements virtuels du montage.

Quelle importance, dira-t-on, si le résultat est le même, à savoir : nous faire admettre sur l'écran l'existence d'un ballon capable de suivre son maître comme un petit chien ! Mais c'est que justement, au montage, le ballon magique n'existerait que sur l'écran alors que celui de Lamorisse nous renvoie à la réalité.

Il convient peut-être d'ouvrir ici une parenthèse afin de remarquer que la nature abstraite du montage n'est pas absolue, du moins psychologiquement. De même que les premiers spectateurs du cinématographe Lumière se reculaient à l'entrée du train en gare de la Ciotat, le montage dans sa naïveté originelle n'est pas perçu comme un artifice. Mais l'habitude du cinéma a sensibilisé peu à peu le spectateur, et une large fraction du public serait aujourd'hui capable, si on lui demandait de concentrer un peu son attention, de distinguer les scènes « réelles » de celles suggérées par le seul montage. Il est vrai que d'autres procédés tels que la transparence permettent d'avoir, dans le même plan, deux éléments, par exemple le tigre et la vedette dont la contiguïté poserait dans la réalité quelques problèmes. L'illusion est ici plus parfaite, mais elle n'est pas indécelable et, en tout état de cause, l'important n'est pas que le truquage soit invisible mais qu'il y ait ou non truquage, de même que la beauté d'un faux Vermeer ne saurait prévaloir contre son inauthenticité.

On m'objectera alors que les ballons de Lamorisse sont truqués cependant. Cela va de soi, car s'ils ne l'étaient pas nous serions en présence d'un documentaire sur un miracle ou sur le fakirisme et ce serait un tout autre film. Or *Ballon Rouge* est un conte cinématographique, une pure invention de l'esprit, mais l'important c'est que cette histoire doive tout au cinéma justement parce qu'elle ne lui doit essentiellement rien.

Il est fort possible d'imaginer *Ballon Rouge* comme un récit littéraire. Mais aussi joliment écrit qu'on le suppose, le livre ne saurait approcher du film, car le charme de celui-ci est d'une autre nature. Pourtant la même histoire, si bien filmée qu'elle fût, pourrait n'avoir sur l'écran pas plus de réalité que le livre, et ce serait dans l'hypothèse où Lamorisse eût pris le parti de recourir aux illusions du montage (ou éventuellement de la transparence). Le film deviendrait alors un récit par l'image (comme le conte le serait par le mot) au lieu d'être ce qu'il est, c'est-à-dire *l'image d'un conte* ou, si l'on veut encore, un documentaire imaginaire.

Cette expression me paraît être en définitive celle qui définit le mieux le propos de Lamorisse, proche mais différent cependant de celui de Cocteau réalisant, avec *Le Sang d'un Poète*, un documentaire *sur* l'imagination (alias le rêve). Nous voici donc engagés par la réflexion dans une série de paradoxes. Le montage, dont on nous répète si souvent qu'il est l'essence du cinéma, est dans cette conjoncture le procédé littéraire et anti-cinématographique par excellence. La spécificité cinématographique, saisie pour une fois à l'état pur, réside au contraire dans le simple respect photographique de l'unité de l'espace.

Mais il faut pousser plus loin l'analyse, car on pourra remarquer à fort juste titre que si *Ballon Rouge* ne doit rien *essentiellement* au montage, il y recourt *accidentellement*. Car enfin si Lamorisse a dépensé 500 000 frs de ballons rouges, c'est pour ne pas manquer de doublures. De même Crin Blanc était-il doublement mythique puisqu'en fait plusieurs chevaux de même aspect, mais plus ou moins farouches, composaient sur l'écran un cheval unique. Cette constatation va nous permettre de serrer de plus près une loi essentielle de la stylistique du film.

Ce serait semble-t-il trahir les films de Lamorisse que de les considérer comme œuvres de pure fiction, au même titre que *Le Rideau cramoisi* par exemple. Leur crédibilité est certainement liée à leur valeur documentaire. Les événements qu'il représente sont partiellement vrais. Pour *Crin Blanc*, le paysage de Camargue, la vie des éleveurs et des pêcheurs, les mœurs des manades, constituent la base de la fable, le point d'appui solide et irréfutable du mythe. Mais sur cette réalité se fonde justement une dialectique de l'imaginaire dont le dédoublement de Crin Blanc est l'intéressant symbole. Ainsi Crin Blanc est-il tout à la fois le vrai cheval qui broute encore l'herbe salée de Camargue, et l'animal de rêve qui nage éternellement en compagnie du petit Folco. Sa réalité cinématographique ne pouvait se passer de la réalité documentaire, mais il fallait, pour que celle-ci devînt vérité de notre imagination, qu'elle se détruise et renaisse dans la réalité elle-même.

Assurément, la réalisation du film a exigé de nombreuses prouesses. Le gamin recruté par Lamorisse n'avait jamais approché un cheval. Il fallut pourtant lui apprendre à monter à cru. Plus d'une scène, parmi les plus spectaculaires, ont été tournées presque sans truquage et en tout cas au mépris de périls certains. Et cependant il suffit d'y réfléchir pour comprendre que si ce que montre et signifie l'écran avait dû être vrai, effectivement réalisé devant la caméra, le film cesserait d'exister, car il cesserait du même coup d'être un mythe. C'est la frange de truquage, la marge de subterfuge nécessaire à la logique du récit qui permet à l'imaginaire, à la fois d'intégrer la réalité et de s'y substituer. S'il n'y avait qu'un seul cheval sauvage péniblement soumis aux exigences de la prise de vue, le film ne serait qu'un tour de force, un numéro de dressage comme le cheval blanc de Tom Mix : on voit bien ce qu'il y perdrait. Ce qu'il faut, pour la plénitude esthétique de l'entreprise, c'est que nous puissions *croire* à la réalité des événements en les *sachant* truqués. Point n'est besoin, certes, au spectateur de savoir expressément qu'il y avait trois ou quatre chevaux[1] ou qu'il fallait tirer sur les naseaux de l'animal avec un fil de nylon pour lui faire tourner la tête à propos. Ce qui importe seulement, c'est qu'il puisse se dire, tout à la fois, que la matière première du film est authentique et que, cependant, « c'est du cinéma ». Alors l'écran reproduit le flux et le reflux de notre imagination qui se nourrit de la réalité à laquelle elle projette de se substituer, la fable naît de l'expérience qu'elle transcende.

Mais, réciproquement, il faut que l'imaginaire ait sur l'écran la densité spatiale du réel. Le montage ne peut y être utilisé que dans les limites précises, sous peine d'attenter à l'ontologie même de la fable cinématographique. Par exemple, il n'est pas permis au réalisateur d'escamoter par le champ, contre-champ, la difficulté de faire voir deux aspects simultanés d'une action. Albert Lamorisse l'a parfaitement compris dans la séquence de la chasse au lapin où nous avons toujours simultanément, dans le champ, le cheval, l'enfant et le gibier, mais il n'est pas loin de commettre une faute dans celle de la capture de Crin Blanc, quand l'enfant se fait traîner par le cheval au galop. Il n'importe pas alors que l'animal que nous voyons de loin traîner le petit Folco soit le faux Crin Blanc, pas même que pour cette opération périlleuse Lamorisse ait lui-même doublé le gamin, mais je suis gêné qu'à la fin de la séquence, quand l'animal ralentit puis s'arrête, la caméra ne me mon-

1. De même, paraît-il, le chien Rintintin devait-il son existence cinématographique à plusieurs chiens loups de même aspect, dressés à accomplir parfaitement chacune des prouesses que Rintintin était capable de réaliser à « lui tout seul » sur l'écran. Chacune des actions se devant d'être réellement exécutée sans recours au montage, celui-ci n'intervenait plus qu'au second degré pour porter à la puissance imaginaire du mythe les chiens bien réels dont Rintintin possédait toutes les qualités.

Crin Blanc... C'est le dédoublement du cheval qui permet à la réalité de se muer en imagination.

[Photo Films Montsouris.]

tre pas irréfutablement la proximité physique du cheval et de l'enfant. Un panoramique ou un travelling arrière le pouvait. Cette simple précaution eut authentifié rétrospectivement tous les plans antérieurs, tandis que les deux plans successifs de Folco et du cheval, en escamotant une difficulté devenue pourtant bénigne à ce moment de l'épisode, viennent rompre la belle fluidité spatiale de l'action [1].

---

1. Je me ferai peut-être mieux comprendre en évoquant cet exemple : il y a dans un film anglais médiocre, *Quand les Vautours ne voleront plus*, une séquence inoubliable. Le film reconstitue l'histoire, d'ailleurs véridique, d'un jeune ménage qui créa et organisa en Afrique du Sud, pendant la guerre, une réserve d'animaux. Pour y parvenir, le mari et la femme vécurent avec leur enfant en pleine brousse. Le passage auquel je fais allusion débute de la façon la plus conventionnelle. Le gamin, qui s'est écarté du campement à l'insu de ses parents, tombe sur un jeune lionceau momentanément abandonné par sa mère. Inconscient du danger, il prend le petit animal dans ses bras pour le ramener avec lui. Cependant la lionne, avertie par le bruit ou l'odeur, revient vers sa tanière, puis prend la piste de l'enfant ignorant du danger. Elle le suit à quelque distance. L'équipage arrive en vue du campement, d'où les parents affolés aperçoivent leur fils et le fauve qui sans doute va se jeter d'un instant à l'autre sur l'imprudent ravisseur de son petit. Arrêtons un instant la description. Jusqu'ici tout a été fait au montage parallèle et ce suspense assez naïf est apparu comme des plus conventionnels. Mais voici qu'à notre stupeur, le metteur en scène abandonne les plans rapprochés, isolant les protagonistes du drame pour nous offrir simultanément, *dans le même plan général*, les parents, l'enfant et le fauve. Ce seul cadrage, où tout trucage devient inconcevable, authentifie, d'un coup et rétroactivement, le très banal montage qui le précédait. Nous voyons dès lors, et toujours dans le même plan général, le père ordonner à son fils de s'immobiliser (à quelque distance le fauve s'arrête à son tour), puis de déposer dans l'herbe le lionceau et d'avancer sans précipitation. La lionne alors vient tranquillement récupérer son rejeton et le remmène vers la brousse, cependant que les parents rassurés se précipitent vers le gamin.

Il est bien évident qu'à ne la considérer qu'en tant que récit, cette séquence aurait rigoureusement la même signification apparente si elle avait été tournée entièrement en usant des facilités matérielles du montage, ou encore de la « transparence ». Mais dans l'un et l'autre cas, la scène ne se serait jamais déroulée dans sa réalité physique et spatiale devant la caméra. En sorte qu'en dépit du caractère concret de chaque image, elle n'aurait qu'une valeur de récit non de réalité. Il n'y aurait pas de différence essentielle entre la séquence cinématographique et le chapitre d'un roman qui relaterait le même épisode imaginaire. Or la qualité dramatique et morale de cet épisode serait évidemment d'une extrême médiocrité, tandis que le cadrage final, qui implique la mise en situation réelle des personnages, nous porte d'un coup vers les sommets de l'émotion cinématographique. Naturellement la prouesse avait été rendue possible par le fait que la lionne était à demi apprivoisée et vivait, avant le tournage du film, dans la familiarité du ménage. Mais il n'importe, la question n'est pas que le gamin ait couru réellement le risque représenté, mais seulement que sa représentation fût telle qu'elle respectât l'unité spatiale de l'événement. Le réalisme réside

Si l'on s'efforce maintenant de définir la difficulté, il me semble qu'on pourrait poser en loi esthétique le principe suivant : « Quand l'essentiel d'un événement est dépendant d'une présence simultanée de deux ou plusieurs facteurs de l'action, le montage est interdit. » Il reprend ses droits chaque fois que le sens de l'action ne dépend plus de la contiguïté physique, même si celle-ci est impliquée. Par exemple, Lamorisse pouvait montrer ainsi qu'il l'a fait, en gros plan, la tête du cheval se retournant vers l'enfant comme pour lui faire obédience, mais il aurait dû, dans le plan précédent, lier par le même cadre les deux protagonistes.

Il ne s'agit nullement pour autant de revenir obligatoirement au plan-séquence ni de renoncer aux ressources expressives ni aux facilités éventuelles du changement de plan. Ces présentes remarques ne portent pas sur la forme mais sur la nature du récit ou plus exactement sur certaines interdépendances de la nature et de la forme. Quand Orson Welles traitait certaines scènes des *Ambersons* en plan unique et quand il morcelle au contraire à l'extrême le montage de *Mr Arkadin*, il ne s'agit que d'un changement de style qui ne modifie pas essentiellement le sujet. Je dirai même que *La Corde* de Hitchcock pourrait indifféremment être découpé de façon classique, quelle que soit l'importance artistique que l'on peut légitimement attacher au parti adopté. En revanche, il serait inconcevable que la fameuse scène de la chasse au phoque de *Nanouk* ne nous montre pas, dans le même plan, le chasseur, le trou, puis le phoque. Mais il n'importe nullement que le reste de la séquence soit découpé au gré du metteur en scène. Il faut seulement que l'unité spatiale de l'événement soit respectée au moment où sa rupture transformerait la réalité en sa simple représentation imaginaire. C'est du reste ce qu'a généralement compris Flaherty, sauf en quelques endroits où l'œuvre perd en effet alors de sa consistance. Si l'image de Nanouk guettant son gibier à l'orée du trou de glace est l'une des plus belles du cinéma, la pêche du crocodile visiblement réalisée « au montage » dans *Louisiana Story* est une faiblesse. En revanche, dans le même film, le plan-séquence du cro-

ici dans l'homogénéité de l'espace. On voit donc qu'il est des cas où, loin de constituer l'essence du cinéma, le montage en est la négation. La même scène, selon qu'elle est traitée par le montage ou en plan d'ensemble, peut n'être que de la mauvaise littérature ou devenir du grand cinéma.

Louisiana Story... En revanche, le plan séquence du crocodile attrapant le héron, filmé en un seul panoramique, est simplement admirable.

codile attrapant le héron, filmé en un seul panoramique, est simplement admirable. Mais la réciproque est vraie. C'est-à-dire qu'il suffit pour que le récit retrouve la réalité qu'un seul de ses plans convenablement choisi rassemble les éléments dispersés auparavant par le montage.

Il est sans doute plus difficile de définir a priori les genres de sujet ou même les circonstances auxquelles s'applique cette loi. Je ne me risquerai prudemment qu'à donner quelques indications. Tout d'abord, ceci est vrai naturellement de tous les films documentaires dont l'objet est de rapporter des faits qui perdent tout intérêt si l'événement n'a pas eu lieu réellement devant la caméra, c'est-à-dire le documentaire apparenté au reportage. A la limite, ce sont aussi les actualités. Le fait que la notion « d'actualités reconstituées » ait pu être admise au début du cinéma montre bien la réalité de l'évolution du public. Il n'en va pas de même des documentaires exclusivement didactiques, dont le propos n'est pas la représentation mais l'explication de l'événement. Naturellement ces derniers peuvent comporter des séquences ou des plans relevant de la première catégorie. Soit, par exemple, un documentaire sur la prestidigitation ! Si son but est de montrer les tours extraordinaires d'un célèbre virtuose, il sera essentiel de procéder par plans uniques, mais si le film doit ensuite expliquer l'un de ces numéros le découpage s'impose. Le cas est clair, passons !

Beaucoup plus intéressant est évidemment celui du film de fiction allant de la féerie, comme *Crin Blanc*, au documentaire à peine romancé, comme *Nanouk*. Il s'agit alors, comme nous l'avons dit plus haut, de fictions qui ne prennent tout leur sens ou, à la limite, n'ont de valeur que par la réalité intégrée à l'imaginaire. Le découpage est alors commandé par les aspects de cette réalité.

Enfin, dans le film de récit pur, équivalent du roman ou de la pièce de théâtre, il est probable encore que certains types d'action refusent l'emploi du montage pour atteindre à leur plénitude. L'expression de la durée concrète est évidemment contrariée par le temps abstrait du montage (c'est ce qu'illustrent si bien *Citizen Kane* et les *Ambersons*). Mais surtout certaines situations n'existent cinématographiquement qu'autant que leur unité spatiale est mise en évidence et tout particulièrement les situations comiques fondées sur les rapports de l'homme et des objets. Comme dans *Ballon Rouge* tous les truquages sont alors permis, sauf la facilité du montage. Les primitifs burlesques (notamment Keaton) et les films de Chaplin sont à ce sujet pleins d'enseignements. Si le burlesque a triomphé avant Griffith et le montage, c'est que la plupart des gags relevaient d'un comique de l'espace, de la relation de l'homme aux objets et au monde extérieur. Chaplin, dans *Le Cirque*, est effectivement dans la cage du lion et tous les deux sont enfermés ensemble dans le cadre de l'écran.

VII

L'ÉVOLUTION DU LANGAGE CINÉMATOGRAPHIQUE [1]

En 1928, l'art muet était à son apogée. Le désespoir des meilleurs de ceux qui assistèrent au démantèlement de cette parfaite cité de l'image s'explique, s'il ne se justifie. Sur la voie esthétique où il était alors engagé, il leur semblait que le cinéma était devenu un art suprêmement adapté à la « gêne exquise » du silence et que, donc, le réalisme sonore ne pouvait que rejeter au chaos.

En fait, maintenant que l'usage du son a suffisamment démontré qu'il ne venait pas anéantir l'Ancien Testament cinématographique mais l'accomplir, il y aurait lieu de se demander si la révolution technique introduite par la bande sonore correspond vraiment à une révolution esthétique, en d'autres termes si les années 1928-1930 sont effectivement celles de la naissance d'un nouveau cinéma. Envisagée du point de vue du découpage, l'histoire du film ne laisse pas apparaître en effet de solution de continuité si franche qu'on le pourrait croire, entre le muet et le parlant. En revanche on pourrait déceler des parentés entre certains réalisateurs des années 1925 et tels autres de 1935 et surtout de la période 1940-1950. Par exemple entre Eric Von Stroheim et Jean Renoir ou Orson Welles, Carl Theodor Dreyer et Robert Bresson. Or ces affinités plus ou moins nettes prouvent d'abord qu'un pont peut-être jeté par-dessus la faille des

1. Cette étude résulte de la synthèse de trois articles, le premier écrit pour le livre anniversaire *Vingt ans de cinéma à Venise* (1952), le second, intitulé « le découpage et son évolution », paru dans le n° 93 (juillet 1955) de la revue *L'Age Nouveau*, et le troisième dans les *Cahiers du Cinéma* (n° 1, 1950).

années 1930, que certaines valeurs du cinéma muet persistent dans le parlant, mais surtout, qu'il s'agit moins d'opposer le « muet » au « parlant » que, dans l'un et l'autre, des familles de style, des conceptions fondamentalement différentes de l'expression cinématographique.

Sans me dissimuler la relativité d'une simplification critique que les dimensions de cette étude m'imposent et en la tenant moins pour une réalité objective que pour une hypothèse de travail, je distinguerai dans le cinéma de 1920 à 1940 deux grandes tendances opposées : les metteurs en scène qui croient à l'image et ceux qui croient à la réalité.

Par « image », j'entends très généralement tout ce que peut ajouter à la chose représentée sa *représentation* sur l'écran. Cet apport est complexe, mais on peut le ramener essentiellement à deux groupes de faits : la plastique de l'image et les ressources du montage (lequel n'est pas autre chose que l'organisation des images dans le temps). Dans la plastique, il faut comprendre le style du décor et du maquillage, dans une certaine mesure même du jeu, auxquels s'ajoutent naturellement l'éclairage et enfin le cadrage qui achève la composition. Quant au montage, issu principalement comme on le sait des chefs-d'œuvre de Griffith, André Malraux en écrivait dans la *Psychologie du cinéma* qu'il constituait la naissance du film comme art : ce qui le distingue vraiment de la simple photographie animée, en fait, enfin, un langage.

L'utilisation du montage peut être « invisible » ; c'est devenu dans le film américain classique d'avant-guerre le cas le plus fréquent. Le morcellement des plans n'y a pas d'autre but que d'analyser l'événement selon la logique matérielle ou dramatique de la scène. C'est sa logique qui rend cette analyse insensible, l'esprit du spectateur épouse naturellement les points de vue que lui propose le metteur en scène parce qu'ils sont justifiés par la géographie de l'action ou le déplacement de l'intérêt dramatique.

Mais la neutralité de ce découpage « invisible » ne rend pas compte de toutes les possibilités du montage. Celles-ci se saisissent parfaitement au contraire dans les trois procédés connus généralement sous le nom de « montage parallèle », « montage accéléré » et « montage attraction ». En créant le montage parallèle, Griffith parvenait à rendre compte de la simultanéité de deux actions, éloignées dans l'espace, par une succession de plans de l'une et de l'autre. Dans *La Roue*, Abel

Gance nous donne l'illusion de l'accélération d'une locomotive sans avoir recours à de véritables images de vitesse (car après tout les roues pourraient tourner sur place), rien que par la multiplication de plans de plus en plus courts. Enfin le montage attraction, créé par S. M. Eisenstein et dont la description est moins aisée, pourrait se définir grossièrement comme le renforcement de sens d'une image par le rapprochement avec une autre image qui n'appartient pas nécessairement au même événement : le feu d'artifice, dans *La Ligne générale*, succédant à l'image du taureau. Sous cette forme extrême le montage attraction a été rarement utilisé, même par son créateur, mais on peut tenir pour très proche dans son prinicipe la pratique beaucoup plus générale de l'ellipse, de la comparaison ou de la métaphore : ce sont les bas jetés sur la chaise au pied du lit, ou encore le lait qui déborde (Le *Quai des orfèvres* de H. G. Clouzot). Naturellement, il existe des combinaisons variables de ces trois procédés.

Quelles qu'elles soient, on peut leur reconnaître ce trait commun qui est la définition même du montage : la création d'un sens que les images ne contiennent pas objectivement et qui procède de leur seul rapport. L'expérience célèbre de Koulechov avec le même plan de Mosjoukine dont le sourire semblait changer d'expression suivant l'image qui le précédait, résume parfaitement les propriétés du montage.

Les montages de Koulechov, celui d'Eisenstein ou de Gance ne montraient pas l'événement : ils y faisaient allusion. Sans doute empruntaient-ils au moins la plupart de leurs éléments à la réalité qu'ils étaient censés décrire, mais la signification finale du film résidait beaucoup plus dans l'organisation de ces éléments que dans leur contenu objectif. La matière du récit, quel que soit le réalisme individuel de l'image, naît essentiellement de ces rapports (Mosjoukine souriant + enfant mort = pitié), c'est-à-dire un résultat abstrait dont aucun des éléments concrets ne comporte les prémices. De la même façon on peut imaginer : des jeunes filles + des pommiers en fleurs = espérance. Les combinaisons sont innombrables. Mais toutes ont ceci de commun qu'elles suggèrent l'idée par l'intermédiaire de la métaphore ou de l'association d'idées. Ainsi entre le scénario proprement dit, objet ultime du récit, et l'image brute s'intercale un relai supplémentaire, un « transformateur » esthétique. Le *sens* n'est pas dans l'image, il en est l'ombre projetée, par le montage, sur le plan de conscience du spectateur.

Résumons-nous. Tant par le contenu plastique de l'image que par les ressources du montage, le cinéma dispose de tout un arsenal de procédés pour imposer au spectateur son interprétation de l'événement représenté. A la fin du cinéma muet, on peut considérer que cet arsenal était au complet. Le cinéma soviétique d'un côté a poussé à ses dernières conséquences la théorie et la pratique du montage, tandis que l'école allemande a fait subir à la plastique de l'image (décor et éclairage) toutes les violences possibles. Certes, d'autres cinémas comptent alors, que l'allemand et le soviétique, mais que ce soit en France, en Suède ou en Amérique, il ne semble pas que le langage cinématographique manque de moyens pour dire ce qu'il a à dire. Si l'essentiel de l'art cinématographique tient dans tout ce que la plastique et le montage peuvent ajouter à une réalité donnée, l'art muet est un art complet. Le son ne saurait tout au plus que jouer un rôle subordonné et complémentaire : en contrepoint de l'image visuelle. Mais cet enrichissement possible, et qui dans le meilleur des cas ne pourrait être que mineur, risque de ne pas peser lourd au prix du lest de réalité supplémentaire introduit en même temps par le son.

*
* *

C'est que nous venons de tenir l'expressionnisme du montage et de l'image pour l'essentiel de l'art cinématographique. Et c'est précisément cette notion généralement admise que mettent implicitement en cause, dès le cinéma muet, des réalisateurs comme Eric von Stroheim, F. M. Murnau ou R. Flaherty. Le montage ne joue dans leurs films pratiquement aucun rôle, sinon celui, purement négatif, d'élimination inévitable dans une réalité trop abondante. La caméra ne peut tout voir à la fois, mais ce qu'elle choisit de voir elle s'efforce du moins de n'en rien perdre. Ce qui compte pour Flaherty devant Nanouk chassant le phoque, c'est le rapport entre Nanouk et l'animal, l'ampleur réelle de l'attente. Le montage pourrait suggérer le temps, Flaherty se borne à nous *montrer* l'attente, la durée de la chasse est la substance même de l'image, son véritable objet. Dans le film, cet épisode ne comporte donc qu'un seul plan. Niera-t-on qu'il ne soit de ce fait beaucoup plus émouvant qu'un « montage attraction » ?

Moins qu'au temps, Murnau s'intéresse à la réalité de l'espace dramatique ; pas plus dans *Nosfératu* que dans *L'Aurore*, le montage ne joue de rôle décisif. On pourrait penser, par contre, que la plastique de l'image la rattache à un certain expressionnisme ; mais ce serait une vue superficielle. La composition de son image n'est nullement picturale, elle n'ajoute rien à la réalité, elle ne la déforme pas, elle s'efforce au contraire d'en dégager des structures profondes, de faire apparaître des rapports préexistants qui deviennent constitutifs du drame. Ainsi, dans *Tabou*, l'entrée d'un vaisseau dans le champ par la gauche de l'écran s'identifie absolument au destin sans que Murnau triche en rien avec le réalisme rigoureux du film, entièrement en décor naturel.

Mais c'est assurément Stroheim qui est le plus opposé tout à la fois à l'expressionnisme de l'image et aux artifices du montage. Chez lui, la réalité avoue son sens comme le suspect sous l'interrogatoire inlassable du commissaire. Le principe de sa mise en scène est simple : regarder le monde d'assez près et avec assez d'insistance pour qu'il finisse par révéler sa cruauté et sa laideur. On imaginerait assez bien, à la limite, un film de Stroheim composé d'un seul plan aussi long et aussi gros qu'on voudra.

Le choix de ces trois metteurs en scène n'est pas exhaustif. Nous trouverions assurément chez quelques autres, ici et là, des éléments de cinéma non expressionniste et dans lesquels le montage n'a pas de part. Même d'ailleurs chez Griffith. Mais ces exemples suffisent peut-être à indiquer l'existence, en plein cœur du muet, d'un art cinématographique précisément contraire à celui qu'on identifie avec le cinéma par excellence ; d'un langage dont l'unité sémantique et syntaxique n'est en aucune façon le plan ; dans lequel l'image compte d'abord non pour ce qu'elle *ajoute* à la réalité mais pour ce qu'elle en *révèle*. Pour cette tendance le cinéma muet n'était en fait qu'une infirmité : la réalité, moins l'un de ses éléments. *Les Rapaces* comme la *Jeanne d'Arc* de Dreyer sont donc déjà virtuellement des films parlants. Si l'on cesse de tenir le montage et la composition plastique de l'image pour l'essence même du langage cinématographique, l'apparition du son n'est plus la ligne de faille esthétique divisant deux aspects radicalement différents du septième art. Un certain cinéma a cru mourir de la bande sonore, ce n'était point du tout « *le* cinéma », le véritable plan de clivage était ailleurs, il continuait, et il continue sans rupture, de traverser trente cinq ans d'histoire du langage cinématographique.

***

L'unité esthétique du cinéma muet ainsi remise en cause et répartie entre deux tendances intimement ennemies, réexaminons l'histoire des vingt dernières années.

De 1930 à 1940, semble bien s'être instituée de par le monde, et principalement à partir de l'Amérique, une certaine communauté d'expression dans le langage cinématographique. C'est le triomphe à Hollywood de cinq ou six grands genres qui assurent alors son écrasante supériorité : la comédie américaine (*Mr Smith au Sénat*, 1936), le burlesque *(Les Marx)*, le film de danse et de Music-hall (Fred Astaire et Ginger Rogers, les *Ziegfeld Follies*), le film policier et de gangsters *(Scarface, Je suis un évadé, Le Mouchard)*, le drame psychologique et de mœurs *(Back Street, Jezebel)*, le film fantastique ou d'épouvante *(Dr Jeckyll and Mr Hyde, L'Homme invisible, Frankenstein)*, le western (*Stage Coach*, 1939). Le second cinéma au monde est sans aucun doute, pour la même période, le français ; sa supériorité s'affirme peu à peu dans une tendance qu'on peut appeler grossièrement le réalisme noir ou réalisme poétique, dominé par quatre noms : Jacques Feyder, Jean Renoir, Marcel Carné et Julien Duvivier. Notre but n'étant pas de dresser un palmarès, il ne serait pas très utile de nous attarder sur les cinémas soviétique, anglais, allemand et italien dont la période considérée est relativement moins significative que les dix années suivantes. Les productions américaine et française suffisent en tout cas à définir clairement le cinéma parlant d'avant-guerre comme un art visiblement parvenu à l'équilibre et à la maturité.

Quant au fond d'abord : de grands genres aux règles bien élaborées, capables de plaire au plus large public international et d'intéresser aussi bien une élite cultivée pourvu qu'elle ne fût pas hostile a priori au cinéma.

Quant à la forme ensuite : des styles de la photographie et du découpage parfaitement clairs et conformes à leur sujet ; une réconciliation totale de l'image et du son. A revoir aujourd'hui des films comme *Jezebel* de William Wyler, *Stage Coach* de John Ford ou *Le Jour se lève* de Marcel Carné, on éprouve le sentiment d'un art qui a trouvé son

De 1930 à 1940, c'est le triomphe à Hollywood de cinq ou six genres qui assurent son écrasante supériorité : 1. le policier : *Scarface* ; 2. la comédie : *La Femme aux deux visages*. Ici, *Scarface*. [Photo F. G. M.]

parfait équilibre, sa forme d'expression idéale, et réciproquement, on y admire des thèmes dramatiques et moraux auxquels le cinéma n'a peut-être pas donné totalement existence mais qu'il a du moins promus à une grandeur, à une efficacité artistiques qu'ils n'auraient point connues sans lui. Bref, tous les caractères de la plénitude d'un art « classique ».

J'entends bien qu'on peut à juste titre soutenir que l'originalité du cinéma d'après-guerre, par rapport à celui de 1939, réside dans la promotion de certaines productions nationales et en particulier le flamboiement éblouissant du cinéma italien et l'apparition d'un cinéma britannique original et dégagé des influences hollywoodiennes, qu'on en peut conclure que le phénomène vraiment important des années 1940-1950 c'est l'intrusion d'un sang nouveau, d'une matière encore inexplorée ; bref, que la vraie révolution s'est faite beaucoup plus au niveau des sujets que du style ; de ce que le cinéma a à dire au monde, plutôt que de la manière de le lui dire. Le « néo-réalisme » n'est-il point d'abord un humanisme avant d'être un style de mise en scène ? Et ce style lui-même ne se définit-il pas essentiellement par un effacement devant la réalité ?

Aussi bien notre intention n'est-elle pas de prôner je ne sais quelle prééminence de la forme sur le fond. « L'art pour l'art » n'est pas moins hérétique au cinéma. Plus, peut-être ! Mais à sujet nouveau, forme nouvelle ! Et c'est encore une façon de mieux comprendre ce que le film cherche à nous dire que de savoir comment il le dit.

En 1938 ou 1939 donc, le cinéma parlant connaissait, surtout en France et en Amérique, une manière de perfection classique, fondée, d'un côté, sur la maturité des genres dramatiques élaborés depuis dix ans ou hérités du cinéma muet, de l'autre, sur la stabilisation des progrès techniques. Les années 30 ont été à la fois celles du son et de la pellicule panchromatique. Sans doute l'équipement des studios n'a-t-il pas cessé de se perfectionner mais ces améliorations n'étaient que de détail, aucune d'entre elles n'ouvraient de possibilités radicalement nouvelles à la mise en scène. Cette situation n'a d'ailleurs pas changé depuis 1940, si ce n'est peut-être tout de même quant à la photographie, grâce à l'accroissement de la sensibilité de la pellicule. La panchromatique a bouleversé l'équilibre des valeurs de l'image, les émulsions ultra-sensibles ont permis d'en modifier le dessin. Libre de faire des prises de vue en studio avec des diaphragmes beaucoup plus fermés, l'opérateur a pu, le cas échéant, éliminer le flou des arrière-plans qui était généralement de rigueur. Mais on trouverait bien des exemples antérieurs d'emploi de la profondeur de champ (chez Jean Renoir par exemple) ; celle-ci a toujours été possible en extérieur et même en studio au prix de quelques prouesses. Il suffisait de le vouloir. En sorte qu'il s'agit moins au fond d'un problème technique, dont la solution, il est vrai, a été grandement facilitée, que d'une recherche de style, sur quoi nous reviendrons. En somme, depuis la vulgarisation d'emploi de la panchromatique, la connaissance des ressources du micro et la généralisation de la grue dans l'équipement des studios, on peut tenir pour acquises les conditions techniques nécessaires et suffisantes à l'art cinématographique depuis 1930.

Puisque les déterminismes techniques étaient pratiquement éliminés, il faut donc chercher ailleurs les signes et les principes de l'évolution du langage : dans la remise en cause des sujets et par voie de conséquence des styles nécessaires à leur expression. En 1939 le cinéma parlant en était arrivé à ce que les géographes appellent le profil d'équilibre d'un fleuve. C'est-à-dire à cette courbe mathématique idéale qui est le résultat d'une suffisante érosion. Atteint son profil d'équilibre, le fleuve coule sans effort de sa source à son embouchure et cesse de creuser davantage son lit. Mais survienne quelque mouvement géologique qui surélève la pénéplaine, modifie l'altitude de la source ; l'eau de nouveau travaille, pénètre les terrains sous-jacents, s'enfonce, mine et creuse. Parfois, s'il s'agit de couches calcaires, se dessine alors tout un nouveau relief en creux quasi invisible sur le plateau, mais complexe et tourmenté pourvu qu'on suive le chemin de l'eau.

Évolution du découpage cinématographique depuis le parlant

En 1938, on retrouve donc presque partout le même genre de découpage. Si nous appelons, un peu conventionnellement, « expressionniste » ou « symboliste » le type de films muets fondés sur la plastique et les artifices du montage, nous pourrions qualifier la nouvelle forme de récit d'« analytique » et « dramatique ». Soit, pour reprendre un des éléments de l'expérience de Koulechov, une table servie et un pauvre hère affamé. On peut imaginer en 1936 le découpage suivant :

1° plan général cadrant à la fois l'acteur et la table ;

2° travelling avant finissant sur un gros plan du visage qui exprime un mélange d'émerveillement et de désir ;

3° série de gros plans de victuailles ;

4° retour au personnage cadré en pied, qui avance lentement vers la caméra ;

5° léger travelling arrière pour permettre un plan américain de l'acteur saisissant une aile de volaille.

Quelles que soient les variantes qu'on peut imaginer à ce découpage, il leur resterait des points communs :

1° la vraisemblance de l'espace, dans lequel la place du personnage est toujours déterminée, même quand un gros plan élimine le décor ;

2° l'intention et les effets du découpage sont exclusivement dramatiques ou psychologiques.

En d'autres termes, jouée sur un théâtre et vue d'un fauteuil d'orchestre, cette scène aurait exactement le même sens, l'événement continuerait d'exister objectivement. Les changements de points de vue de la caméra n'y ajoutent rien. Ils présentent seulement la réalité d'une manière plus efficace. D'abord en permettant de la mieux voir, ensuite en mettant l'accent sur ce qui le mérite.

Certes, tout comme le metteur en scène de théâtre, le metteur en scène de cinéma dispose d'une marge d'interprétation dans laquelle infléchir le sens de l'action. Mais ce n'est qu'une marge et qui ne saurait modifier la logique formelle de l'événement. Prenons par contre le montage des lions de pierre dans *La Fin de Saint-Pétersbourg* ; habilement rapprochées, une série de sculptures donnent l'impression du même animal qui se dresse (comme le peuple). Cette admirable trouvaille de montage est impensable dès 1932. Dans *Fury*, Fritz Lang introduit encore en 1935, après une suite de plans de femmes cancanant, l'image de poules caquetant dans une basse-cour. C'est une survivance du montage attraction qui choquait déjà à l'époque et qui paraît aujourd'hui tout à fait hétérogène au reste du film. Si décisif que soit l'art d'un Carné, par exemple dans la mise en valeur des scénarios du *Quai des brumes* ou du *Jour se lève*, son découpage demeure au niveau de la réalité qu'il analyse, il n'est qu'une façon de la bien voir. C'est pourquoi on assiste à la disparition presque totale des trucages visibles, tels que la surimpression, et même, surtout en Amérique, du gros plan dont l'effet physique trop violent rendrait sensible le montage. Dans la comédie américaine typique, le metteur en scène revient chaque fois qu'il le peut au cadrage des personnages au-dessus des genoux, qui s'avère être le plus conforme à l'attention spontanée du spectateur, le point d'équilibre naturel de son accommodation mentale.

En fait, cette pratique du montage a ses origines dans le cinéma muet. C'est à peu près le rôle qu'elle joue chez Griffith, dans *Le Lys brisé* par exemple, car, avec *Intolérance*, Griffith introduisait déjà cette conception synthétique du montage que le cinéma soviétique poussera à ses dernières conséquences et qui se retrouve, moins exclusivement, admise un peu partout à la fin du muet. On comprend, du reste, que l'image sonore, beaucoup moins malléable que l'image visuelle, ait ramené le montage vers le réalisme, éliminant de plus en plus, aussi bien l'expressionnisme plastique que les rapports symboliques entre les images.

Ainsi vers 1938, les films étaient, en fait, presque unanimement découpés selon les mêmes principes. L'histoire était décrite par une succession de plans dont le nombre variait relativement peu (autour de 600). La technique caractéristique de ce découpage était le champ contre champ ; c'est, dans un dialogue par exemple, la prise de vue alternée selon la logique du texte, de l'un ou l'autre interlocuteur.

C'est ce type de découpage, qui avait parfaitement convenu aux meilleurs des films des années 30 à 39, qu'est venu remettre en cause le découpage en profondeur de champ d'Orson Welles et de William Wyler.

La notoriété de *Citizen Kane* ne saurait être surfaite. Grâce à la profondeur de champ, des scènes entières sont traitées en une seule prise de vue, la caméra restant même immobile. Les effets dramatiques, demandés antérieurement au montage, naissent tous ici du déplacement des acteurs dans le cadrage choisi une fois pour toutes. Certes, pas plus que Griffith le gros plan, Orson Welles « n'inventait » la profondeur de champ ; tous les primitifs du cinéma l'utilisaient, et pour cause. Le flou dans l'image n'est apparu qu'avec le montage. Il n'était pas seulement une servitude technique consécutive à l'emploi des plans rapprochés, mais la conséquence logique du montage, son équivalence plastique. Si, à tel moment de l'action, le metteur en scène fait, par exemple, comme dans le découpage imaginé plus haut, un gros plan d'une coupe de fruits, il est normal qu'il l'isole aussi dans l'espace par la mise au point de l'objectif. Le flou des arrière-plans confirme donc l'effet du montage, il n'appartient qu'accessoirement au style de la photographie, mais essentiellement à celui du récit. Déjà Jean Renoir l'avait parfaitement compris quand il écrivait en 1938, c'est-à-dire après *La bête humaine* et *La Grande illusion* et avant *La Règle du jeu* : « Plus j'avance dans mon métier, plus je suis amené à faire de la mise en scène en profondeur par rapport à l'écran ; plus ça va, plus je renonce aux confrontations entre deux acteurs placés sagement devant la caméra comme chez le photographe. » Et en effet, si l'on recherche un précurseur à Orson Welles, ce n'est pas Louis Lumière ou Zecca mais Jean Renoir. Chez Renoir, la recherche de la composition en profondeur de l'image correspond effectivement à une suppression partielle du montage, remplacé par de fréquents panoramiques et des entrées dans le champ. Elle suppose le respect de la continuité de l'espace dramatique et naturellement de sa durée.

Il est évident, à qui sait voir, que les plans-séquences de Welles dans *Magnificent Ambersons* ne sont nullement « l'enregistrement » passif d'une action photographiée dans un même cadre mais, au contraire, que le refus de morceler l'événement, d'analyser dans le temps l'aire dramatique est une opération positive dont l'effet est supérieur à celui qu'aurait pu produire le découpage classique.

Il suffit de comparer deux photogrammes en profondeur de champ, l'un de 1910, l'autre d'un film de Welles ou de Wyler, pour comprendre à la seule vue de l'image, même séparée du film, que sa fonction est tout autre. Le cadrage de 1910 s'identifie pratiquement avec le quatrième mur absent de la scène du théâtre ou, du moins en extérieur, avec le meilleur point de vue sur l'action, tandis que le décor, l'éclairage et l'angle donnent, à la seconde mise en page, une lisibilité différente. Sur la surface de l'écran, le metteur en scène et l'opérateur ont su organiser un échiquier dramatique dont aucun détail n'est exclu. On en trouvera les exemples les plus clairs, sinon les plus originaux, dans *Little Foxes* où la mise en scène prend une rigueur d'épure (chez Welles la surcharge baroque rend l'analyse plus complexe). La mise en place d'un objet par rapport aux personnages est telle que le spectateur *ne peut pas* échapper à sa signification. Signification que le montage aurait détaillée dans un déroulement de plans successifs[1].

En d'autres termes le plan-séquence en profondeur de champ du metteur en scène moderne ne renonce pas au montage — comment le pourrait-il sans retourner à un

1. On trouvera, dans l'étude suivante sur William Wyler, des illustrations précises de cette analyse.

balbutiement primitif —, il l'intègre à sa plastique. Le récit de Welles ou de Wyler n'est pas moins explicite que celui de John Ford, mais il a sur ce dernier l'avantage de ne point renoncer aux effets particuliers qu'on peut tirer de l'unité de l'image dans le temps et dans l'espace. Il n'est point indifférent en effet (du moins dans une œuvre qui atteint au style) qu'un événement soit analysé par fragments ou représenté dans son unité physique. Il serait évidemment absurde de nier les progrès décisifs apportés par l'usage du montage dans le langage de l'écran, mais ils ont été acquis au prix d'autres valeurs, non moins spécifiquement cinématographiques.

C'est pourquoi la profondeur de champ n'est pas une mode d'opérateur comme l'usage des trames du filtre ou tel style d'éclairage, mais une acquisition capitale de la mise en scène : un progrès dialectique dans l'histoire du langage cinématographique.

Et ce n'est pas là qu'un progrès formel ! La profondeur de champ bien utilisée n'est pas seulement une façon plus économique, plus simple et plus subtile à la fois de mettre l'événement en valeur ; elle affecte, avec les structures du langage cinématographique, les rapports intellectuels du spectateur avec l'image, et par là même elle modifie le sens du spectacle.

Il sortirait du propos de cet article d'analyser les modalités psychologiques de ces rapports, sinon leurs conséquences esthétiques, mais il pourra suffire de remarquer grosso modo :

1° que la profondeur de champ place le spectateur dans un rapport avec l'image plus proche de celui qu'il entretient avec la réalité. Il est donc juste de dire, qu'indépendamment du contenu même de l'image, sa structure est plus réaliste ;

2° qu'elle implique par conséquent une attitude mentale plus active et même une contribution positive du spectateur à la mise en scène. Alors que dans le montage analytique il n'a qu'à suivre le guide, couler son attention dans celle du metteur en scène qui choisit pour lui ce qu'il faut voir, il est requis ici à un minimum de choix personnel. De son attention et de sa volonté dépend en partie le fait que l'image ait un sens ;

3° des deux propositions précédentes, d'ordre psychologique, en découle une troisième qu'on peut qualifier de métaphysique.

En analysant la réalité, le montage supposait, par sa

nature même, l'unité de sens de l'événement dramatique. Sans doute un autre cheminement analytique était possible, mais alors c'eut été un autre film. En somme, le montage s'oppose essentiellement et par nature à l'expression de l'ambiguïté. L'expérience de Koulechov le démontre justement par l'absurde en donnant chaque fois un sens précis au visage dont l'ambiguïté autorise ces trois interprétations successivement exclusives.

Au contraire, la profondeur de champ réintroduit l'ambiguïté dans la structure de l'image, sinon comme une nécessité (les films de Wyler ne sont guère ambigus), du moins comme une possibilité. C'est pourquoi il n'est pas exagéré de dire que *Citizen Kane* ne se conçoit qu'en profondeur de champ. L'incertitude où l'on demeure de la clef spirituelle ou de l'interprétation est d'abord inscrite dans le dessin même de l'image.

Ce n'est pas que Welles s'interdise le recours aux procédés expressionnistes du montage, mais justement leur utilisation épisodique, entre les « plans-séquence », en profondeur de champ leur confère un sens nouveau. Le montage constituait jadis la matière même du cinéma, le tissu du scénario. Dans *Citizen Kane* un enchaînement de surimpressions s'oppose à la continuité d'une scène représentée en une seule prise, il est une autre modalité, explicitement abstraite, du récit. Le montage accéléré trichait avec le temps et l'espace, celui de Welles ne cherche pas à nous tromper, au contraire, il se propose par contraste comme un condensé temporel, l'équivalent par exemple de l'imparfait français ou du fréquentatif anglais. Ainsi le « montage rapide » et le « montage attraction », les surimpressions que le cinéma parlant n'avait plus employées depuis dix ans, retrouvent un usage possible par rapport au réalisme temporel d'un cinéma sans montage. Si nous nous sommes attardés sur le cas d'Orson Welles, c'est que la date de son apparition au firmament cinématographique (1941) marque assez bien le commencement d'une période nouvelle, aussi parce que son cas est le plus spectaculaire et le plus significatif dans ses excès mêmes. Mais *Citizen Kane* s'insère dans un mouvement d'ensemble, dans un vaste déplacement géologique des assises du cinéma qui confirme un peu partout de quelque manière cette révolution du langage.

J'en trouverais une confirmation par des voies différentes dans le cinéma italien. Dans *Païsa* et *Allemagne année*

Le plan séquence du metteur en scène moderne ne renonce pas au montage, il l'intègre à sa plastique. La scène du suicide manqué dans *Citizen Kane*.

zéro de Roberto Rossellini et *Le Voleur de bicyclettes* de Vittorio de Sica, le néo-réalisme italien s'oppose aux formes antérieures du réalisme cinématographique par le dépouillement de tout expressionnisme et, en particulier, par la totale absence des effets dus au montage. Comme chez Welles et en dépit des oppositions de style, le néo-réalisme tend à rendre au film le sens de l'ambiguïté du réel. Le souci de Rossellini devant le visage de l'enfant d'*Allemagne année zéro* est justement inverse de celui de Koulechov devant le gros plan de Mosjoukine. Il s'agit de lui conserver son mystère. Que l'évolution néo-réaliste ne semble pas d'abord se traduire, comme en Amérique, par quelque révolution dans la technique du découpage, ne doit pas donner le change.

Les moyens sont divers pour atteindre le même but. Ceux de Rossellini et de de Sica sont moins spectaculaires, mais ils visent, eux aussi, à réduire à néant le montage et à faire passer dans l'écran la continuité vraie de la réalité. Zavattini ne rêve que de filmer 90 minutes de la vie d'un homme à qui il n'arrive rien ! Le plus « esthète » des néo-réalistes, Luchino Visconti, révélait du reste aussi clairement que Welles le projet fondamental de son art dans *La Terre tremble*, film presque uniquement composé de plan-séquence où le souci d'embrasser la totalité de l'événement se traduit par la profondeur de champ et d'interminables panoramiques.

Mais nous ne saurions passer en revue toutes les œuvres qui participent à cette évolution du langage depuis 1940. Il est temps d'essayer une synthèse de ces réflexions. Les dix dernières années nous paraissent marquer des progrès décisifs dans le domaine de l'expression cinématographique. C'est à dessein que nous avons semblé perdre de vue à partir de 1930 la tendance du cinéma muet illustrée particulièrement par Erich von Stroheim, F. W. Murnau, R. Flaherty et Dreyer. Non qu'elle nous parût éteinte avec le parlant. Car, bien au contraire, nous pensons qu'elle représentait la veine la plus féconde du cinéma dit muet, la seule qui, précisément parce que l'essentiel de son esthétique n'était pas lié au montage, appelait le réalisme sonore comme un prolongement naturel. Mais il est vrai que le cinéma parlant de 1930 à 1940 ne lui doit presque rien hors l'exception glorieuse et rétrospectivement prophétique de Jean Renoir, le seul dont les recherches de mise en scène s'efforcent, jusqu'à *La Règle du jeu*, de retrouver, au-delà des facilités du montage, le secret d'un récit cinématographique capable de tout exprimer sans morceler le monde, de révéler le sens caché des êtres et des choses sans en briser l'unité naturelle.

Il n'est pas question de jeter pour autant sur le cinéma de 1930 à 1940 un discrédit qui ne résisterait point du reste à l'évidence de quelques chefs-d'œuvre, simplement d'introduire l'idée d'un progrès dialectique dont les années 40 marquent la grande articulation. Il est vrai que le parlant a sonné le glas d'une certaine esthétique du langage cinématographique, mais seulement de celle qui l'écartait le plus de sa vocation réaliste. Du montage, le cinéma parlant avait cependant conservé l'essentiel, la description discontinue et l'analyse dramatique de l'événement. Il a renoncé à la métaphore et au symbole pour s'efforcer à l'illusion de la repré-

Dans *La Terre tremble*, de Luchino Visconti, le souci d'embrasser la totalité de l'événement se traduit par la profondeur du champ et d'interminables panoramiques. [Photo Ronald.]

sentation objective. L'expressionnisme du montage a presque complètement disparu, mais le réalisme relatif du style de découpage, qui triomphe généralement vers 1937, impliquait une limitation congénitale dont nous ne pouvions nous rendre compte tant que les sujets traités lui étaient parfaitement appropriés. Ainsi de la comédie américaine qui a atteint sa perfection dans le cadre d'un découpage où le réalisme du temps ne jouait aucun rôle. Essentiellement logique, comme le vaudeville et le jeu de mots, parfaitement conventionnelle dans son contenu moral et sociologique, la comédie américaine avait tout à gagner à la rigueur descriptive et linéaire, aux ressources rythmiques du découpage classique.

C'est sans doute surtout avec la tendance Stroheim-Murnau, presque totalement éclipsée de 1930 à 1940, que le cinéma renoue plus ou moins consciemment depuis dix ans. Mais il ne se borne pas à la prolonger, il y puise le secret d'une régénérescence réaliste du récit ; celui-ci redevient capable d'intégrer le temps réel des choses, la durée de l'événement auquel le découpage classique substituait insidieusement un temps intellectuel et abstrait. Mais loin d'éliminer définitivement les conquêtes du montage, il leur donne au contraire une relativité et un sens. Ce n'est que par rapport à un réalisme accru de l'image, qu'un supplément d'abstraction devient possible. Le répertoire stylistique d'un metteur en scène comme Hitchcock par exemple, s'étend des pouvoirs du document brut aux surimpressions et aux très gros plans. Mais les gros plans de Hitchcock ne sont pas ceux de C. B. de Mille dans *Forfaiture*. Ils ne sont qu'une figure de style parmi d'autres. En d'autres termes, au temps du muet, le montage *évoquait* ce que le réalisateur voulait dire, en 1938 le découpage *décrivait*, aujourd'hui enfin, on peut dire que le metteur en scène *écrit* directement en cinéma. L'image — sa structure plastique, son organisation dans le temps — parce qu'elle prend appui sur un plus grand réalisme, dispose ainsi de beaucoup plus de moyens pour infléchir, modifier du dedans la réalité. Le cinéaste est, non plus seulement le concurrent du peintre et du dramaturge, mais enfin l'égal du romancier.

VIII

POUR UN CINÉMA IMPUR[1]

Défense de l'adaptation

A prendre quelque recul critique sur la production des dix ou quinze dernières années, il apparaît vite qu'un des phénomènes dominant son évolution est le recours de plus en plus significatif au patrimoine littéraire et théâtral.

Certes, ce n'est pas d'aujourd'hui que le cinéma va prendre son bien dans le roman et le théâtre ; mais il ne semble pas que ce soit de la même manière. L'adaptation du *Comte de Monte-Cristo*, des *Misérables* ou des *Trois Mousquetaires* n'est pas du même ordre que celle de la *Symphonie pastorale*, de *Jacques le Fataliste (Les Dames du Bois de Boulogne)*, du *Diable au corps* ou du *Journal d'un curé de campagne*. Alexandre Dumas ou Victor Hugo ne fournissaient guère au cinéaste que des personnages et des aventures dont l'expression littéraire est dans une large mesure indépendante. Javert ou d'Artagnan font désormais partie d'une mythologie extra-romanesque, ils jouissent en quelque sorte d'une existence autonome dont l'œuvre originale n'est plus qu'une manifestation accidentelle et presque superflue. D'un autre côté, on continue d'adapter des romans parfois excellents, mais qu'il est permis de traiter comme des synopsis très poussées. Ce sont également des personnages et une intrigue, voire — et c'est alors un degré de plus — une atmosphère comme chez Simenon, ou un climat poétique comme chez Pierre Véry, que le cinéaste va demander au romancier. Mais là encore on pourrait imaginer que le livre n'ait pas été

---

1. Extrait de *Cinéma, un œil ouvert sur le monde*, Guilde du Livre, Lausanne.

écrit et que l'écrivain ne soit qu'un scénariste particulièrement prolixe. Cela est si vrai que beaucoup de romans américains du type « Série noire » sont visiblement écrits à double fin et en vue d'une adaptation possible par Hollywood. Encore faut-il remarquer que le respect de la littérature policière, quand elle présente une certaine originalité, se fait de plus en plus impératif ; les libertés avec l'auteur ne vont pas sans une certaine mauvaise conscience. Mais quand Robert Bresson déclare, avant de porter à l'écran le *Journal d'un Curé de campagne*, que son intention est de suivre le livre page par page sinon phrase par phrase, on voit bien qu'il s'agit de tout autre chose et que des valeurs nouvelles sont en jeu. Le cinéaste ne se contente plus de piller, comme l'ont fait somme toute avant lui Corneille, La Fontaine ou Molière, il se propose de transcrire pour l'écran, dans une quasi-identité, une œuvre dont il reconnaît *a priori* la transcendance. Et comment en serait-il autrement, quand cette œuvre relève d'une forme si évoluée de la littérature que les héros et la signification de leurs actes dépendent intimement du style de l'écrivain, lorsqu'ils y sont enfermés comme en un microcosme dont les lois, rigoureusement nécessaires, cessent d'être valables à l'extérieur, lorsque le roman a renoncé à la simplification épique, qu'il n'est plus une matrice de mythes, mais le lieu de subtiles interférences entre le style, la psychologie, la morale ou la métaphysique ?

Avec le théâtre, le sens de cette évolution est plus accusé encore. Comme le roman, la littérature dramatique s'est toujours laissé violenter par le cinéma. Mais qui oserait comparer le *Hamlet* de Laurence Olivier aux emprunts rétrospectivement burlesques que le film d'art fit jadis au répertoire de la Comédie-Française ? Il a toujours été tentant pour le cinéaste de photographier le théâtre, puisque celui-ci est déjà un spectacle ; mais on en connaît le résultat. Et c'est apparemment à juste titre que l'expression « théâtre filmé » est devenue le lieu commun de l'opprobre critique. Du moins le roman requièrait-il une certaine marge de création pour passer de l'écriture à l'image. Le théâtre au contraire est un faux ami ; ses illusoires similitudes avec le cinéma engageaient celui-ci dans une voie de garage, l'attiraient sur la pente de toutes les facilités. Si pourtant le répertoire dramatique du Boulevard, par exemple, a été à l'origine de rares films passables, c'est que le metteur en scène a pris quelquefois avec la pièce des libertés analogues à celles dont il s'est autorisé avec le roman, ne retenant essentiellement que des personnages et une action. Mais là encore le phénomène est radicalement nouveau qui semble poser, au contraire, en principe inviolable le respect du caractère théâtral du modèle.

Les films que nous venons de citer, et d'autres, dont les titres viendront certainement tout à l'heure sous notre plume, sont trop nombreux et d'une qualité trop peu contestable pour faire figure d'exceptions confirmant la règle. Tout au contraire, de telles œuvres jalonnent depuis dix ans l'une des tendances les plus fécondes du cinéma contemporain.

« Ça, c'est du cinéma », proclamait jadis Georges Altmann sur la couverture d'un livre consacré à la glorification du cinéma muet, du *Pèlerin* à la *Ligne générale*. Faut-il donc tenir désormais pour vieilles lunes les dogmes et les espoirs de la première critique cinématographique combattant pour l'autonomie du septième art ? Le cinéma, ou ce qu'il en reste, est-il aujourd'hui incapable de se survivre sans les béquilles de la littérature et du théâtre ? Est-il en passe de devenir un art subordonné et dépendant en numéro *bis* de quelque art traditionnel ?

Le problème offert à notre réflexion n'est au fond pas si nouveau : c'est d'abord celui de l'influence réciproque des arts et de l'adaptation en général. Si le cinéma avait deux ou trois mille ans, sans doute verrions-nous plus clairement qu'il n'échappe pas aux lois communes de l'évolution des arts. Mais il n'a que soixante ans et les perspectives historiques sont prodigieusement écrasées. Ce qui s'étale d'ordinaire sur la durée d'une ou deux civilisations tient ici en une vie d'homme. Encore n'est-ce point la principale cause d'erreur, car cette évolution accélérée n'est point contemporaine de celle des autres arts. Le cinéma est jeune, mais la littérature, le théâtre, la musique, la peinture sont aussi vieux que l'histoire. De même que l'éducation d'un enfant se fait à l'imitation des adultes qui l'entourent, l'évolution du cinéma a été nécessairement infléchie par l'exemple des arts consacrés. Son histoire depuis le début du siècle serait donc la résultante des déterminismes spécifiques à l'évolution de tout art et des influences exercées sur lui par des arts déjà évolués. Encore l'imbroglio de ce complexe esthétique est-il aggravé par des incidences sociologiques. Le cinéma s'impose en effet comme le seul art populaire en un temps où le théâtre lui-même, art social par excellence, ne touche plus qu'une minorité privilégiée de la culture ou de l'argent. Peut-être les vingt dernières années du cinématographe compteront-elles dans son histoire comme cinq siècles en littérature : c'est peu pour un art, c'est beaucoup pour notre sens critique. Essayons donc de circonscrire le champ de ces réflexions.

Remarquons d'abord que l'adaptation, tenue plus ou moins pour un pis aller honteux par la critique moderne, est une constante de l'histoire de l'art. Malraux a montré ce que la Renaissance picturale devait, à l'origine, à la sculpture gothique. Giotto peint en ronde-bosse ; Michel-Ange s'est volontairement refusé aux ressources de la couleur à l'huile, la fresque convenant mieux à une peinture sculpturale. Et, sans doute, ce ne fut là qu'une étape vite dépassée vers la libération de la peinture « pure ». Mais dira-t-on que Giotto est inférieur à Rembrandt ? Et que signifierait cette hiérarchie ? Niera-t-on que la fresque en ronde-bosse n'ait été un stade nécessaire et par là esthétiquement justifié ? Que dire aussi des miniatures byzantines agrandies dans la pierre aux dimensions des tympans de cathédrales ? Et pour prendre maintenant le roman, faut-il reprocher à la tragédie préclassique d'adapter à la scène la pastorale romanesque ou à Mme de La Fayette ce qu'elle doit à la dramaturgie racinienne ? Et ce qui est vrai de la technique l'est plus encore des thèmes qui circulent librement à travers les expressions les plus variées. C'est là un lieu commun de l'histoire littéraire jusqu'au XVIIIe siècle, où la notion de plagiat a seulement commencé d'apparaître. Au moyen âge, les grands sujets chrétiens se retrouvent dans le théâtre, la peinture, le vitrail, etc.

Ce qui, sans doute, nous trompe dans le cinéma, c'est qu'à l'inverse de ce qui se produit généralement dans un cycle évolutif artistique, l'adaptation, l'emprunt, l'imitation ne paraissent pas se situer à l'origine. Au contraire : l'autonomie des moyens d'expression, l'originalité des sujets n'ont jamais été plus grands que dans les vingt-cinq ou trente premières années du cinéma. On admettrait qu'un art naissant ait cherché à imiter ses aînés, puis à dégager peu à peu ses lois et ses thèmes propres ; on comprend moins qu'il mette une expérience toujours plus grande au service d'œuvres étrangères à son génie, comme si ces capacités d'invention, de création spécifique étaient en raison inverse de ses pouvoirs d'expression. De là à tenir cette évolution paradoxale pour une décadence, il n'y a qu'un pas que presque toute la critique n'a pas hésité à franchir au début du cinéma parlant.

Mais c'était méconnaître les données essentielles de l'histoire du film. Constater que le cinéma est apparu « après » le roman ou le théâtre, ne signifie pas qu'il s'aligne à leur suite et sur le même plan. Le phénomène cinématographique ne s'est pas du tout développé dans les conditions sociologiques où subsistent les arts traditionnels. Autant dire que le bal musette ou le be-bop sont héritiers de la chorégraphie classique. Les premiers cinéastes ont effectivement soutiré leur bien à l'art dont ils allaient conquérir le public, à savoir le cirque, le théâtre forain et le music-hall qui fourniront, en particulier aux films burlesques, une technique et des interprètes. On connaît le mot célèbre attribué à Zecca découvrant un certain Shakespeare : « Ce qu'il est passé à côté de jolies choses, cet animal-là ! » Zecca et ses confrères ne risquaient pas d'être influencés par une littérature qu'ils ne lisaient pas plus que le public auquel ils s'adressaient. En revanche ils le furent par la littérature populaire de l'époque, à laquelle on doit, avec le sublime *Fantomas*, l'un des chefs-d'œuvre de l'écran. Le film recréait les conditions d'un authentique et grand art populaire, il n'a pas dédaigné les formes humbles et méprisées du théâtre de foire ou du roman feuilleton. Il y eut bien à la vérité une tentative d'adoption de cet enfant de la balle par les beaux messieurs de l'Académie et de la Comédie-Française ; mais l'échec du Film d'Art témoigne de la vanité de cette entreprise contre nature. Les malheurs d'Œdipe ou du prince de Danemark étaient au cinéma débutant comme « nos ancêtres les Gaulois » aux négrillons d'une école primaire de la brousse africaine. Si nous y trouvons aujourd'hui un intérêt et du charme, c'est comme à ces interprétations paganisées et naïves de la liturgie catholique par une tribu sauvage qui a mangé ses missionnaires.

Si les emprunts évidents (le pillage sans vergogne des techniques et du personnel du music-hall anglo-saxon à Hollywood) de ce qui subsistait, en France, d'un théâtre populaire sur les champs de foire et les boulevards, n'a pas provoqué de contestations esthétiques, c'est d'abord qu'il n'existait pas encore de critique cinématographique. C'est aussi que les avatars de ces formes d'art dites inférieures ne scandalisaient personne. Nul ne se souciait de leur défense, sinon les intéressés qui avaient plus de connaissance de leur métier que de préjugés filmologiques.

Lorsque le cinéma a pris effectivement la suite du théâtre, c'est donc en renouant, par-dessus un ou deux siècles d'évolution, avec des catégories dramatiques à peu près abandonnées. Les mêmes doctes historiens qui n'ignorent rien de la farce au XVIe siècle s'avisent-ils de sa vitalité entre 1910 et 1914 dans les studios de Pathé et Gaumont et sous la férule de Mack Sennett ?

Il ne serait sans doute pas bien difficile de procéder à la même démonstration quant au roman. Le film à épisodes, qui adapte la technique populaire du feuilleton, retrouve en fait les vieilles structures du conte. Je l'éprouvai personnellement en revoyant les *Vampires* de Feuillade à l'une de ces séances dont Henri Langlois, le sympathique directeur de la Cinémathèque française, a le secret. Ce soir-là, un seul des deux appareils de projection fonctionnait. Par surcroît, la copie présentée n'avait pas de sous-titres, et je suppose que Feuillade lui-même n'y eût pas retrouvé ses assassins. Les paris étaient ouverts pour savoir quels étaient les bons et les méchants. Tel, qu'on tenait pour bandit, se révélait victime à la bobine suivante. Enfin la lumière, rendue à la salle toutes les dix minutes pour recharger l'appareil, multipliait les épisodes. Ainsi présenté, le chef-d'œuvre de Feuillade révélait de manière éclatante le principe esthétique de son charme. Chaque interruption soulevait un « Ah ! » de déception et la reprise un espoir de soulagement. Cette histoire, à laquelle le public ne comprenait rien, s'imposait à son attention et à son désir par la seule et pure exigence du récit. Elle n'était en aucune manière une action préexistante arbitrairement morcelée d'entractes, mais une création indûment interrompue, une source intarissable dont une main mystérieuse aurait retenu le flot.

D'où le malaise insupportable provoqué par « la suite au prochain numéro » et l'attente anxieuse, non pas tant des événements suivants, que de l'écoulement d'un récit, de la reprise d'une création suspendue. Aussi bien, Feuillade lui-même ne procédait pas autrement pour faire ses films.

Ignorant lui aussi chaque fois de la suite, il tournait au fur et à mesure, au gré de l'inspiration du matin, l'épisode suivant. Auteur et spectateur étaient dans la même situation : celle du roi et de Schéhérazade ; l'obscurité renouvelée de la salle de cinéma était celle-là même des *Mille et une nuits*. Le « à suivre » du vrai roman feuilleton, comme du vieux film à épisodes, n'est donc pas une servitude extérieure à l'histoire. Si Schéhérazade avait tout raconté d'un coup, le roi, aussi cruel que le public, l'eût fait exécuter à l'aube. L'un comme l'autre ont besoin d'éprouver la puissance du charme par son interruption, de savourer la délicieuse attente du conte qui se substitue à la vie quotidienne, laquelle n'est plus que la solution de continuité du rêve.

On voit donc que la prétendue pureté originelle des primitifs du cinéma ne résiste guère à l'attention. Le parlant ne marque pas le seuil d'un paradis perdu au-delà duquel la muse du septième art, découvrant sa nudité, aurait commencé à se revêtir des haillons dérobés. Le cinéma n'a pas échappé à la loi commune : il l'a subie à sa façon, qui était la seule possible dans sa conjoncture technique et sociologique.

Mais nous entendons bien qu'il ne suffit pas d'avoir prouvé que la plupart des films primitifs n'étaient qu'emprunts et pillages pour avoir du même coup justifié les formes actuelles de l'adaptation. Désarçonné de sa position habituelle, l'avocat du « cinéma pur » pourra encore soutenir que le commerce entre les arts est d'autant plus facile qu'il se fait au niveau des formes primitives. Il se peut bien que la farce doive au cinéma une nouvelle jeunesse, mais justement son efficacité était surtout visuelle, et c'est d'ailleurs par elle, puis par le music-hall, que s'est perpétuée la très ancienne tradition du mime. Plus on avance dans l'histoire et la hiérarchie des genres, plus les différenciations s'accentuent, comme dans l'évolution animale aux extrémités des rameaux procédant d'une souche commune. La polyvalence originelle a développé ses virtualités, celles-ci sont liées désormais à des formes trop subtiles et trop complexes pour qu'on y puisse porter atteinte sans compromettre l'œuvre elle-même. Giotto peut peindre en ronde-bosse sous l'influence directe de la sculpture architecturale, mais Raphaël et Vinci s'opposent déjà à Michel-Ange pour faire de la peinture un art radicalement autonome.

Il n'est pas sûr que cette objection résiste entièrement à une discussion détaillée et que des formes évoluées ne continuent pas de réagir l'une sur l'autre, mais il est vrai que l'Histoire de l'Art évolue dans le sens de l'autonomie et de la spécificité. Le concept d'art pur (poésie pure, peinture pure, etc.) n'est pas vide de sens ; il se réfère à une réalité esthétique aussi difficile à définir qu'à contester. En tout cas, si un certain mélange des arts reste possible, comme le mélange des genres, il ne s'ensuit pas que toute mixité soit heureuse. Il est des croisements féconds et qui additionnent les qualités des géniteurs, il est aussi des hybrides séduisants mais stériles, il est enfin des accouplements monstrueux et qui n'engendrent que chimères. Renonçons donc à invoquer les précédents de l'origine du cinéma et reprenons le problème tel qu'il semble se poser aujourd'hui.

Si la critique regrette assez souvent les emprunts que le cinéma fait à la littérature, l'existence de l'influence inverse est généralement tenue pour aussi légitime qu'évidente. C'est presque un lieu commun d'affirmer que le roman contemporain, et particulièrement le roman américain, a subi l'influence du cinéma. Laissons naturellement de côté des livres où l'emprunt direct est volontairement visible et, par là même, moins significatif, comme *Loin de Rueil*, de Raymond Queneau. Le problème est de savoir si l'art des Dos Passos, Caldwell, Hemingway ou Malraux procède de la technique cinématographique. A la vérité, nous ne le croyons guère. Sans doute et comment en serait-il autrement, les nouveaux modes de perception imposés par l'écran, des façons de voir comme le gros plan, ou des structures de récit comme le montage, ont-ils aidé le romancier à renouveler ses accessoires techniques. Mais dans la mesure même où les références cinématographiques sont avouées, comme chez Dos Passos, elles sont du même coup récusables : elles s'ajoutent simplement à l'attirail de procédés dont l'écrivain construit son univers particulier. Même si l'on admet que le cinéma a infléchi le roman sous l'influence de sa gravitation esthétique, l'action de l'art nouveau n'a sans doute pas dépassé celle qu'a pu exercer le théâtre sur la littérature au siècle dernier par exemple. C'est une loi probablement constante que celle de l'influence de l'art voisin dominant. Certes, chez un

Espoir, de Malraux : ce que serait le cinéma s'il s'inspirait des romans... « influencés » par le cinéma. [Photo Filmsonor.]

Graham Greene, on pourrait croire discerner des similitudes irrécusables. Mais à y regarder de plus près, on s'apercevra que la prétendue technique cinématographique de Greene (n'oublions pas que celui-ci a été, plusieurs années, critique de films) est en réalité celle que le cinéma n'emploie pas. En sorte qu'on se demande constamment, quand on « visualise » le style du romancier, pourquoi les cinéastes se privent bêtement d'une technique qui leur conviendrait si bien. L'originalité d'un film comme *Espoir* de Malraux, c'est de nous révéler ce que serait le cinéma s'il s'inspirait des romans... « influencés » par le cinéma. Qu'en conclure ? Sinon qu'il faudrait bien plutôt inverser la proposition habituelle et s'interroger sur l'influence de la littérature moderne sur les cinéastes.

Qu'entend-on en effet par « le cinéma » dans le problème critique qui nous intéresse ? Si c'est un mode d'expression par représentation réaliste, par simple enregistrement d'images, une pure vision extérieure s'opposant aux ressources de l'introspection ou de l'analyse romanesque classique, alors il faut remarquer que les romanciers anglo-saxons avaient déjà trouvé dans le « behaviourisme » les justifications psychologiques d'une telle technique. Mais encore le critique littéraire préjuge-t-il imprudemment de ce qu'est le cinéma à partir d'une définition bien superficielle de sa réalité. De ce que sa matière première est la photographie il ne s'ensuit pas que le septième art soit essentiellement voué à la dialectique des apparences et à la psychologie du comportement. S'il est vrai qu'il ne peut guère qu'appréhender son objet de l'extérieur, il a mille façons d'agir sur son apparence pour en éliminer toute équivoque et en faire le signe d'une et d'une seule réalité intérieure. En vérité, les images de l'écran sont dans leur immense majorité implicitement conformes à la psychologie du théâtre ou du roman d'analyse classique. Elles supposent, avec le sens commun, une relation de causalité nécessaire et sans ambiguïté entre les sentiments et leurs manifestations ; elles postulent que tout est dans la conscience et que la conscience peut être connue.

Si l'on entend, déjà plus subtilement, par « cinéma » les techniques de récit apparentées au montage et au changement de plan, les mêmes remarques restent valables. Un roman de Dos Passos ou de Malraux ne s'oppose pas moins aux films auxquels nous sommes habitués qu'à Fromentin ou Paul Bourget. En réalité, l'âge du roman américain n'est pas tant celui du cinéma que d'une certaine vision du monde, vision informée sans doute par les rapports de l'homme avec la civilisation technique, mais dont le cinéma lui-même, fruit de cette civilisation, a bien moins subi l'influence que le roman, en dépit des alibis que le cinéaste a pu fournir au romancier.

Aussi bien, dans son recours au roman, le cinéma s'est-il inspiré le plus souvent non point, comme il paraîtrait logique, des œuvres où certains veulent voir son influence préalable, mais à Hollywood, de la littérature de type victorien, et en France, de MM. Henry Bordeaux et Pierre

Benoit. Mieux — ou pis — quand un cinéaste américain s'attaque par exception à une œuvre d'Hemingway, comme *Pour qui sonne le glas*, c'est en fait pour la traiter dans un style traditionnel qui conviendrait aussi bien à n'importe quel roman d'aventures.

Tout se passe donc comme si c'était le cinéma qui était en retard de cinquante ans sur le roman. Si l'on tient à une influence du premier sur le second, alors il faut supposer la référence à une image virtuelle qui n'existe que derrière la loupe du critique et par rapport à son point de vue. Ce serait l'influence d'un cinéma qui n'existe pas, du cinéma idéal que ferait le romancier... s'il était cinéaste ; d'un art imaginaire et que nous attendons encore.

Et, mon Dieu, cette hypothèse n'est pas si absurde. Retenons-la, au moins comme ces valeurs imaginaires qui s'éliminent ensuite de l'équation qu'elles ont aidé à résoudre. Si l'influence du cinéma sur le roman moderne a pu faire illusion à de bons esprits critiques, c'est en effet que le romancier utilise aujourd'hui des techniques de récit, qu'il adopte une mise en valeur des faits, dont les affinités avec les moyens d'expression du cinéma sont certaines (soit qu'il les ait empruntés directement, soit, comme nous le pensons plutôt, qu'il s'agisse d'une sorte de convergence esthétique qui polarise simultanément plusieurs formes d'expression contemporaines). Mais dans ce processus d'influences ou de correspondances, c'est le roman qui est allé le plus loin dans la logique du style. C'est lui qui a tiré le parti le plus subtil de la technique du montage, par exemple, et du bouleversement de la chronologie ; lui surtout qui a su élever jusqu'à une authentique signification métaphysique l'effet d'un objectivisme inhumain et comme minéral. Quelle caméra a jamais été aussi extérieure à son objet que la conscience du héros de *L'Étranger* d'Albert Camus ? En vérité, nous ne savons si *Manhattan Transfer* ou *La Condition humaine* auraient été très différents sans le cinéma, mais nous sommes sûrs en revanche que *Thomas Garner* et *Citizen Kane* n'auraient jamais été conçus sans James Joyce et Dos Passos. Nous assistons, à la pointe de l'avant-garde cinématographique, à la multiplication des films qui ont l'audace de s'inspirer d'un style romanesque, que l'on pourrait qualifier d'ultra-cinématographique. Dans cette perspective l'aveu de l'emprunt n'a qu'une importance secondaire. La plupart des films auxquels nous pensons à l'instant ne sont pas des adaptations de roman, mais tels épisodes de *Païsa* doivent beaucoup plus à Hemingway (les marais) ou à Saroyan (Naples), que le *Pour qui sonne le glas* de Sam Wood à l'original. En revanche, le film de Malraux est l'équivalent rigoureux de quelques épisodes de *L'Espoir* et les meilleurs parmi les films anglais récents sont des adaptations de Graham Greene. La plus satisfaisante, à notre sens, est cette bande, tournée modestement d'après *Le Rocher de Brighton*, et qui est passée presque inaperçue, tandis que John Ford se fourvoyait dans la somptueuse trahison de *La Puissance et la Gloire*. Sachons donc d'abord voir ce que les meilleurs films contemporains doivent aux romanciers modernes et, il serait facile de le démontrer, jusque et surtout dans *Voleur de bicyclette*. Alors, loin de nous scandaliser des adaptations, nous y verrons, sinon hélas un gage certain, du moins un facteur possible de progrès du cinéma. Tel qu'en lui-même enfin le romancier le change !

Peut-être dira-t-on : passe encore pour les romans modernes, si le cinéma ne fait qu'y retrouver au centuple le bien qu'il leur a prêté ; mais que vaut le raisonnement quand le cinéaste prétend s'inspirer de Gide ou de Stendhal ? Et pourquoi pas de Proust ou de Mme de La Fayette ?

Et pourquoi pas, en effet ? Jacques Bourgeois a brillamment analysé dans un article de la *Revue du Cinéma* les affinités de *A la recherche du temps perdu* avec les moyens d'expression cinématographiques. En réalité, les véritables obstacles à surmonter dans l'hypothèse de telles adaptations ne sont pas d'ordre esthétique ; ils ne relèvent pas du cinéma comme art, mais comme fait sociologique et comme industrie. Le drame de l'adaptation, c'est celui de la vulgarisation. On a pu lire dans un pavé publicitaire de province cette définition du film *La Chartreuse de Parme* : « D'après le célèbre roman de cape et d'épée ». La vérité sort parfois de la bouche des marchands de pellicule qui n'ont point lu Stendhal. Condamnerons-nous pour autant le film de Christian Jaque ? Oui, dans la mesure où il a trahi l'essentiel de l'œuvre, et où nous croyons que cette trahison n'était pas fatale. Non, si nous considérons d'abord que cette adaptation est d'une qualité supérieure au niveau moyen des films, ensuite qu'elle constitue tout compte fait une introduction séduisante à l'œuvre de Stendhal à qui elle aura

La Chartreuse de Parme, de Christian Jaque (avec Maria Casarès dans le rôle de la Sanseverina). Trahison de l'essentiel ou introduction séduisante à l'œuvre de Stendhal ? [Photo Scalera Film.]

certainement valu de nouveaux lecteurs. Il est absurde de s'indigner des dégradations subies par les chefs-d'œuvre littéraires à l'écran, du moins au nom de la littérature. Car, si approximatives que soient les adaptations, elles ne peuvent faire tort à l'original auprès de la minorité qui le connaît et l'apprécie ; quant aux ignorants, de deux choses l'une : ou bien ils se contenteront du film, qui en vaut certainement un autre, ou bien ils auront envie de connaître le modèle, et c'est autant de gagné pour la littérature. Ce raisonnement est confirmé par toutes les statistiques de l'édition, accusant une montée en flèche de la vente des œuvres littéraires après adaptation par le cinéma. Non, en vérité, la culture en général et la littérature en particulier n'ont rien à perdre dans l'aventure !

Reste le cinéma ! Et je pense en effet qu'il y a lieu de s'affliger de la façon dont on en use trop souvent à l'égard du capital littéraire ; mais plus encore que par respect de la littérature, parce que le cinéaste aurait de son côté tout à gagner à la fidélité. Bien plus évolué, s'adressant aussi à un public relativement cultivé et exigeant. le roman propose au cinéma des personnages plus complexes et, dans les rapports entre la forme et le fond, une rigueur et une subtilité auxquelles l'écran n'est pas habitué. Il est évident que si la matière élaborée, sur laquelle travaillent ainsi scénaristes et metteurs en scène, est *a priori* d'une qualité intellectuelle bien supérieure à la moyenne cinématographique, deux usages en sont possibles : ou bien cette différence de niveau et le prestige artistique de l'œuvre originale servent simplement de caution au film, de réservoir à idées et de label de qualité, — c'est le cas de *Carmen*, de *La Chartreuse de Parme* ou de *L'Idiot*, — ou bien les cinéastes s'efforcent honnêtement à l'équivalence intégrale, ils tentent au moins non plus de s'inspirer du livre, non plus seulement de l'adapter, mais de le traduire à l'écran, et c'est par exemple *La Symphonie pastorale*, *Le Diable au corps*, *Première désillusion* ou le *Journal d'un Curé de campagne*. Ne jetons pas la pierre aux imagiers qui « adaptent » en simplifiant. Leur trahison, nous l'avons dit, est relative et la littérature n'y perd rien. Mais ce sont évidemment les seconds qui portent l'espoir du cinéma. Quand on ouvre les vannes de l'écluse, le niveau d'eau moyen qui s'établit est à peine plus élevé que celui du canal. Quand on tourne *Madame Bovary* à Hollywood, si grande que soit la différence de niveau esthétique entre un film américain moyen et l'œuvre de Flaubert, le résultat, c'est un film américain standard qui n'a, après tout, que le tort de s'appeler encore *Madame Bovary*. Et il ne peut en être autrement si l'on confronte l'œuvre littéraire avec l'énorme et puissante masse de l'industrie cinématographique : c'est le cinéma qui nivelle tout. Quand, au contraire, grâce à quelque heureux concours de circonstances, le cinéaste peut se proposer de traiter le livre autrement qu'un scénario de série, c'est un peu comme si le cinéma tout entier s'élevait vers la littérature. Et c'est la *Madame*

Bovary de Jean Renoir ou *Une partie de campagne*. Il est vrai que ces deux exemples ne sont pas très bons, non à cause de la qualité des films mais précisément parce que la fidélité de Renoir est beaucoup plus à l'esprit qu'à la lettre de l'œuvre. Ce qui nous frappe en elle, c'est qu'elle soit paradoxalement compatible avec une souveraine indépendance. Mais c'est que Renoir a pour lui la justification d'un génie certainement aussi grand que celui de Flaubert et de Maupassant. Le phénomène auquel nous assistons alors est comparable à celui de la traduction d'Edgar Poe par Baudelaire.

Assurément, il serait préférable que tous les metteurs en scène eussent du génie ; on peut penser qu'il n'y aurait plus alors de problème de l'adaptation. Trop heureux que le critique ait à compter quelquefois avec leur talent ! Il suffit à notre thèse. Il n'est pas interdit de rêver à ce qu'eût été *Le Diable au corps* tourné par Jean Vigo, mais félicitons-nous quand même de l'adaptation de Claude Autant-Lara. La fidélité à l'œuvre de Radiguet n'a pas seulement obligé les scénaristes à nous proposer des personnages intéressants, relativement complexes, elle les a incités à briser quelques conventions morales du spectacle cinématographique, à prendre des risques (sagement calculés, mais qui les en blâmerait ?) avec les préjugés du public. Elle a élargi l'horizon intellectuel et moral du spectateur et préparé la voie à d'autres films de qualité. Pourtant ce n'est pas tout, et il est faux de présenter la fidélité comme une servitude nécessairement négative à des lois esthétiques étrangères. Sans doute le roman a ses moyens propres, sa matière est le langage, non l'image, son action confidentielle sur le lecteur isolé n'est pas la même que celle du film sur la foule des salles obscures. Mais justement, les différences de structures esthétiques rendent plus délicate encore la recherche des équivalences, elles requièrent d'autant plus d'invention et d'imagination de la part du cinéaste qui prétend réellement à la ressemblance. On peut poser que, dans le domaine du langage et du style, la création cinématographique est directement proportionnelle à la fidélité. Pour les mêmes raisons qui font que la traduction mot à mot ne vaut rien, que la traduction trop libre nous paraît condamnable, la bonne adaptation doit parvenir à restituer l'essentiel de la lettre et de l'esprit. Mais on sait quelle intime possession de la langue et de son génie propre exige une bonne traduction. Par exemple, on peut tenir pour spécifiquement litté-

Gérard Philipe et Micheline Presle dans *Le Diable au corps*, d'Autant-Lara. La création cinématographique est directement proportionnelle à la fidélité. [Photo Universal.]

raire l'effet de style des fameux passés simples d'André Gide et penser que ce sont là précisément subtilités que le cinéma ne saurait traduire. Or, il n'est pas si sûr que Delannoy, dans *La Symphonie pastorale*, n'en ait pas trouvé l'équivalent dans sa mise en scène : la neige toujours présente est chargée d'un symbolisme subtil et polyvalent qui modifie insidieusement l'action, l'affecte en quelque sorte d'un coefficient moral permanent, dont la valeur n'est peut-être pas si différente de celle que l'écrivain recherchait par l'usage approprié des temps. Or, l'idée d'entourer cette aventure spirituelle par la neige, d'ignorer systématiquement l'aspect estival du paysage, est une trouvaille spécifiquement cinématographique, à laquelle le metteur en scène a pu être conduit par une heureuse intelligence du texte. L'exemple de Bresson dans le *Journal d'un curé de campagne* est plus probant encore : son adaptation atteint une fidélité vertigineuse par un respect sans cesse créateur. Albert Béguin a justement fait remarquer que la violence caractéristique de Bernanos n'aurait pas du tout la même valeur en littérature et au cinéma. L'écran en fait un usage si habituel qu'elle s'y trouve en quelque sorte démonétisée, qu'elle y est à la fois provocante et conventionnelle. La vraie fidélité au ton du romancier exigeait donc une sorte d'inversion de la violence du texte. La véritable équivalence de l'hyperbole bernanosienne était l'ellipse et la litote du découpage de Robert Bresson.

Plus les qualités littéraires de l'œuvre sont importantes et décisives, plus l'adaptation en bouleverse l'équilibre, plus aussi elle exige de talent créateur pour reconstruire selon un équilibre nouveau, non point identique, mais équivalent à l'ancien. Tenir l'adaptation de romans pour un exercice paresseux auquel le vrai cinéma, le « cinéma pur » n'aurait rien à gagner, est donc un contresens critique démenti par toutes les adaptations de valeur. Ce sont ceux qui se soucient le moins de fidélité au nom des prétendues exigences de l'écran qui trahissent tout à la fois la littérature et le cinéma.

Mais la démonstration la plus convaincante de ce paradoxe a été fournie depuis quelques années par toute la série d'adaptations théâtrales qui sont venues prouver, en dépit de la variété des origines et des styles, la relativité de l'ancien préjugé critique à l'encontre du « théâtre filmé ». Sans analyser pour le moment les raisons esthétiques de cette

Dans *La Symphonie pastorale*, de Jean Delannoy (avec Michèle Morgan), la neige toujours présente est peut-être l'équivalent le plus juste des passés simples d'André Gide. [Photo Pathé.]

évolution, il peut suffire de constater qu'elle est étroitement tributaire d'un progrès décisif dans le langage de l'écran.

La fidélité efficace d'un Cocteau ou d'un Wyler n'est assurément pas le fait d'une régression, mais bien au contraire d'un développement de l'intelligence cinématographique. Que ce soit comme chez l'auteur des *Parents terribles* la mobilité étonnamment perspicace de la caméra, ou comme chez Wyler l'ascétisme du découpage, le dépouillement extrême de la photographie, l'utilisation du plan fixe et du champ en profondeur, la réussite procède toujours d'une maîtrise exceptionnelle ; plus encore, d'une invention dans l'expression qui est tout le contraire d'un enregistrement passif de la chose théâtrale. Pour respecter le théâtre il ne suffit pas de le photographier. « Faire théâtre » de façon valable est plus difficile que de « faire cinéma », ce à quoi s'étaient appliqués jusqu'alors la plupart des adaptateurs. Il y a cent fois plus de cinéma, et du meilleur, dans un plan fixe de *Little Foxes* ou de *Macbeth* que dans tous les travellings en extérieur, dans tous les décors naturels, dans tout l'exotisme géographique, dans tous les envers du décor par quoi l'écran s'était jusqu'alors vainement ingénié à nous faire oublier la scène. Loin que la conquête du répertoire théâtral par le cinéma soit un signe de décadence, elle est au contraire une preuve de maturité. Adapter, enfin, n'est plus trahir, mais respecter. Pour prendre une comparaison de circonstances dans l'ordre matériel : il fallait, pour atteindre à cette haute fidélité esthétique, que l'expression cinématographique fît des progrès comparables à ceux de l'optique. Il y a aussi loin du Film d'Art à *Hamlet* que du primitif condensateur de la lanterne magique au jeu complexe de lentilles d'un objectif moderne : son imposante complication n'a pourtant d'autre objet que de compenser les déformations, les aberrations, les diffractions, les reflets dont le verre est responsable, c'est-à-dire de rendre la chambre noire aussi *objective* que possible. Le passage d'une œuvre théâtrale à l'écran requérait sur le plan esthétique une science de la fidélité comparable à celle de l'opérateur dans le rendu photographique. Elle est le terme d'un progrès et le début d'une renaissance. Si le cinéma est aujourd'hui capable de s'attaquer efficacement au domaine romanesque et théâtral, c'est d'abord qu'il est assez sûr de lui-même et maître de ses moyens pour s'effacer devant son objet. C'est qu'il peut enfin prétendre à la fidélité — non plus une

Jean Simmons et Laurence Olivier dans *Hamlet*. Le film de Laurence Olivier est le terme — provisoire — d'un progrès qui commence au Film d'Art : celui d'une « science de la fidélité ». [Photo Rank.]

illusoire fidélité de décalcomanie — par l'intelligence intime de ses propres structures esthétiques, condition préalable et nécessaire au respect des œuvres qu'il investit. Loin que la multiplication des adaptations d'œuvres littéraires très éloignées du cinéma doivent inquiéter le critique soucieux de la pureté du septième art, elles sont au contraire le gage de son progrès.

« Mais enfin, diront encore les nostalgiques du Cinéma avec un grand C, indépendant, spécifique, autonome, pur de tout compromis, pourquoi mettre tant d'art au service d'une cause qui n'en a pas besoin, pourquoi démarquer des romans quand on peut lire le livre et *Phèdre* quand il suffit d'aller à la Comédie-Française ? Si satisfaisantes que soient les adaptations, vous ne soutiendrez pas qu'elles valent mieux que l'original, ni surtout qu'un film d'une égale qualité artistique sur un thème spécifiquement cinématographique ? Vous dites : *Le Diable au Corps*, *Première Désillusion*, *Les Parents terribles*, *Hamlet*, soit... je vous oppose *La Ruée vers l'or*, *Le Cuirassé Potemkine*, *Le Lys brisé*, *Scarface*, *La Chevauchée fantastique* ou même *Citizen Kane*, autant de chefs-d'œuvre qui n'existeraient pas sans le cinéma, qui sont un apport irremplaçable au patrimoine de l'art. Même si les meilleures des adaptations ne sont plus une trahison naïve ou une indigne prostitution, il reste que c'est bien du talent qui se fourvoie. Progrès, dites-vous, mais qui à la longue ne peut que stériliser le cinéma en le réduisant à n'être qu'une annexe de la littérature. Rendez au théâtre et au roman ce qui leur revient, et au cinéma ce qui ne sera jamais qu'à lui. »

Cette ultime objection serait théoriquement valable, si elle ne négligeait la relativité historique dont il faut bien tenir compte dans un art en pleine évolution. Il est certain que, à qualité égale d'ailleurs, un scénario original est préférable à une adaptation. Nul ne songe à le contester. Si Charlie Chaplin est le « Molière du cinéma », nous ne sacrifierions pas *M. Verdoux* à une adaptation du *Misanthrope*. Souhaitons donc d'avoir le plus souvent possible des *Jour se lève*, des *Règles du Jeu* ou des *Plus belles années de notre vie*. Mais ce sont là vœux platoniques et vues de l'esprit qui ne changent rien à l'évolution du cinéma. Si celui-ci recourt de plus en plus à la littérature (voire d'ailleurs à la peinture ou au journalisme), c'est là un fait que nous ne pouvons guère qu'enregistrer et essayer de comprendre, car il y a toutes chances que nous ne puissions agir sur lui. Dans une telle conjoncture, si le fait ne crée pas absolument le droit, du moins exige-t-il du critique un préjugé favorable. Encore une fois ne nous laissons pas tromper ici par l'analogie avec les autres arts, surtout ceux que leur évolution vers un usage individualiste a rendus presque indépendants du consommateur. Lautréamont et Van Gogh ont pu créer, incompris ou ignorés de leur époque. Le cinéma ne peut exister sans un minimum (et ce minimum est immense) d'audience immédiate. Même quand le cinéaste affronte le goût du public, son audace n'est valable qu'autant qu'il est possible d'admettre que c'est le spectateur qui se méprend sur ce qu'il devrait aimer et qu'il aimera un jour. La seule comparaison contemporaine possible serait avec l'architecture, parce qu'une maison n'a de sens qu'habitable. Le cinéma, lui aussi, est un art fonctionnel. Selon un autre système de référence, il faudrait dire du cinéma que son existence précède son essence. C'est de cette existence que la critique doit partir, même dans ses extrapolations les plus aventureuses. Comme en histoire, et à peu près avec les mêmes réserves, la constatation d'un changement dépasse la réalité et pose déjà un jugement de valeur. C'est ce que n'ont pas voulu admettre ceux qui ont maudit le cinéma parlant à son origine, alors qu'il avait déjà sur l'art muet l'incomparable avantage de le remplacer.

Même si ce pragmatisme critique ne paraît pas au lecteur suffisamment fondé, du moins admettra-t-on qu'il justifie l'humilité et la prudence méthodique devant tout signe d'évolution du cinéma ; elles peuvent suffire à introduire l'essai d'explication sur lequel nous voudrions conclure.

Les chefs-d'œuvre auxquels on se réfère d'habitude pour donner en exemple le vrai cinéma — celui qui ne doit rien au théâtre et à la littérature, parce qu'il aurait su découvrir des thèmes et un langage spécifiques —, ces chefs-d'œuvre sont probablement aussi admirables qu'inimitables. Si le cinéma soviétique ne nous donne plus d'équivalent du *Cuirassé Potemkine*, Hollywood, d'*Aurore*, d'*Hallelujah*, de *Scarface*, de *New-York Miami* ou même de *La Chevauchée fantastique*, ce n'est point que la nouvelle génération de metteurs en scène soit inférieure à l'ancienne. D'ailleurs il s'agit en grande partie des mêmes hommes. Ce n'est même pas, croyons-nous, que les facteurs écono-

Nul ne songe à contester qu'à qualité égale d'ailleurs, un scénario original est préférable à une adaptation. Ainsi *Les plus belles années de notre vie*, de William Wyler.
[Photo R. K. O.]

miques ou politiques de la production stérilisent leur inspiration. Mais bien plutôt que le génie et le talent sont des phénomènes relatifs et qui ne se développent qu'en référence à une conjoncture historique. Il serait trop facile d'expliquer l'échec théâtral de Voltaire en disant que celui-ci n'avait pas la tête tragique, c'est le siècle qui ne l'était pas. Tenter d'y prolonger la tragédie racinienne était une entreprise incongrue, opposée à la nature des choses. Se demander ce qu'eût écrit l'auteur de *Phèdre* en 1740 n'a aucun sens, car ce que nous appelons Racine n'est pas un homme répondant à cette identité, mais « le-poète-qui-a-écrit-*Phèdre* ». Racine sans *Phèdre* est un anonyme ou une vue de l'esprit. De même au cinéma est-il vain de regretter que nous n'ayons plus aujourd'hui de Mack Sennet pour continuer la grande tradition comique. Le génie de Mack Sennet, c'est d'avoir fait des burlesques à l'époque où celui-ci était possible. Du reste la qualité de la production Mack Sennet est morte avant lui, et certains de ses élèves sont encore bien vivants : Harold Lloyd et Buster Keaton, par exemple, dont les rares apparitions depuis quinze ans n'ont été que de pénibles exhibitions où rien ne subsistait de la verve d'antan. Le seul Chaplin, et parce que son génie était vraiment exceptionnel, a su traverser un tiers de siècle de cinéma. Mais au prix de quels avatars, de quel total renouvellement de son inspiration, de son style et même de son personnage ? Nous constatons ici avec une lumineuse évidence cette étrange accélération de la durée esthétique qui caractérise le cinéma. Un écrivain peut se répéter, dans le fond et dans la forme, pendant un demi-siècle. Le talent d'un cinéaste, s'il ne sait pas évoluer avec son art, ne dure guère plus d'un lustre ou deux. C'est pourquoi le génie, moins souple et moins conscient que le talent, fait souvent d'extraordinaires faillites : celles de Stroheim, d'Abel Gance, de Poudovkine.

Certes, les causes de ces désaccords profonds entre l'artiste et son art — qui vieillissent brutalement un génie et le réduisent à n'être plus qu'une somme de manies et de mégalomanie inutiles —, ces causes sont multiples et nous n'allons point les analyser ici. Mais nous voudrions en retenir une qui intéresse plus directement notre propos.

Jusque vers 1938 environ, le cinéma (en noir et blanc) a été en constant progrès. Progrès technique d'abord (éclairage artificiel, émulsion panchromatique, travelling, son) et, par voie de conséquence, enrichissement des moyens d'expression (gros plan, montage, montage parallèle, montage rapide, ellipse, recadrage, etc.). Parallèlement à cette rapide évolution du langage, et dans une étroite interdépendance, les cinéastes découvraient les thèmes originaux auxquels le nouvel art donnait corps. « Ça c'est du cinéma ! » ne désigne rien d'autre que ce phénomène, qui a dominé les trente premières années du film comme art : cet accord merveilleux entre une technique nouvelle et un message inouï. Ce phénomène a pris des formes multiples : la star, la revalorisation, la renaissance de l'épopée, de la commedia dell'arte, etc. Mais il était étroitement tributaire du progrès technique, c'était la nouveauté de l'expression qui frayait le passage aux nouveaux thèmes. Pendant trente ans, l'histoire de la technique cinématographique (entendue dans un sens large) se confondit pratiquement avec celle des scénarios. Les grands réalisateurs sont d'abord des créateurs de formes ou, si l'on veut, des rhétoriciens. Cela ne signifie nullement qu'ils fussent des tenants de l'art pour l'art, mais seulement que dans la dialectique de la forme et du fond, la première était alors déterminante, à la façon dont la perspective ou la couleur à l'huile ont bouleversé l'univers pictural.

Un recul de dix ou quinze années nous suffit pour discerner les signes évidents du vieillissement de ce qui fut l'apanage de l'art cinématographique. Nous avons signalé la mort rapide de certains genres pourtant majeurs comme le burlesque, mais l'exemple le plus caractéristique est sans doute celui de la vedette. Certains acteurs ont toujours la faveur commerciale du public, mais cet engouement n'a pourtant rien de commun avec le phénomène de sociologie sacrée dont les Rudolph Valentino ou les Greta Garbo furent les idoles dorées.

Tout se passe donc comme si la thématique du cinéma avait épuisé ce qu'elle pouvait attendre de la technique. Il ne suffit plus d'inventer le montage rapide ou de changer de style photographique pour émouvoir. Le cinéma est entré insensiblement dans l'âge du scénario ; entendons : d'un renversement du rapport entre le fond et la forme. Non point que celle-ci devienne indifférente, tout au contraire, — elle n'a sans doute jamais été plus rigoureusement déterminée par la matière, plus nécessaire, plus subtile —, mais toute cette science tend à l'effacement et à la transparence devant un sujet que nous apprécions aujourd'hui pour lui-même, et sur lequel nous sommes de plus en plus exigeants. Comme ces fleuves qui ont définitivement creusé leur lit et qui n'ont plus que la force de mener leurs eaux à la mer sans arracher un grain de sable à leurs rives, le cinéma approche de son profil d'équilibre. Les temps sont finis où il suffisait de faire « du cinéma » pour mériter du septième art. En attendant que la couleur ou le relief rendent provisoirement la primauté à la forme et créent un nouveau cycle d'érosion esthétique, le cinéma ne peut plus rien conquérir en surface. Il lui reste à irriguer ses rives, à s'insinuer entre les arts dans lesquels il a si rapidement creusé ses gorges, à les investir insidieusement, à s'infiltrer dans le sous-sol pour forer des galeries invisibles. Le temps viendra peut-être des résurgences, c'est-à-dire d'un cinéma à nouveau indépendant du roman et du théâtre. Mais peut-être parce que les romans seront directement écrits en films. En attendant que la dialectique de l'histoire de l'art lui restitue cette souhaitable et hypothétique autonomie, le cinéma assimile le formidable capital de sujets élaborés, amassés autour de lui par les arts riverains au cours des siècles. Il se l'approprie parce qu'il en a besoin, et que nous éprouvons le désir de les retrouver à travers lui.

Ce faisant, il ne se substitue point à eux, au contraire. La réussite du théâtre filmé sert le théâtre, comme l'adaptation du roman sert la littérature : *Hamlet* à l'écran ne peut qu'élargir le public de Shakespeare, un public dont une partie au moins aura le goût de l'aller écouter à la scène. Le *Journal d'un curé de campagne* vu par Robert Bresson a multiplié par dix les lecteurs de Bernanos. En vérité, il n'y a point concurrence et substitution, mais adjonction d'une dimension nouvelle que les arts ont peu à peu perdue depuis la Renaissance : celle du public.

Qui s'en plaindra ?

IX

LE « JOURNAL D'UN CURÉ DE CAMPAGNE » ET LA STYLISTIQUE DE ROBERT BRESSON[1]

Si le *Journal d'un curé de campagne* s'impose comme un chef-d'œuvre avec une évidence quasi physique, s'il touche le « critique » comme beaucoup de spectateurs naïfs, c'est d'abord parce qu'il atteint la sensibilité, sous les formes les plus élevées sans doute d'une sensibilité toute spirituelle, mais enfin plus le cœur que l'intelligence. L'échec momentané des *Dames du Bois de Boulogne* procède du rapport contraire. Cette œuvre ne saurait nous toucher que nous n'en ayons, sinon démonté, du moins éprouvé l'intelligence et comme saisi la règle du jeu. Mais si la réussite du *Journal* s'impose d'emblée, le système esthétique qui la sous-tend et la justifie n'en est pas moins le plus paradoxal, peut-être même le plus complexe, dont le cinéma parlant nous ait fourni l'exemple. D'où le leitmotiv des critiques peu faits pour le comprendre, mais qui aiment pourtant le film : « incroyable », « paradoxal », « réussite sans exemple et inimitable »..., impliquant presque toutes un renoncement à l'explication et l'alibi pur et simple d'un coup de génie. Mais aussi parfois chez ceux dont les préférences esthétiques sont apparentées à celles de Bresson et qu'on pouvait croire d'avance ses alliés, une déception profonde, dans la mesure sans doute où ils attendaient d'autres audaces. Gênés, puis irrités par la conscience de ce que le metteur en scène n'avait pas fait, trop près de lui pour réformer sur-le-champ leur jugement, trop préoccupés de son style pour retrouver la virginité intellectuelle qui eût laissé

1. *Cahiers du Cinéma*, n° 3, juin 1951.

le champ libre à l'émotion, ils ne l'ont ni compris, ni admiré. En somme, aux deux extrémités de l'éventail critique : ceux qui étaient le moins faits pour comprendre le *Journal* mais qui, par là même, l'ont d'autant plus aimé (encore que sans savoir pourquoi), et les « happy few » qui, attendant autre chose, n'ont pas aimé et ont mal compris. Ce sont encore les « étrangers » au cinéma, des « littéraires purs » comme un Albert Béguin ou un François Mauriac qui, étonnés d'aimer à ce point un film, ont su faire table rase de leurs préjugés et discerner le mieux les vraies intentions de Bresson.

Il faut dire que Bresson avait tout fait pour brouiller la piste. Le parti pris de fidélité qu'il afficha dès le début de l'adaptation, la volonté proclamée de suivre le livre phrase par phrase, orientaient depuis longtemps l'attention en ce sens. Le film ne pouvait que le confirmer. A l'inverse d'Aurenche et Bost qui se soucient de l'optique de l'écran et du nouvel équilibre dramatique de l'œuvre, Bresson, au lieu de développer des personnages épisodiques comme les parents du *Diable au Corps*, en supprime ; il élague autour de l'essentiel, donnant ainsi l'impression d'une fidélité qui ne sacrifie la lettre qu'avec un respect sourcilleux et mille remords préalables. Encore n'est-ce qu'en simplifiant, jamais en ajoutant quoi que ce soit. Il n'est certainement pas exagéré de penser que si Bernanos avait été scénariste il aurait pris plus de libertés avec son livre. Aussi bien avait-il explicitement reconnu à son éventuel adaptateur le droit d'en user en fonction des exigences cinématographiques : « de rêver à nouveau son histoire ».

Mais si nous louons Bresson d'avoir été plus royaliste que le roi, c'est que sa « fidélité » est la forme la plus insidieuse, la plus pénétrante de la liberté créatrice. Il n'est pas douteux en effet — et l'opinion de Bernanos était celle-là même du bon sens esthétique — qu'on ne peut adapter sans transposer. Les traductions fidèles ne sont pas celles du mot à mot. Les modifications qu'Aurenche et Bost ont fait subir au *Diable au corps* sont presque toutes, en droit, parfaitement justifiées. Un personnage n'est pas le même vu par la caméra et évoqué par le romancier. Valéry condamnait le roman au nom de l'obligation de dire « la marquise a pris le thé à cinq heures ». A ce compte, le romancier peut plaindre le cinéaste contraint, de surcroît, à montrer la marquise. C'est pourquoi, par exemple, les parents des héros de Radiguet évoqués

Journal d'un curé de campagne (Jean Riveyre et Claude Laydu). Bernanos avait écrit : « Les trois ou quatre lapins qu'il avait tués faisaient au fond de son carnier un tas de boue sanglante et de poils gris horrible à voir. » Le film de Bresson est « littéraire », le roman grouillant d'images.
[Photo U. G. C.]

en marge du roman, prennent cette importance sur l'écran. Autant que des personnages et du déséquilibre que leur évidence physique introduit dans l'ordonnance des événements, l'adaptateur doit encore se soucier du texte. Montrant ce que le romancier raconte, il doit transformer le reste en dialogue, jusqu'aux dialogues même. Il y a peu de chances en effet que les répliques écrites dans le roman ne changent pas de valeur. Prononcées telles quelles par l'acteur, leur efficacité, leur signification même en seraient dénaturées.

Et c'est bien l'effet paradoxal de la fidélité textuelle au *Journal*. Alors que les personnages du livre existent concrètement pour le lecteur, que la brièveté éventuelle de leur évocation sous la plume du curé d'Ambricourt n'est nullement ressentie comme une frustration, une limitation à leur existence et à la connaissance que nous en avons, Bresson ne cesse, en les montrant, de les soustraire à nos regards. A la puissance d'évocation concrète du romancier, le film substitue l'incessante pauvreté d'une image qui se dérobe par le simple fait qu'elle ne se développe pas. Le livre de Bernanos foisonne du reste en évocations pittoresques, grasses, concrètes, violemment visuelles. Exemple : « Monsieur le Comte sort d'ici. Prétexte : la pluie. A chaque pas l'eau giclait de ses longues bottes. Les trois ou quatre lapins qu'il avait tués faisaient au fond de son carnier un tas de boue sanglante et de poils gris horrible à voir. Il a pendu cette besace au mur et tandis qu'il me parlait, je voyais à travers le réseau de cordelette, parmi cette fourrure hérissée, un œil encore humide, très doux, qui me fixait. » Vous avez le sentiment d'avoir déjà vu ça quelque part. Ne cherchez pas : ce pourrait être du Renoir. Comparez avec la scène du Comte apportant les deux lapins au presbytère (il est vrai qu'il s'agit d'une autre page du livre, mais justement l'adaptateur aurait dû en profiter, condensant les deux scènes, pour traiter la première dans le style de la seconde). Et si l'on avait encore un doute, les aveux de Bresson suffiraient à l'écarter. Contraint de supprimer, dans la version standard, le tiers de son premier montage, on sait qu'il a fini, avec un doux cynisme, par s'en déclarer enchanté (au fond la seule image qui lui tienne à cœur c'est la virginité finale de l'écran. Nous y reviendrons). « Fidèle » au livre, Bresson eût dû faire en réalité un tout autre film. Alors même qu'il décidait de ne rien ajouter à l'original — ce qui était déjà une façon subtile de le trahir par omision — du moins, puisqu'il se bornait à retrancher, pouvait-il choisir de sacrifier ce qu'il y avait de plus « littéraire » et de conserver les nombreux passages où le film était tout donné, qui appelaient d'évidence la réalisation visuelle. Il a systématiquement pris le parti contraire. Des deux, c'est le film qui est « littéraire » et le roman grouillant d'images.

Le traitement du texte est plus significatif encore. Bresson se refuse à transformer en dialogue (je n'ose même pas dire « de cinéma ») les passages du livre où le curé rapporte à travers ses souvenirs telle conversation. Il y a là une première invraisemblance puisque Bernanos ne nous garantit nullement que le curé écrive le mot à mot de ce qu'il a entendu ; le contraire est même probable. De toutes façons et à supposer qu'il soit censé se le rappeler exactement ou même que Bresson prenne le parti de conserver au présent de l'image le caractère subjectif du souvenir, il reste que l'efficacité intellectuelle et dramatique d'une réplique n'est pas la même selon qu'elle est lue ou réellement prononcée. Or non seulement il n'adapte pas, fût-ce discrètement, les dialogues à l'exigence du jeu, mais encore, quand il se trouve par chance que le texte original a le rythme et l'équilibre d'un vrai dialogue, il s'ingénie à empêcher l'acteur de le mettre en valeur. Beaucoup de répliques dramatiquement excellentes sont ainsi étouffées dans le débit *recto tono* imposé à l'interprétation.

***

On a loué beaucoup de choses dans *Les Dames du Bois de Boulogne*, mais assez peu l'adaptation. Le film a été traité pratiquement par la critique comme un scénario original. Les mérites insolites du dialogue ont été attribués en bloc à Cocteau qui n'en a pas besoin pour sa gloire. C'était faute d'avoir relu *Jacques le Fataliste*, car on y eût découvert sinon toujours l'essentiel du texte, du moins un subtil jeu de cache-cache avec le mot à mot de Diderot. La transposition moderne a fait penser, sans qu'on crut devoir le vérifier de près, que Bresson avait pris des libertés avec l'intrigue pour n'en garder que la situation et, si l'on veut, un certain ton XVIIIe siècle. Comme au surplus il avait tué sous lui deux ou trois adaptateurs, on pouvait se croire d'autant plus loin de l'original. Or, je recommande aux amoureux des *Dames du Bois de Boulogne* et aux candidats scénaristes de revoir le film dans cet esprit. Sans diminuer le rôle — décisif — du style de la mise en scène dans la réussite de l'entreprise, il importe de bien voir sur quoi il s'appuie : un jeu merveilleusement subtil d'interférences et de contrepoint entre la fidélité et la trahison. On a reproché par exemple aux *Dames du Bois de Boulogne*, avec autant de bon sens que d'incompréhension, le décalage de la psychologie des personnages par rapport à la sociologie de l'intrigue. Il est bien vrai en effet que dans Diderot ce sont les mœurs de l'époque qui justifient le choix et l'efficacité de la vengeance. Vrai aussi que cette vengeance s'en trouve, dans le film, proposée comme un postulat abstrait dont le spectateur moderne ne comprend plus le bien-fondé. C'est également en vain que des défenseurs bien intentionnés chercheraient à trouver aux personnages un peu de substance sociale. La prostitution et le proxénétisme dans le conte sont des faits précis dont la référence sociale est concrète et évidente. Celle des *Dames* est d'autant plus mystérieuse qu'elle ne s'appuie en fait sur rien. La vengeance de l'amante blessée est dérisoire si elle se borne à faire épouser à l'infidèle une délicieuse danseuse de cabaret. On ne saurait non plus défendre l'abstraction des personnages comme un résultat des ellipses calculées de la mise en scène, car elle est d'abord dans le scénario. Si Bresson ne nous en dit pas plus sur ses personnages, ce n'est pas seulement qu'il ne le veut pas mais qu'il en serait bien empêché ; tout autant que Racine de nous décrire le papier peint des appartements où ses héros prétendent se retirer. On dira que la tragédie classique n'a pas besoin des alibis du réalisme et que c'est une différence essentielle entre le théâtre et le cinéma. Il est vrai, mais c'est justement pourquoi Bresson ne fait pas naître son abstraction cinématographique du seul dépouillement de l'événement mais du contrepoint de la réalité avec elle-même. Dans *Les Dames du Bois de Boulogne*, Bresson a spéculé sur le dépaysement d'un conte réaliste dans un autre contexte réaliste. Le résultat, c'est que les réalismes se détruisent l'un l'autre, les passions se dégagent de la chrysalide des caractères, l'action des alibis de l'intrigue, et la tragédie des oripeaux du drame. Il n'a fallu que le bruit d'un essuie-glace d'automobile sur un texte de Diderot pour en faire un dialogue racinien.

Sans doute Bresson ne nous présente-t-il jamais toute la réalité. Mais sa stylisation n'est pas l'abstraction *a priori* du symbole, elle se construit en une dialectique du concret et de l'abstrait par l'action réciproque d'éléments contradictoires de l'image. La réalité de la pluie, le bruissement d'une cascade, celui de la terre qui s'échappe d'une potiche brisée, le trot d'un cheval sur les pavés, ne s'opposent pas seulement aux simplifications du décor, à la convention des costumes et, plus encore, au ton littéraire et anachronique des dialogues ; la nécessité de leur intrusion n'est pas celle de l'antithèse dramatique ou du contraste décoratif :

Les Dames du Bois de Boulogne. (Maria Casarès et Paul Bernard). Il n'a fallu que le bruit d'un essuie-glace d'automobile sur un texte de Diderot pour en faire un dialogue racinien. [Photo Raoul Ploquin.]

ils sont là pour leur indifférence et leur parfaite situation d' « étrangers », comme le grain de sable dans la machine pour en gripper le mécanisme. Si l'arbitraire de leur choix ressemble à une abstraction, c'est alors celle du concret intégral ; elle raye l'image pour en dénoncer la transparence comme une poussière de diamant. Elle est l'impureté à l'état pur.

Ce mouvement dialectique de la mise en scène se répète du reste au sein même des éléments qu'on croirait d'abord purement stylisés. Ainsi les deux appartements habités par les Dames sont presque vides de meubles, mais leur nudité calculée a des alibis. Les tableaux vendus, restent les cadres, mais de ces cadres nous ne saurions douter comme d'un détail réaliste. La blancheur abstraite du nouvel appartement n'a rien de commun avec la géométrie d'un expressionnisme théâtral, car s'il est blanc c'est précisément qu'il est remis à neuf et l'odeur de la peinture fraîche y tient encore. Faut-il invoquer aussi l'ascenseur, le téléphone chez la concierge ou, pour le son, le brouhaha des voix d'hommes qui suit la gifle d'Agnès et dont le texte est aussi conventionnel que possible, mais avec une qualité sonore d'une justesse extraordinaire ?

Si j'évoque *Les Dames du Bois de Boulogne* à propos du *Journal*, c'est qu'il n'est pas inutile de souligner la similitude profonde du mécanisme de l'adaptation, sur laquelle les différences évidentes de mise en scène et les libertés plus grandes que Bresson semble avoir prises avec Diderot risquent de donner le change. Le style du *Journal* dénote une recherche plus systématique encore, une rigueur presque insoutenable ; il se développe dans des conditions techniques toutes différentes, mais nous allons voir que l'entreprise reste dans son fond la même. Il s'agit toujours d'atteindre à l'essence du récit ou du drame, à la plus stricte abstraction esthétique sans recours à l'expressionnisme, par un jeu alterné de la littérature et du réalisme, qui renouvelle les pouvoirs du cinéma par leur apparente négation. La fidélité de Bresson à son modèle n'est en tout cas que l'alibi d'une liberté parée de chaînes ; s'il respecte la lettre c'est qu'elle le sert mieux que d'inutiles franchises, que ce respect est en dernière analyse, plus encore qu'une gêne exquise, un moment dialectique de la création d'un style.

* * *

Il est donc vain de reprocher à Bresson le paradoxe d'une servilité textuelle que le style de sa mise en scène viendrait d'autre part démentir puisque c'est justement de cette contradiction que Bresson tire ses effets. « Son film, écrit par exemple Henri Agel, est à la limite une chose aussi impensable que le serait une page de Victor Hugo retranscrite dans le style de Nerval. » Mais ne pourrait-on rêver, au contraire, aux conséquences poétiques de ce monstrueux accouplement, aux insolites miroitements de cette traduction, non plus seulement dans une langue différente (comme celle d'Edgar Poe par Mallarmé), mais d'un style et d'une matière dans le style d'un autre artiste et la matière d'un autre art ?

Voyons du reste de plus près ce qui, dans le *Journal d'un curé de campagne*, peut sembler imparfaitement réussi. Sans vouloir louer *a priori* Bresson de toutes les faiblesses de son film, car il en est (de rares) qui se retournent contre lui, il est bien certain qu'aucune d'entre elles n'est étrangère à son style. Elles ne sont toujours que la gaucherie à quoi peut aboutir un suprême raffinement et, s'il arrive à Bresson de s'en féliciter, c'est qu'il y distingue à juste titre la caution d'une réussite plus profonde.

Ainsi de l'interprétation, qu'on juge en général mauvaise à l'exception de Laydu et partiellement de Nicole Ladmiral, en accordant toutefois, quand on aime le film, que ce n'est là qu'une faiblesse mineure. Encore faut-il expliquer pourquoi Bresson, qui dirigea si parfaitement ses acteurs dans *Les Anges du Péché* et *Les Dames du Bois de Boulogne*, semble parfois ici aussi gauche qu'un débutant en 16 mm. qui a embauché sa tante et le notaire de la famille. Croit-on qu'il était plus facile de diriger Maria Casarès contre son tempérament que des amateurs dociles ? Il est vrai en effet que certaines scènes sont mal jouées. Il est remarquable que ce ne soient pas les moins bouleversantes. Mais c'est que ce film échappe complètement aux catégories du jeu. Qu'on ne se trompe pas sur le fait que les interprètes soient presque tous amateurs ou débutants. Le *Journal* n'est pas moins éloigné du *Voleur de bicyclette* que d'*Entrée des Artistes* (le seul film qu'on en peut rapprocher est *La Passion de Jeanne d'Arc* de Carl Dreyer). Il n'est pas demandé aux interprètes de jouer un texte — que son tour littéraire rend du reste injouable —, pas même de le vivre : seulement de le dire. C'est pourquoi le texte récité « off » du *Journal* enchaîne avec tant d'aisance sur celui que prononceront réellement les protagonistes ; il n'existe aucune différence essentielle de style ni de ton. Ce parti pris s'oppose non seulement à l'expression dramatique de l'acteur mais même à toute expressivité psychologique. Ce qu'on nous requiert de lire sur son visage n'est point le reflet momentané de ce qu'il dit, mais une permanence d'être, le masque d'un destin spirituel. C'est pourquoi ce film « mal joué » nous laisse pourtant le sentiment d'une impérieuse nécessité des visages. L'image la plus caractéristique sous ce rapport est celle de Chantal au confessionnal. Vêtue de noir, en retrait dans la pénombre, Nicole Ladmiral ne laisse paraître qu'un masque gris, hésitant entre la nuit et la lumière, fruste comme un sceau dans la cire. Comme Dreyer, Bresson s'est naturellement attaché aux qualités les plus charnelles du visage qui, dans la mesure même où il ne joue point, n'est que l'empreinte privilégiée de l'être, la trace la plus lisible de l'âme ; rien dans le visage n'échappe à la dignité du signe. Ce n'est pas à une psychologie, mais plutôt à une physiognomonie existentielle qu'il nous convie. D'où le hiératisme du jeu, la lenteur et l'ambiguïté des gestes, la répétition têtue des comportements, l'impression de ralenti onirique qui se grave dans la mémoire. Il ne saurait rien arriver à ces personnages de relatif, englués qu'ils sont dans leur être, essentiellement occupés d'y persévérer contre la grâce ou d'arracher sous son feu la tunique de Nessus du vieil homme. Ils n'évoluent pas : les conflits intérieurs, les phases du combat avec l'Ange ne se traduisent pas en clair dans leur apparence. Ce que nous en voyons tient plutôt de la concentration douloureuse, des spasmes incohérents de la parturition ou de la mue. Si Bresson dépouille ses personnages, c'est au sens propre.

Opposé à l'analyse psychologique le film est, par voie de conséquence, non moins étranger aux catégories dramatiques. Les événements ne s'y organisent pas selon les lois d'une mécanique des passions dont l'accomplissement satisferait l'esprit ; leur succession est une nécessité dans l'accidentel, un enchaînement d'actes libres et de coïncidences. A chaque instant comme à chaque plan suffit son destin et sa liberté. Ils s'orientent sans doute, mais séparément, comme les grains de limaille sur le spectre de l'aimant. Si le mot tragédie vient ici sous la plume, c'est à contresens, car ce ne pourrait être qu'une tragédie du libre arbitre. La transcendance de l'univers de Bernanos-Bresson n'est pas celle du fatum antique, pas même de la passion racinienne, elle est celle de la Grâce que chacun peut refuser. Si pourtant la cohérence des événements et l'efficacité causale des êtres n'apparaissent pas moins rigoureuses que dans une dramaturgie traditionnelle, c'est qu'elles répondent en effet à un ordre, celui de la prophétie (peut-être faudrait-il dire de la répétition kierkegaardienne), aussi différent de la fatalité que la causalité l'est de l'analogie.

La véritable structure selon laquelle se déroule le film est non pas celle de la tragédie mais celle du « Jeu de la Passion » ou, mieux encore, celle du Chemin de Croix. Chaque séquence

Dans *Les Anges du péché*, Robert Bresson se révéla excellent directeur d'acteurs : souvenons-nous du personnage de la prieure (Sylvie) et de la postulante (Renée Faure).
[Photo Lauzin.]

est une station. La clef nous en est révélée par le dialogue dans la cabane entre les deux curés quand celui d'Ambricourt découvre sa préférence spirituelle pour le Mont des Oliviers. « N'est-ce pas assez que Notre Seigneur m'ait fait cette grâce de me révéler aujourd'hui par la voix de mon vieux maître que rien ne m'arracherait à la place choisie par moi de toute éternité, que j'étais prisonnier de la Sainte Agonie. » La mort n'est pas la fatalité de l'agonie, seulement son terme et la délivrance. Nous saurons désormais à quelle souveraine ordonnance, à quel rythme spirituel répondent les souffrances et les actes du curé. Ils figurent son agonie.

Il n'est peut-être pas inutile de signaler les analogies christiques qui abondent à la fin du film, car elles ont des raisons de passer inaperçues. Ainsi des deux évanouissements dans la nuit ; de la chute dans la boue, des vomissures de vin et de sang (où se retrouvent, dans une synthèse de métaphores bouleversantes avec les chutes de Jésus, le sang de la Passion, l'éponge de vinaigre et les souillures des crachats). Encore : voile de Véronique, le torchon de Séraphita ; enfin la mort dans la mansarde, Golgotha dérisoire où ne manquent pas le bon et le mauvais larron. Oublions immédiatement ces rapprochements que leur formulation trahit nécessairement. Leur valeur esthétique procède de leur valeur théologique, l'une et l'autre s'opposent à l'explicitation. Bresson comme Bernanos s'étant gardé de l'allusion symbolique, aucune des situations dont la référence évangélique est cependant certaine n'est là pour sa ressemblance ; elle possède sa signification propre biographique et contingente ; sa similitude christique n'est que seconde par projection sur le plan supérieur de l'analogie. La vie du curé d'Ambricourt n'imite en aucune façon celle de son Modèle, elle la répète et la figure. Chacun porte sa croix et chaque croix est différente, mais ce sont toutes Celle de la Passion. Au front du curé les sueurs de la fièvre sont de sang.

Aussi, pour la première fois sans doute, le cinéma nous offre non point seulement un film dont les seuls événements véritables, les seuls mouvements sensibles sont ceux de la vie intérieure, mais, plus encore, une dramaturgie nouvelle, spécifiquement religieuse, mieux, théologique : une phénoménologie du salut et de la grâce.

***

Remarquons du reste que dans cette entreprise de réduction de la psychologie et du drame, Bresson affronte dialectiquement deux types de réalité pure. D'un côté, nous l'avons vu, le visage de l'interprète débarrassé de toute symbolique expressive, réduit à l'épiderme, entouré d'une nature sans artifice ; de l'autre, ce qu'il faudrait appeler la « réalité écrite ». Car la fidélité de Bresson au texte de Bernanos, non seulement son refus de l'adapter mais son souci paradoxal d'en souligner le caractère littéraire, est au fond le même parti pris que celui qui régit les êtres et le décor. Bresson traite le roman comme ses personnages. Il est un fait brut, une réalité donnée qu'il ne faut point essayer d'adapter à la situation, d'infléchir selon telle ou telle exigence momentanée du sens, mais au contraire confirmer dans son être. Bresson supprime, il ne condense jamais, car ce qui reste d'un texte coupé est encore un fragment original ; comme le bloc de marbre procède de la carrière, les paroles prononcées dans le film continuent d'être du roman. Sans doute leur tour littéraire volontairement souligné peut-il être tenu pour une recherche de stylisation artistique, le contraire même du réalisme, mais c'est que la « réalité » n'est pas ici le contenu descriptif moral ou intellectuel du texte mais le texte lui-même ou plus précisément son style. On comprend que cette réalité au second degré de l'œuvre préalable et celle que capture directement la caméra ne puissent s'emboîter l'une dans l'autre, se prolonger, se confondre; au contraire leur rapprochement même en accuse l'hétérogénéité des essences. Chacune joue donc sa partie parallèle, avec ses moyens, dans sa matière et son style propres. Mais c'est sans doute par cette dissociation d'éléments, que la vraisemblance voudrait confondre, que Bresson parvient à éliminer à tel point l'accidentel. La discordance ontologique entre deux ordres de fait concurrents, confrontés sur l'écran, met en évidence leur seule commune mesure qui est l'âme. Chacun dit la même chose et la disparité même de leur expression, de leur matière, de leur style, l'espèce d'indifférence qui régit les rapports de l'interprète et du texte, de la parole et des visages, est le plus sûr garant de leur complicité profonde : ce langage qui ne peut être celui des lèvres est nécessairement celui de l'âme.

Il n'y a sans doute pas dans tout le cinéma français (ou faut-il dire la littérature ?) beaucoup de moments d'une plus intense beauté que la scène du médaillon entre le curé et la Comtesse. Elle ne doit pourtant rien au jeu des interprètes non plus qu'à la valeur dramatique ou psychologique des répliques, pas même à leur signification intrinsèque. Le véritable dialogue qui ponctue cette lutte entre le prêtre inspiré et le désespoir d'une âme est par essence indicible. De leur escrime spirituelle les chocs décisifs nous échappent ; les mots accusent ou préparent le brûlant toucher de la grâce. Rien donc ici d'une rhétorique de la conversion ; si la rigueur irrésistible du dialogue, sa tension croissante, puis son apaisement final nous laissent la certitude d'avoir été les témoins privilégiés d'un orage surnaturel, les paroles prononcées ne sont pourtant que les temps morts, l'écho du silence qui est le vrai dialogue de ces deux âmes, une allusion à leur secret : le côté pile, — si l'on ose dire, — de la Face de Dieu. Si le curé se refuse plus tard à se justifier en produisant la lettre de la Comtesse, ce n'est pas seulement par humilité ou goût du sacrifice, mais bien plutôt parce que les signes sensibles sont aussi indignes de jouer en sa faveur que de se retourner contre lui. Le témoignage de la Comtesse n'est pas dans son essence moins récusable que celui de Chantal et nul n'a le droit d'invoquer celui de Dieu.

***

La technique de mise en scène de Bresson ne se peut bien juger qu'au niveau de son propos esthétique. Si mal que nous en ayons rendu compte, peut-être pouvons-nous pourtant mieux comprendre à présent le paradoxe le plus étonnant du film. Certes, c'est à Melville que revient, avec *Le Silence de la Mer*, le mérite d'avoir osé le premier affronter le texte à l'image. Il est remarquable que la volonté de fidélité littérale en était aussi la cause. Mais la structure du livre de Vercors était elle-même exceptionnelle. Avec le *Journal*, Bresson fait plus que confirmer l'expérience de Melville et d'en démontrer le bien-fondé, il la porte à ses ultimes conséquences.

Doit-on dire du *Journal* qu'il est un film muet avec des sous-titres parlés ? La parole, nous l'avons vu, ne s'insère point dans l'image comme une composante réaliste ; même prononcée réellement par un personnage, c'est presque sur le mode du récitatif d'opéra. Au premier abord le film est en quelque sorte constitué d'un côté par le texte (réduit) du roman, illustré de l'autre par des images qui ne prétendent jamais le remplacer. Tout ce qui est dit n'est pas montré, mais rien de ce qui est montré n'est dispensé d'être dit. A la limite, le bon sens critique peut reprocher à Bresson de substituer purement et simplement au roman de Bernanos un montage radiophonique et une illustration muette. C'est de cette déchéance supposée de l'art cinématographique qu'il nous faut partir maintenant pour bien comprendre l'originalité et l'audace de Bresson.

D'abord, si Bresson « retourne » au cinéma muet, ce n'est point, en dépit de l'abondance des gros plans, pour renouer

Claude Laydu écrit le *Journal d'un curé de campagne*. Ce langage qui ne peut être celui des lèvres est nécessairement celui de l'âme. [Photo U. G. C.] ►

avec un expressionnisme théâtral, fruit d'une infirmité, mais au contraire pour retrouver la dignité du visage humain tel que Stroheim et Dreyer l'avaient comprise. Or, s'il est une valeur et une seule à laquelle le son s'opposait d'abord par essence, c'est à la subtilité syntaxique du montage et à l'expressionnisme du jeu, c'est-à-dire à ce qui procédait effectivement de l'infirmité du muet. Mais il s'en fallait que tout le cinéma muet se voulût tel. La nostalgie d'un silence qui serait le générateur bénéfique d'une symbolique visuelle, confond indûment la prétendue primauté de l'image avec la véritable vocation du cinéma qui est la primauté de l'objet. L'absence de bande sonore dans *Les Rapaces*, *Nosfératu* ou *La Passion de Jeanne d'Arc*, a la signification exactement contraire au silence de *Caligari*, des *Niebelungen*, ou d'*Eldorado* ; elle est une frustration, non point le départ d'une expression. Les premiers existent en dépit du silence, non grâce à lui. En ce sens, l'apparition de la bande sonore n'est qu'un phénomène technique accidentel, non la révolution esthétique qu'on prétend. La langue du cinéma comme celle d'Ésope est équivoque et il n'y a, en dépit des apparences, qu'une histoire du cinéma avant comme après 1928 : celle des rapports de l'expressionnisme et du réalisme ; le son devait ruiner provisoirement le premier avant de s'y adapter à son tour, mais il s'inscrivait directement dans le prolongement du second. Paradoxalement, il est vrai que c'est aujourd'hui dans les formes les plus théâtrales, donc les plus bavardes, du parlant qu'il faut chercher la résurgence de l'ancien symbolisme et, qu'en fait, le réalisme présonore d'un Stroheim n'a guère de disciples. Or, c'est évidemment par rapport à Stroheim et à Renoir qu'il faut situer l'entreprise de Bresson. La dichotomie du dialogue et de l'image qui s'y rapporte n'a de sens que dans une esthétique approfondie du réalisme sonore. Il est aussi faux d'y voir une illustration du texte qu'un commentaire de l'image. Leur parallélisme continue la dissociation de la réalité sensible. Il prolonge la dialectique bressonienne entre l'abstraction et la réalité grâce à quoi nous ne touchons en définitive qu'à la seule réalité des âmes. Bresson ne retourne nullement à l'expressionnisme du muet : il supprime, d'une part, l'une des composantes de la réalité, pour la reporter, volontairement stylisée, dans une bande-son partiellement indépendante de l'image. En d'autres termes, c'est comme si le mixage définitif comportait des bruits enregistrés directement, avec une fidélité scrupuleuse, et un texte *recto tono* post-synchronisé. Mais ce texte, nous l'avons dit, est lui-même une réalité seconde, un « fait esthétique brut ». Son réalisme c'est son style, quand le style de l'image c'est d'abord sa réalité et le style du film, précisément, leur discordance.

Bresson fait définitivement justice de ce lieu commun critique selon lequel l'image et le son ne se devraient jamais doubler. Les moments les plus émouvants du film sont justement ceux où le texte est censé dire exactement la même chose que l'image, mais parce qu'il le dit d'une autre façon. Jamais en fait le son n'est ici pour compléter l'événement vu : il le renforce et le multiplie comme la caisse de résonance du violon les vibrations des cordes. Encore cette métaphore manque-t-elle de dialectique, car ce n'est pas tant une résonance que l'esprit perçoit qu'un décalage comme celui d'une couleur non superposée au dessin. Et c'est dans la frange que l'événement libère sa signification. C'est parce que le film est tout entier construit sur ce rapport que l'image atteint, surtout vers la fin, à une telle puissance émotionnelle. On chercherait en vain les principes de sa déchirante beauté dans son seul contenu explicite. Je crois qu'il existe peu de films dont les photographies séparées soient plus décevantes ; leur absence fréquente de composition plastique, l'expression guindée et statique des personnages, trahissent absolument leur valeur dans le déroulement du film. Ce n'est pourtant pas au montage qu'elles doivent cet incroyable supplément d'efficacité. La valeur de l'image ne procède guère de ce qui la précède et la suit. Elle accumule plutôt une énergie statique, comme les lames parallèles d'un condensateur. A partir d'elle, et par rapport à la bande sonore, s'organisent des différences de potentiel esthétique dont la tension devient insoutenable. Ainsi le rapport de l'image et du texte progresse-t-il vers la fin au bénéfice de ce dernier, et c'est très naturellement sous l'exigence d'une impérieuse logique que, dans les dernières secondes, l'image se retire de l'écran. Au point où en est arrivé Bresson l'image ne peut en dire davantage qu'en disparaissant. Le spectateur a été progressivement amené à cette nuit des sens dont la seule expression possible est la lumière sur l'écran blanc. Voici donc vers quoi tendait ce prétendu cinéma muet et son réalisme sourcilleux : à volatiliser l'image et à céder la place au seul texte du roman. Mais nous expérimentons avec une évidence esthétique irrécusable une sublime réussite du cinéma pur. Comme la page blanche de Mallarmé ou le silence de Rimbaud est un état suprême du langage, l'écran vidé d'images et rendu à la littérature marque ici le triomphe du réalisme cinématographique. Sur la toile blanche de l'écran la croix noire, maladroite comme celle d'un faire-part, seule trace visible laissée par l'assomption de l'image, témoigne de ce dont sa réalité n'était qu'un signe.

***

Avec le *Journal d'un curé de campagne* s'ouvre un nouveau stade de l'adaptation cinématographique. Jusqu'ici le film tendait à se substituer au roman comme sa traduction esthétique dans un autre langage. « Fidélité » signifiait alors respect de l'esprit mais recherche d'équivalences nécessaires, compte tenu par exemple des exigences dramatiques du spectacle ou de l'efficacité plus directe de l'image. Il s'en faut du reste, malheureusement, que ce souci soit encore la règle la plus générale. Mais c'est lui qui a fait les mérites du *Diable au corps* ou de *La Symphonie pastorale*. Dans la meilleure des hypothèses, de tels films « valent » le livre qui leur a servi de modèle.

En marge de cette formule signalons aussi l'existence de l'adaptation libre comme celle de Renoir dans *Une partie de campagne* ou *Madame Bovary*. Mais le problème est résolu différemment ; l'original n'est plus qu'une source d'inspiration ; la fidélité : une affinité de tempérament, une sympathie fondamentale du cinéaste pour le romancier. Plutôt que de prétendre se substituer au roman, le film se propose d'exister à côté ; de former avec lui un couple, comme une étoile double. Cette hypothèse, qui n'a du reste de sens que sous le couvert du génie, ne s'oppose pas à une réussite cinématographique supérieure à son modèle littéraire comme celle du *Fleuve* de Renoir.

Mais le *Journal d'un curé de campagne* est encore autre chose. Sa dialectique de la fidélité et de la création se ramène en dernière analyse à une dialectique entre le cinéma et la littérature. Il ne s'agit plus ici de traduire, si fidèlement, si intelligemment que ce soit, moins encore de s'inspirer librement, avec un amoureux respect, en vue d'un film qui double l'œuvre, mais de construire sur le roman, par

La valeur des images du *Journal d'un curé de campagne* ne procède guère de ce qui les précède et de ce qui les suit.
[Photo U. G. C.]

le cinéma, une œuvre à l'état second. Non point un film « comparable » au roman, ou « digne » de lui, mais un être esthétique nouveau qui est comme le roman multiplié par le cinéma.

La seule opération comparable dont nous ayons l'exemple serait peut-être celle des films de peinture. Emmer ou Alain Resnais sont, eux aussi, fidèles à l'original ; leur matière première, c'est l'œuvre déjà suprêmement élaborée du peintre, leur réalité ce n'est point le sujet du tableau mais le tableau lui-même, comme nous avons vu que celle de Bresson est le texte même du roman. Mais la fidélité d'Alain Resnais à Van Gogh qui est d'abord, et ontologiquement, celle de la fidélité photographique, n'est que la condition préalable d'une symbiose entre le cinéma et la peinture. C'est pourquoi d'ordinaire les peintres n'y comprennent rien. Ne voir dans ces films qu'un moyen intelligent, efficace, valable même, de vulgarisation (ce qu'ils sont par surcroît), c'est ignorer leur biologie esthétique.

Cette comparaison n'est pourtant que partiellement valable, car les films de peinture sont condamnés dans leur principe à rester un genre esthétique mineur. Ils ajoutent aux tableaux, ils prolongent leur existence, ils leur permettent de déborder le cadre, mais ils ne peuvent prétendre à être le tableau lui-même [1]. *Van Gogh* d'Alain Resnais est un chef-d'œuvre mineur à partir d'une œuvre picturale majeure qu'il utilise et explicite, mais qu'il ne remplace pas. Cette limitation congénitale tient à deux causes principales. D'abord la reproduction photographique du tableau, au moins par projection, ne peut prétendre se substituer à l'original ou s'identifier à lui ; mais le pourrait-elle que ce serait pour en mieux détruire son autonomie esthétique puisque les films de peinture partent précisément de la négation de ce qui la fonde : la circonscription dans l'espace, par le cadre et l'intemporalité. C'est parce que le cinéma comme art de l'espace et du temps est le contraire de la peinture qu'il y a quelque chose à y ajouter.

Cette contradiction n'existe pas entre le roman et le cinéma. Non seulement ils sont tous deux des arts de récit, donc du temps, mais il n'est même pas possible de poser a priori que l'image cinématographique est inférieure dans

1. Du moins jusqu'au *Mystère Picasso* dont nous verrons qu'il infirme peut-être cette proposition critique.

son essence à l'image évoquée par l'écriture. Le contraire est plus probable. Mais la question n'est pas même là. Il suffit que le romancier, comme le cinéaste, tende à la suggestion du déroulement d'un monde réel. Posées ces similitudes essentielles, la prétention d'écrire un roman en cinéma n'est pas absurde. Mais le *Journal d'un curé de campagne* vient nous révéler qu'il est plus fructueux encore de spéculer sur leurs différences que sur leurs points communs, d'accuser l'existence du roman par le film que de l'y dissoudre. De l'œuvre au second degré qui en procède il est presque insuffisant de la dire par essence « fidèle » à l'original, puisque d'abord elle *est* le roman. Mais surtout elle est effectivement, non point sans doute « mieux » (un tel jugement n'aurait pas de sens) mais « plus » que le livre. Le plaisir esthétique qu'on peut éprouver au film de Bresson, si le mérite en revient évidemment, pour l'essentiel, au génie de Bernanos, contient tout ce que le roman pouvait offrir et, par surcroît, sa réfraction dans le cinéma.

Après Robert Bresson, Aurenche et Bost ne sont plus que les Viollet-Le-Duc de l'adaptation cinématographique.

X

THÉATRE ET CINÉMA[1]

I

S'il est devenu relativement commun dans la critique de souligner les affinités entre le cinéma et le roman, le « théâtre filmé » passe souvent encore pour une hérésie. Tant qu'il avait pour avocat et pour exemple principalement les déclarations et l'œuvre de Marcel Pagnol, on pouvait tenir ses quelques réussites pour des malentendus issus de conjonctures exceptionnelles. Le théâtre filmé restait lié au souvenir rétrospectivement burlesque du « film d'art » ou aux exploitations dériroires des succès de boulevard dans le « style » Berthomieu [2]. Pendant la guerre encore l'échec de l'adaptation pour l'écran d'une pièce excellente comme *Le Voyageur sans bagages*, dont le sujet aurait pu passer pour cinématographique, donnait des arguments apparemment décisifs à la critique du « théâtre filmé ». Il a fallu la série de réussites récentes qui vont de *Little Foxes* à *Macbeth* en passant par *Henry V*, *Hamlet* et *Les Parents terribles* pour démontrer que le cinéma était en mesure d'adapter valablement les œuvres dramatiques les plus diverses.

A la vérité pourtant, le préjugé contre le « théâtre filmé » n'aurait peut-être pas à invoquer autant d'arguments historiques qu'on le croit lorsqu'on se fonde sur les seules adaptations avouées d'œuvres théâtrales. Il y aurait lieu, en particulier, de reconsidérer l'histoire du cinéma, non

1. *Esprit*, juin et juillet-août 1951.

2. Seul, comme une exception incompréhensible, au seuil du cinéma parlant, l'inoubliable *Jean de la lune*.

Laurence Olivier dans *Henry V*, film de Laurence Olivier : Shakespeare prisonnier et le théâtre aussi, cernés de tous côtés par le cinéma. [Photo Gaumont Eagle Lion.]

plus en fonction des titres mais des structures dramatiques du scénario et de la mise en scène.

Un peu d'histoire.

Cependant qu'elle condamnait sans appel le « théâtre filmé », la critique prodiguait en effet ses éloges à des formes cinématographiques dans lesquelles une analyse plus attentive aurait pourtant dû révéler des avatars de l'art dramatique. Obnubilée par l'hérésie du « film d'art » et de ses séquelles, la douane laissait passer sous l'estampille « cinéma pur » les véritables aspects du théâtre cinématographique, à commencer par la comédie américaine. A y regarder de près, celle-ci n'est pas moins « théâtrale » que l'adaptation de n'importe quelle pièce de boulevard ou de Broadway. Bâtie sur le comique de mot et de situation, elle n'a souvent recours à aucun artifice proprement cinématographique ; la majorité des scènes sont en intérieur et le découpage use presque uniquement du champ et du contrechamp pour mettre en valeur le dialogue. Il faudrait ici s'étendre sur les arrière-plans sociologiques qui ont permis le brillant développement de la comédie américaine pendant une dizaine d'années. Je crois qu'ils n'infirment nullement un rapport virtuel entre théâtre et cinéma. Le cinéma a en quelque sorte dispensé le théâtre d'une existence réelle préalable. Il n'en était pas besoin, puisque les écrivains en mesure d'écrire ces pièces pouvaient directement les vendre pour l'écran. Mais c'est là un phénomène tout accidentel, historiquement en rapport avec une conjoncture économique et sociologique précise et, semble-t-il, en voie de disparition. Depuis quinze ans nous voyons, parallèlement au déclin d'un certain type de comédie américaine, se multiplier les adaptations de pièces comiques ayant remporté un succès à Broadway. Dans le domaine du drame psychologique et de mœurs un Wyler n'hésita pas à reprendre purement et simplement la pièce de Lilian Hellman, *Little Foxes*, et à la porter « au cinéma » dans un décor presque théâtral. En fait, le préjugé contre le théâtre filmé n'a jamais existé en Amérique. Mais les conditions de la production hollywoodienne ne se sont pas présentées, du moins jusqu'en 1940, de la même façon qu'en Europe. Il s'y est agi bien plutôt d'un théâtre « cinématographique » limité à des genres précis et n'ayant, du moins pendant la première décade du parlant, que peu d'emprunts à faire à la scène. La crise de sujets dont souffre aujourd'hui Hollywood l'a déjà poussé à recourir plus souvent au théâtre écrit. Mais, dans la comédie américaine, le théâtre, invisible, était virtuellement présent [1].

En Europe et spécialement en France, il est vrai que nous ne pourrions pas invoquer de réussite comparable à la comédie américaine. Réserve faite pour le cas très particulier et qui mériterait une étude spéciale, de Marcel Pagnol [2], l'apport de la scène de boulevard à l'écran a été désastreux. Mais le théâtre filmé ne commence pas avec le cinéma parlant : remontons un peu plus haut et précisément à l'époque où le « film d'art » détourne déjà l'attention sur son échec. Alors triomphait Méliès qui n'a vu au fond dans le cinéma qu'un perfectionnement du merveilleux théâtral ; le trucage n'est pour lui que le prolongement de la prestidigitation. La plupart des grands comiques français et américains viennent du music-hall ou du boulevard. Il suffit de regarder Max Linder pour comprendre tout ce qu'il doit à son expérience théâtrale. Comme la plupart des comiques de cette époque, il joue délibérément « au public », cligne de l'œil à la salle, la prend à témoin de ses embarras, n'hésite pas devant l'aparté. Quant à Charlot, indépendamment même de sa dette envers le mime anglais, il est évident que son art consiste à mettre au point, grâce au cinéma, la technique du comique du music-hall. Ici, le cinéma dépasse le théâtre, mais c'est en le continuant et comme en le débarrassant de ses imperfections. L'éco-

1. Dans son livre de souvenirs sur ses cinquante ans de cinéma *Le Public n'a jamais tort* (Éditions Corréa), Adolphe Zukor, créateur du star-system, montre également comment en Amérique plus encore qu'en France peut-être, le cinéma débutant employa sa conscience naissante à tâcher de piller le théâtre. C'est qu'alors la célébrité et la gloire en matière de spectacle étaient sur la scène. Zukor, comprenant que l'avenir commercial du cinéma dépendait de la qualité des sujets et du prestige des interprètes, acheta tout ce qu'il put de droits d'adaptation dramatiques et débaucha les notoriétés du théâtre d'alors. Ses tarifs relativement élevés pour l'époque n'avaient d'ailleurs pas toujours raison de leurs réticences à se compromettre dans cette industrie foraine et méprisée. Mais très vite, à partir de ces origines théâtrales, se dégagea le phénomène si particulier de la « star », le public fit son tri dans les célébrités du théâtre et ses élus acquirent rapidement une gloire sans commune mesure avec celle de la scène. Parallèlement, les scénarios théâtraux du début étaient abandonnés pour céder la place à des histoires adaptées à la mythologie qui se constituait. Mais l'imitation du théâtre avait servi de tremplin.

2. Voir au chapitre suivant : *Le Cas Pagnol*, page 179.

nomie du gag théâtral est subordonnée à la distance de la scène à la salle, et surtout à la durée des rires qui poussent l'acteur à prolonger son effet jusqu'à leur extinction. La scène l'incite donc, le contraint même à l'hyperbole. Seul l'écran pouvait permettre à Charlot d'atteindre à cette mathématique parfaite de la situation et du geste, où le maximum de clarté s'exprime dans le minimum de temps.

Quand on revoit des burlesques très anciens, comme la série des *Boireau* ou des *Onésime* par exemple, ce n'est plus seulement le jeu de l'acteur qui s'apparente au théâtre primitif mais la structure même de l'histoire. Le cinéma permet de pousser à ses ultimes conséquences une situation élémentaire à laquelle la scène imposait des restrictions de temps et d'espace qui la maintenaient à un stade d'évolution en quelque sorte larvaire. Ce qui peut faire croire que le cinéma est venu inventer ou créer de toutes pièces des faits dramatiques nouveaux, c'est qu'il a permis la métamorphose de situations théâtrales qui ne seraient jamais arrivées sans lui au stade adulte. Il existe au Mexique une espèce de salamandre capable de se reproduire à l'état de larve et qui en demeure là. En lui injectant l'hormone appropriée on a pu lui faire atteindre la forme adulte. De même on sait que la continuité de l'évolution animale présentait d'incompréhensibles lacunes jusqu'à ce que les biologistes découvrissent les lois de la pédomorphose qui leur ont appris, non seulement à intégrer les formes embryonnaires de l'individu à l'évolution des espèces, mais encore à considérer certains individus, apparemment adultes, comme des êtres bloqués dans leur évolution [1]. En ce sens certains genres de théâtre sont fondés sur des situations dramatiques congénitalement atrophiées avant l'apparition du cinéma. Si le théâtre est bien, comme le prétend Jean Hytier [2], une métaphysique de la volonté, que penser d'un burlesque comme *Onésime et le beau voyage* où l'entêtement à poursuivre, au milieu des plus absurdes difficultés, on ne sait trop quel voyage de noces dont le but même disparaît après les premières catastrophes, confine à une espèce de folie métaphysique, à un délire de la volonté, à une cancérisation du « faire » qui s'engendre lui-même contre toute

1. Cf. *Jouvence* d'Aldous HUXLEY : l'homme n'est qu'un singe né avant terme.

2. *Les arts de littérature.*

raison. Peut-on même employer ici la terminologie psychologique et parler de volonté ? La plupart de ces burlesques sont bien plutôt l'expression linéaire et continue d'un projet fondamental du personnage. Ils relèvent d'une phénoménologie de l'entêtement. Boireau domestique fera le ménage jusqu'à ce que la maison tombe en ruines. Onésime, marié migrateur, poursuivra son voyage de noces jusqu'à s'embarquer pour l'horizon dans son inséparable malle d'osier. L'action n'a plus besoin ici d'intrigue, d'incidences, de rebondissements, de quiproquos et de coups de théâtre ; elle se déroule implacablement jusqu'à se détruire elle-même. Elle va inéluctablement vers une sorte de catharsis élémentaire de la catastrophe, comme le ballon de baudruche que gonfle imprudemment l'enfant et qui finit par lui éclater au visage, pour notre soulagement et peut-être le sien.

Du reste quand on se réfère à l'histoire des personnages, des situations et des procédés de la farce classique, il est impossible de ne pas voir que le cinéma burlesque en a été la soudaine et éblouissante résurgence. Genre en voie d'extinction depuis le XVIIe siècle, la farce « en chair et en os » ne se survit plus guère, fortement spécialisée et transformée, qu'au cirque et dans certaines formes de music-hall. C'est-à-dire précisément là où les producteurs de films burlesques, surtout à Hollywood, sont allés recruter leurs acteurs. Mais la logique du genre et des moyens cinématographiques a immédiatement étendu le répertoire de leur technique : elle a permis les Max Linder, les Buster Keaton, les Laurel et Hardy, les Chaplin ; entre 1905 et 1920 la farce a connu un éclat unique dans son histoire. Je dis bien la farce telle que la tradition s'en est perpétuée depuis Plaute et Térence et même la Commedia dell'arte avec ses thèmes et ses techniques. Je ne prendrai qu'un exemple : le thème classique du cuvier se retrouve spontanément dans un vieux Max Linder (1912 ou 13) où l'on peut voir le sémillant don Juan séducteur d'une teinturière, obligé de se plonger dans une cuve pleine de couleur pour échapper à la vindicte du mari cocu. Il est bien certain qu'il ne s'agit en pareil cas ni d'influence ni de réminiscences, mais du renouement spontané d'un genre avec sa tradition.

Le texte, le texte !

On voit par ces brèves évocations que les rapports du théâtre et du cinéma sont plus anciens et plus intimes qu'on ne le pense généralement, et surtout qu'ils ne se limitent pas à ce qu'on désigne d'ordinaire et péjorativement sous le nom de « théâtre filmé ». On voit encore que l'influence aussi inconsciente qu'inavouée du répertoire et des traditions théâtrales a été décisive sur des genres cinématographiques tenus pour exemplaires dans l'ordre de la pureté et de la « spécificité ».

Mais le problème n'est pas exactement le même que celui de l'adaptation d'une pièce tel qu'on l'entend d'ordinaire. Il convient, avant d'aller plus loin, de distinguer du fait théâtral ce qu'on pourrait appeler le fait « dramatique ».

Le drame est l'âme du théâtre. Mais il lui arrive d'habiter une autre forme. Un sonnet, une fable de La Fontaine, un roman..., un film peuvent devoir leur efficacité à ce qu'Henri Gouhier appelle les « catégories dramatiques ». Sous cet angle de vue, il est assez vain de revendiquer l'autonomie du théâtre, ou alors il faut la présenter comme négative ; en ce sens qu'une pièce ne saurait se passer d'être « dramatique », mais qu'il est loisible à un roman de l'être ou non. *Des souris et des hommes* est à la fois une nouvelle et un pur modèle de tragédie. En revanche, on aurait du mal à adapter *Du côté de chez Swann* à la scène. On ne saurait louer une pièce d'être romanesque tandis qu'on peut fort bien féliciter le romancier de savoir construire une action.

Si l'on tient tout de même le théâtre pour l'art spécifique du drame, il faut reconnaître que son influence est immense et que le cinéma est le dernier des arts qui puisse y échapper. Mais à ce compte la moitié de la littérature et les trois quarts des films seraient des succursales du théâtre. Aussi bien n'est-ce pas ainsi que se pose le problème : il ne commence réellement d'exister qu'en fonction de l'œuvre théâtrale incarnée, non pas même dans l'acteur mais dans le texte.

Phèdre a été écrite pour être jouée, mais elle existe déjà comme œuvre et comme tragédie pour le bachelier qui ânonne ses classiques. Le « Théâtre dans un fauteuil » avec le seul secours de l'imagination est un théâtre incomplet, mais il est déjà du théâtre. Au contraire, *Cyrano de Bergerac* ou *Le Voyageur sans bagages*, tels qu'ils ont été filmés, n'en sont plus, bien que le texte y soit — et le spectacle par-dessus le marché !

S'il nous était loisible de ne retenir de *Phèdre* qu'une action et de la récrire en fonction des « exigences romanesques » ou du dialogue de cinéma, nous nous retrouverions dans l'hypothèse précédente du théâtral réduit au dramatique. Mais s'il n'y a aucun empêchement métaphysique à cette opération, on voit bien qu'il en existe plusieurs d'ordre pratique contingent et historique. Le plus simple étant la peur salutaire du ridicule, et le plus impérieux, la conception moderne de l'œuvre d'art qui impose le respect du texte et la propriété artistique, même morale et posthume. En d'autres termes, Racine seul aurait le droit de récrire une adaptation de *Phèdre*, mais outre qu'il n'est pas prouvé qu'à ce prix même elle serait bonne (c'est bien Jean Anouilh lui-même qui a mis en film *Le Voyageur sans bagages*), il se trouve que Racine est mort.

On dira peut-être qu'il n'en est point de même du vivant de l'auteur, puisque celui-ci peut personnellement repenser son œuvre, remodeler sa matière — ce que fit récemment André Gide, quoique en sens contraire, du roman à la scène, avec *Les Caves du Vatican* —, à tout le moins contrôler et avaliser le travail d'un adaptateur. Mais à y regarder de près, c'est là une satisfaction plus juridique qu'esthétique : d'abord parce que le talent, et a fortiori le génie, ne sont pas toujours universels, et que rien ne garantit l'équivalence de l'original et de l'adaptation, même signée par l'auteur. Ensuite parce que la raison la plus commune de porter à l'écran une œuvre dramatique contemporaine, c'est le succès qu'elle a remporté à la scène. Ce succès la cristallise dans l'essentiel d'un texte éprouvé sur le spectateur et que, d'ailleurs, le public du film entend bien retrouver ; nous voici donc ramenés par un détour plus ou moins honorable au respect de la chose écrite.

Enfin et surtout parce que plus grande est la qualité d'une œuvre dramatique, plus difficile est la dissociation du dramatique et du théâtral dont le texte réalise la synthèse. Il est significatif que l'on assiste à des tentatives d'adaptation de romans à la scène mais pratiquement jamais à l'opération inverse. Comme si le théâtre se situait au terme d'un processus irréversible de purification esthétique. On peut à la rigueur tirer une pièce des *Karamazov* ou de

Madame Bovary, mais en admettant que ces pièces aient existé d'abord il eût été impossible d'en faire les romans que nous connaissons. C'est que, si le romanesque inclut le dramatique en sorte que celui-ci ne peut être déduit, la réciproque suppose une induction, c'est-à-dire, en art, une création pure et simple. Par rapport à la pièce le roman n'est qu'une des multiples synthèses possibles à partir de l'élément dramatique simple.

Ainsi donc, si la notion de fidélité n'est pas absurde dans le sens roman théâtre, où l'on peut discerner une filiation nécessaire, on ne voit pas très bien ce qu'elle pourrait signifier en sens inverse, a fortiori la notion d'équivalence ; tout au plus pourrait-on parler d' « inspiration » à partir des situations et des personnages.

Je compare pour l'instant roman et théâtre, mais tout porte à penser que le raisonnement vaut plus encore pour le cinéma ; car, de deux choses l'une : ou bien le film est la photographie pure et simple de la pièce (donc avec son texte), et c'est précisément le fameux « théâtre filmé », ou bien la pièce est adaptée aux « exigences de l'art cinématographique », mais alors nous retombons dans l'induction dont nous parlions plus haut et il s'agit en fait d'une autre œuvre. Jean Renoir s'est inspiré de la pièce de René Fauchois dans *Boudu sauvé des eaux* mais il en a fait une œuvre probablement supérieure à l'original et qui l'éclipse [1]. C'est du reste une exception qui confirme pleinement la règle.

De quelque biais qu'on l'aborde, la pièce de théâtre, classique ou contemporaine, est irrévocablement défendue par son texte. On ne saurait « adapter » celui-ci qu'en renonçant à l'œuvre originale pour lui en substituer une autre, peut-être supérieure mais qui n'est plus la pièce. Opération fatalement limitée du reste aux auteurs mineurs ou vivants, les chefs-d'œuvre consacrés par le temps nous imposant le respect du texte comme un postulat.

C'est bien ce que confirme l'expérience des dix dernières années. Si le problème du théâtre filmé retrouve une singulière actualité esthétique, il le doit à des œuvres comme *Hamlet*, *Henri V*, *Macbeth* pour ce qui est du répertoire classique et, pour les contemporains, à des films comme

1. Il n'en a pas usé avec moins de liberté à l'égard du *Carrosse du Saint Sacrement* de Mérimée.

La Vipère, de Lilian Hellman et Wyler, *Les Parents terribles*, *Occupe-toi d'Amélie*, *La Corde*... Jean Cocteau avait préparé avant guerre une « adaptation » des *Parents terribles*. En reprenant son projet en 1946, il y a renoncé et s'est décidé à conserver intégralement son texte. Nous verrons plus loin qu'il a même pratiquement conservé le décor scénique. Américaine, anglaise ou française, portant sur des œuvres classiques ou modernes, l'évolution du théâtre filmé est la même : une fidélité de plus en plus impérieuse à la chose écrite la caractérise, comme si les expériences diverses du cinéma parlant se rejoignaient sur ce point. Naguère, la préoccupation première du cinéaste semblait être de camoufler l'origine théâtrale du modèle, de l'adapter, de le dissoudre dans le cinéma. Non seulement il paraît maintenant y renoncer, mais il lui arrive d'en souligner systématiquement le caractère théâtral. Il n'en peut guère être autrement dès l'instant que l'essentiel du texte est respecté. Conçu en fonction des virtualités théâtrales, le texte les porte déjà toutes en lui. Il détermine des modes et un style de représentation, il est déjà, en puissance, le théâtre. On ne peut à la fois décider de lui être fidèle et le détourner de l'expression vers laquelle il tend.

Cachez ce théâtre que je ne saurais voir !

Nous en trouverons la confirmation dans un exemple emprunté au répertoire classique : c'est une bande qui sévit peut-être encore dans les écoles et lycées français et qui prétend être une tentative d'enseignement de la littérature par le cinéma. Il s'agit du *Médecin malgré lui*, porté à l'écran avec l'aide d'un professeur de bonne volonté, par un metteur en scène dont nous tairons le nom. Ce film possède un énorme dossier, aussi élogieux qu'attristant, de lettres de professeurs et de proviseurs de lycées réjouis par son excellence. Or il s'agit en réalité d'une invraisemblable synthèse de toutes les erreurs susceptibles de dénaturer autant le cinéma que le théâtre, et Molière par-dessus le marché. La première scène, celle des fagots, située dans une vraie forêt, débute par un interminable travelling en sous-bois destiné visiblement à faire apprécier les effets de soleil sous les branches, avant de découvrir deux personnages clownesques occupés sans doute à cueillir des champignons : le malheureux Sganarelle et sa femme, dont les costumes de théâtre ont ici l'air de déguisements grotesques. Le décor réel est déployé tout au long du film, autant qu'on le peut : l'arrivée de Sganarelle en consultation est l'occasion de montrer un petit manoir campagnard du XVIIe. Que dire du découpage : celui de la première scène progresse du « demi-ensemble » au « gros plan » en changeant naturellement de numéro à chaque réplique. On sent que si le texte ne lui avait pas, contre son gré, mesuré la pellicule, le metteur en scène eut rendu « la progression du dialogue » par un montage accéléré à la manière d'Abel Gance. Tel quel, ce découpage permet aux élèves de ne rien perdre, par les « champs » et « contrechamps » en gros plan de la mimique des acteurs de la Comédie-Française, laquelle, on s'en doute, nous ramène au beau temps du film d'art.

Si, par cinéma, on entend la liberté de l'action par rapport à l'espace, et la liberté du point de vue par rapport à l'action, mettre au cinéma une pièce de théâtre, ce sera donner à son décor l'ampleur et la réalité que la scène ne pouvait matériellement lui offrir. Ce sera aussi libérer le spectateur de son fauteuil et mettre en valeur, par le changement de plan, le jeu de l'acteur. Devant de telles « mises en scène » il faut convenir que toutes les accusations contre le théâtre filmé sont valables. Mais c'est qu'il ne s'agit précisément pas de mise en scène. L'opération a seulement consisté à injecter de force du « cinéma » dans le théâtre. Le drame original, et à plus forte raison le texte, s'y trouvent fatalement dépaysés. Le temps de l'action théâtrale n'est évidemment pas le même que celui de l'écran, et la primauté dramatique du verbe est décalée par rapport au supplément de dramatisation prêté au décor par la caméra. Enfin et surtout, une certaine artificialité, une transposition poussée du décor théâtral est rigoureusement incompatible avec le réalisme congénital au cinéma. Le texte de Molière ne prend son sens que dans une forêt de toile peinte, et de même le jeu des acteurs. Les feux de la rampe ne sont pas ceux d'un soleil d'automne. A la limite, la scène des fagots peut se jouer devant un rideau, elle n'existe plus au pied d'un arbre.

Cet échec illustre assez bien ce qu'on peut considérer comme l'hérésie majeure du théâtre filmé : le souci de « faire cinéma ». De près ou de loin, c'est bien à cela que reviennent les mises en film habituelles des pièces à succès. Si l'action est censée se passer sur la Côte d'Azur, les amants au lieu de bavarder sous les tonnelles d'un bar s'embrasseront au volant d'une voiture américaine sur la route de la Corniche, avec, en « transparence » au fond, les rochers du Cap d'Antibes. Quant au découpage, dans *Les Gueux au Paradis* par exemple, l'égalité des contrats de Raimu et de Fernandel nous valait un nombre sensiblement égal de gros plans au bénéfice de l'un et de l'autre.

Les préjugés du public confirment du reste ceux des cinéastes. Le public ne pense pas grand-chose sur le cinéma, mais il l'identifie à l'ampleur du décor, à la possibilité de montrer du décor naturel et de faire bouger l'action. Si l'on n'ajoutait pas à la pièce un minimum de cinéma, il se jugerait volé. Le cinéma doit nécessairement « faire plus riche » que le théâtre. Les acteurs n'y peuvent être que célèbres, et tout ce qui ressemble à de la pauvreté ou de l'avarice dans les moyens matériels est, écrit-on, facteur d'échec. Il faudrait un certain courage au metteur en scène et au producteur qui accepteraient d'affronter sur ces points les préjugés du public. Surtout si eux-mêmes n'ont pas foi dans leur entreprise. Au principe de l'hérésie du théâtre filmé réside un complexe ambivalent du cinéma devant le théâtre : complexe d'infériorité à l'égard d'un art plus ancien et plus littéraire, que le cinéma surcompense par la « supériorité » technique de ses moyens, confondue avec une supériorité esthétique.

Théâtre en conserve ou sur-théâtre ?

Veut-on la contre-épreuve de ces erreurs ? Deux réussites comme *Henry V* et *Les Parents terribles* nous la fournissent sans ambiguïté.

Quand le metteur en scène du *Médecin malgré lui* commençait son travail par un travelling dans la forêt, c'était avec le naïf et peut-être inconscient espoir de nous faire avaler ensuite la malheureuse scène des fagots, comme un médicament enrobé dans du sucre. Il essayait de mettre un peu de réalité alentour, il tentait de nous ménager un escalier pour nous faire monter sur la scène. Ses ruses maladroites avaient malheureusement l'effet contraire : accuser définitivement l'irréalité des personnages et du texte.

Voyons maintenant comment Laurence Olivier a su résoudre dans *Henry V* la dialectique du réalisme cinématographique et de la convention théâtrale. Le film commence

Henry V. Une fois levée l'hypothèque du réalisme qui s'opposait à l'illusion théâtrale, Laurence Olivier peut se permettre aussi bien la déformation picturale du décor que le réalisme des batailles. [Photo Gaumont Eagle Lion.]

aussi par un travelling, mais c'est pour nous plonger dans le théâtre : la cour de l'auberge élisabéthaine. Il ne prétend pas nous faire oublier la convention théâtrale, bien au contraire, il l'accuse. Ce n'est pas *Henry V* qui est immédiatement et directement le film, c'est la *représentation* d'*Henry V*. Ceci est évident, puisque cette représentation n'est pas censée être actuelle, comme au théâtre, mais se dérouler du temps même de Shakespeare, et que l'on nous montre les spectateurs et les coulisses. Il n'y a donc pas d'erreur possible, l'acte de foi du spectateur devant le rideau qui se lève n'est pas requis pour jouir du spectacle. Nous ne sommes pas vraiment dans la pièce, mais dans un film historique sur le théâtre élisabéthain, c'est-à-dire dans un genre cinématographique parfaitement fondé et auquel nous sommes habitués. Pourtant nous jouissons de la pièce, notre plaisir n'a rien de commun avec celui que nous procurerait un documentaire historique, il est bien le plaisir même d'une représentation de Shakespeare. C'est que la stratégie esthétique de Laurence Olivier n'était qu'une ruse pour éluder le miracle du rideau. En faisant le cinéma du théâtre, en dénonçant préalablement par le cinéma le jeu et les conventions théâtrales au lieu d'essayer de les camoufler, il a levé l'hypothèque du réalisme qui s'opposait à l'illusion théâtrale. Une fois assurées ces assises psychologiques dans la complicité du spectateur, Laurence Olivier pouvait se permettre aussi bien la déformation picturale du décor que le réalisme de la bataille d'Azincourt ; Shakespeare l'y invitait par son appel explicite à l'imagination de l'auditoire : là encore le prétexte était parfait. Ce déploiement cinématographique, difficile à faire admettre si le film n'eût été que la représentation d'*Henry V*, trouvait son alibi dans la pièce elle-même. Restait naturellement à tenir la gageure. On sait qu'elle l'a été. Disons seulement que la couleur, dont on finira peut-être par découvrir qu'elle est essentiellement un élément non réaliste, contribue à rendre acceptable le passage à l'imaginaire et, dans l'imaginaire même, à permettre la continuité des miniatures à la reconstitution « réaliste » d'Azincourt. A aucun moment *Henry V* n'est vraiment du « théâtre filmé » ; le film se situe en quelque sorte de part et d'autre de la représentation théâtrale, en deçà et au-delà de la scène. Shakespeare pourtant s'y trouve bien prisonnier et le théâtre aussi, cernés de tous côtés par le cinéma.

Le théâtre moderne du boulevard ne semble pas recourir avec autant d'évidence aux conventions scéniques. Le « Théâtre Libre » et les théories d'Antoine ont même pu faire croire un temps à l'existence d'un théâtre « réaliste », à une sorte de pré-cinéma [1]. C'était là une illusion dont

---

1. Un commentaire n'est peut-être pas superflu. Reconnaissons d'abord qu'au sein du théâtre, le mélodrame et le drame s'efforcèrent en effet d'introduire une révolution réaliste : l'idéal stendhalien du spectateur pris au jeu qui tire un coup de revolver sur le traître (Orson Welles à Broadway fera au contraire mitrailler les fauteuils d'orchestre). Un siècle plus tard, Antoine tirera les conséquences du réalisme du texte dans le réalisme de la mise en scène. Ce n'est pas un hasard si Antoine a fait plus tard du cinéma. En sorte que si l'on prend un peu de hauteur sur l'histoire, il faut convenir qu'une vaste tentative de « théâtre-cinéma » a précédé celle du « cinéma-théâtre ».

personne n'est plus dupe aujourd'hui. S'il existe un réalisme théâtral, il n'est encore que relatif à un système de conventions plus secrètes, moins explicites mais tout aussi rigoureuses. La « tranche de vie » n'existe pas au théâtre. Ou, du moins, le seul fait de l'exposer sur une scène la retranche justement de la vie pour en faire un phénomène *in vitro*, participant encore partiellement de la nature, mais déjà profondément modifié par les conditions de l'observation. Antoine peut bien mettre de véritables quartiers de viande sur la scène, il ne peut comme le cinéma y faire défiler tout le troupeau. Pour y planter un arbre, il lui faut couper les racines et en tout cas renoncer à montrer réellement la forêt. En sorte que son arbre procède encore de la pancarte élisabéthaine, qu'il n'est en fin de compte qu'un poteau indicateur. Rappelées ces vérités peu contestables, on admettra que la mise en film d'un « mélodrame » comme *Les Parents terribles* ne pose pas de problèmes tellement différents de celui d'une pièce classique. Ce qu'on appelle ici réalisme ne place pas du tout la pièce de plain-pied avec le cinéma, n'abolit pas la rampe. Simplement, le système de conventions auquel obéit la mise en scène, et donc le texte, est en quelque sorte du premier degré. Les conventions tragiques, avec leur cortège d'invraisemblances matérielles et d'alexandrins, ne sont que masques et cothurnes accusant et soulignant la convention fondamentale du fait théâtral.

C'est ce qu'a bien vu Jean Cocteau en portant à l'écran *Les Parents terribles*. Encore que sa pièce fut apparemment des plus « réaliste », Cocteau cinéaste a compris qu'il ne fallait rien ajouter à son décor, que le cinéma n'était pas là pour le multiplier mais pour l'intensifier. Si la chambre devient un appartement, celui-ci sera senti, grâce à l'écran et à la technique de la caméra, comme plus exigu encore que la chambre à la scène. L'essentiel étant ici le fait drama-

Dumas fils et Antoine, avant Marcel Pagnol. Il se pourrait d'ailleurs que la renaissance théâtrale découlant d'Antoine ait été grandement facilitée par l'existence du cinéma, celui-ci ayant détourné sur lui l'hérésie du réalisme et limité les théories d'Antoine à la saine efficacité d'une réaction contre le symbolisme. Le tri que le Vieux Colombier a opéré dans la révolution du Théâtre Libre (laissant le réalisme au grand Guignol) au point de réaffirmer la valeur des conventions scéniques, n'aurait peut-être pas été possible sans la concurrence du cinéma. Concurrence exemplaire qui rendait en tout cas le réalisme dramatique irrémédiablement dérisoire. Nul ne peut plus aujourd'hui soutenir que le plus bourgeois des drames du boulevard ne participe pas de toutes les conventions théâtrales.

tique de la claustration et de la cohabitation, le moindre rayon de soleil, une autre lumière qu'électrique eussent détruit cette fragile et fatale symbiose. Aussi l'équipe de la « roulotte » au complet peut-elle se rendre à l'autre bout de Paris, chez Madeleine ; nous la quittons à la porte d'un appartement pour la retrouver au seuil de l'autre. Ce n'est plus ici l'ellipse de montage désormais classique, c'est un fait positif de mise en scène, auquel le cinéma n'obligeait nullement Cocteau et qui dépasse par là même les possibilités d'expression du théâtre ; celui-ci s'y trouvant contraint ne peut donc en tirer le même effet. Cent exemples confirmeraient que la caméra respecte la nature du décor théâtral et s'efforce seulement d'en accroître l'efficacité, se gardant toujours de modifier son rapport au personnage. Toutes les gênes ne sont pas bien placées ; l'obligation de montrer à la scène chacune des pièces successivement et de baisser entre temps le rideau est incontestablement une servitude inutile. La véritable unité de temps et de lieu, c'est la caméra qui l'introduit grâce à sa mobilité. Il fallait le cinéma pour que le projet théâtral s'exprime enfin librement et que *Les Parents terribles* deviennent évidemment une tragédie de l'appartement où l'entrebâillement d'une porte peut prendre plus de sens qu'un monologue sur un lit. Cocteau ne trahit pas son œuvre, il reste fidèle à l'esprit de la pièce, respectant d'autant mieux les servitudes essentielles qu'il sait les discerner des contingences accidentelles. Le cinéma agit seulement comme un révélateur qui achève de faire apparaître certains détails que la scène laissait en blanc.

Résolu le problème du décor, restait le plus difficile : celui du découpage. C'est là que Cocteau a fait preuve de l'imagination la plus ingénieuse. La notion de « plan » achève enfin de se dissoudre. Seul subsiste le « cadrage », cristallisation passagère d'une réalité dont on ne cesse de sentir la présence environnante. Cocteau aime à répéter qu'il a pensé son film en « 16 mm. ». « Pensé » seulement, car il eût été bien en peine de le réaliser ainsi en format réduit. Ce qui compte c'est que le spectateur éprouve le sentiment d'une présence totale à l'événement, non plus comme chez Welles (ou chez Renoir) par la profondeur de champ, mais par la vertu d'une rapidité diabolique du regard qui nous paraît épouser pour la première fois le rythme pur de l'attention.

Les Parents terribles (Marcel André et Gabrielle Dorziat). Si la chambre devient un appartement, celui-ci sera senti, grâce à l'écran et à la technique de la caméra, comme plus exigu encore que la chambre à la scène.

[Photo Films Ariane.

Sans doute tout bon découpage en tient compte. Le traditionnel « champ - contrechamp » partage le dialogue selon une syntaxe élémentaire de l'intérêt. Un gros plan d'appareil téléphonique qui sonne au moment pathétique équivaut à une concentration de l'attention. Mais il nous semble que le découpage ordinaire est un compromis entre trois systèmes d'analyse possible de la réalité : 1° une analyse purement logique et descriptive (l'arme du crime près du cadavre) ; 2° une analyse psychologique intérieure au film, c'est-à-dire conforme au point de vue de l'un des protagonistes dans la situation donnée (le verre de lait — peut-être empoisonné — que doit boire Ingrid Bergman dans *Notorious* ou la bague au doigt de Thérésa Wright dans *L'Ombre d'un doute*) ; 3° enfin, une analyse psychologique en fonction de l'intérêt du spectateur ; intérêt spontané ou provoqué par le metteur en scène précisément grâce à cette analyse : c'est le bouton de porte tournant à l'insu du criminel qui se croit seul (« attention ! » crieraient les enfants à Guignol que le gendarme va surprendre).

Ces trois points de vue, dont la combinaison constitue la synthèse de l'événement cinématographique dans la plupart des films, sont ressentis comme uniques. En réalité, ils impliquent une hétérogénéité psychologique et une discontinuité matérielle. Les mêmes au fond que s'octroie le romancier traditionnel et qui valurent à François Mauriac les foudres que l'on sait de Jean-Paul Sartre. L'importance de la profondeur de champ et du plan fixe chez Orson Welles ou William Wyler procède précisément de ce refus du morcellement arbitraire auquel ils substituent une image uniformément lisible qui contraint le spectateur à faire de lui-même un choix.

Bien qu'en restant techniquement fidèle au découpage classique (son film comporte même un nombre de plans plus élevé que la moyenne), Cocteau lui confère une signification originale en n'utilisant pratiquement que des plans de la troisième catégorie ; c'est-à-dire le point de vue du spectateur et lui seul ; d'un spectateur extraordinairement perspicace et mis en puissance de tout voir. L'analyse logique et descriptive, de même que le point de vue du personnage, sont pratiquement éliminés ; reste celui du témoin. La « caméra subjective » est enfin réalisée, mais à l'envers, non pas comme dans *La Dame du lac* grâce à une puérile identification du spectateur au personnage par le truchement de la caméra, mais au contraire par l'impitoyable extériorité du témoin. La caméra est enfin le spectateur et rien que le spectateur. Le drame redevient pleinement un spectacle. C'est aussi Cocteau qui a dit que le cinéma était un événement vu par un trou de serrure. De la serrure il reste ici l'impression de violation de domicile, la quasi-obscénité du « voir ».

Prenons un exemple très significatif de ce parti pris d'extériorité : l'une des dernières images du film, quand Yvonne de Bray empoisonnée s'éloigne à reculons dans sa chambre, regardant le groupe affairé autour de Madeleine heureuse. Un travelling arrière permet à la caméra de l'accompagner. Mais ce mouvement d'appareil ne se confond

Les Parents terribles (Yvonne de Bray). Le cinéma selon Cocteau : un événement par le trou de la serrure.
[Photo Films Ariane.]

jamais, comme la tentation en était grande, avec le point de vue subjectif de « Sophie ». L'effet de choc du travelling serait certainement plus violent si nous étions à la place de l'actrice et voyions avec ses yeux. Mais Cocteau s'est bien gardé de ce contresens, il conserve Yvonne de Bray « en amorce » et recule, un peu en retrait, derrière elle. L'objet du plan n'est pas ce qu'elle regarde, pas même son regard ; il est : de la regarder regarder. Par-dessus son épaule sans doute, et c'est là le privilège cinématographique, mais que Cocteau s'empresse de restituer au théâtre.

Cocteau se replaçait ainsi au principe même des rapports du spectateur et de la scène. Alors que le cinéma lui permettait d'appréhender le drame d'après de multiples points

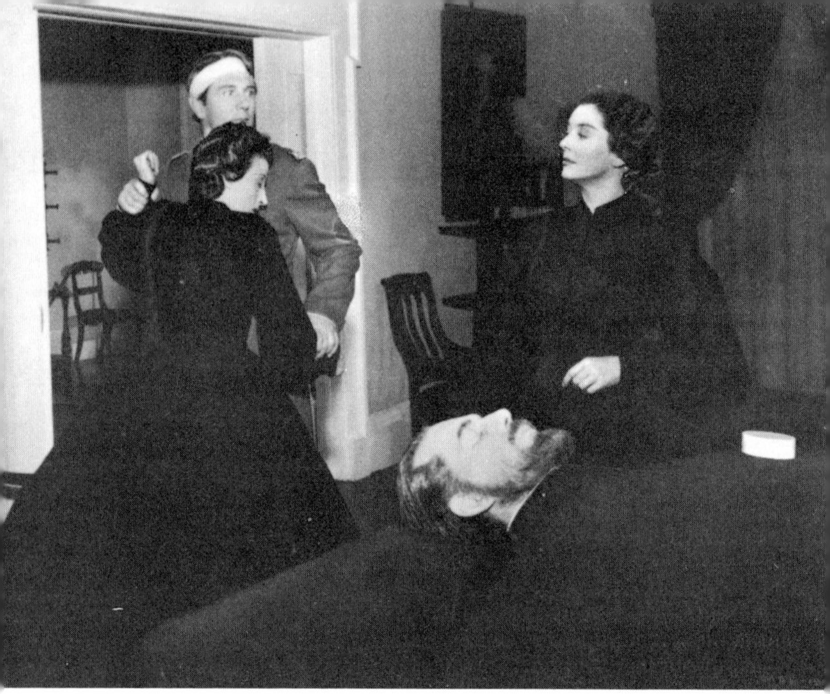

Le deuil sied à Electre, de Dudley Nichols d'après Eugène O'Neill : l'apport spécifique du cinéma se définit par un surcroît de théâtralité.

de vue, il choisissait délibérément de ne se servir que de celui du spectateur, seul dénominateur commun à la scène et à l'écran.

Ainsi Cocteau conserve à sa pièce l'essentiel de son caractère théâtral. Au lieu de tenter, après tant d'autres, de la dissoudre dans le cinéma, il utilise au contraire les ressources de la caméra pour accuser, souligner, confirmer les structures scéniques et leurs corollaires psychologiques. L'apport spécifique du cinéma ne se pourrait définir ici que par un surcroît de théâtralité.

Par là, il se rencontre avec Laurence Olivier, Orson

Welles, Wyler et Dudley Nichols, ainsi que le confirmerait l'analyse de *Macbeth*, de *Hamlet*, de *La Vipère* et de *Le deuil sied à Electre*, pour ne pas parler d'un film comme *Occupe-toi d'Amélie* où Claude Autant-Lara procède sur le vaudeville à une opération comparable à celle de Laurence Olivier sur *Henry V*. Toutes les réussites si caractéristiques de ces quinze dernières années sont l'illustration d'un paradoxe : le respect du texte et des structures théâtrales. Ce n'est plus un sujet qu'on « adapte ». C'est une pièce qu'on met en scène par le moyen du cinéma. Du « théâtre en conserve », naïf ou impudent, à ces récents succès, le problème du théâtre filmé a été radicalement renouvelé. Nous avons essayé de discerner comment. Plus ambitieux, arriverons-nous à dire pourquoi ?

II

Le leitmotiv des contempteurs du théâtre filmé, leur argument ultime et apparemment inexpugnable reste le plaisir irremplaçable qui s'attache à la présence physique de l'acteur. « Ce qu'il y a de spécifiquement théâtral, écrit Henri Gouhier, dans l'*Essence du Théâtre*, c'est l'impossibilité de détacher l'action de l'acteur. » Et encore : « La scène accueille toutes les illusions sauf celle de la présence, le comédien y apparaît sous son déguisement, avec une autre âme et une autre voix mais il est là et, du même coup, l'espace retrouve son exigence et la durée de son épaisseur. » En d'autres termes et inversement : le cinéma peut accueillir toutes les réalités hors celle de la présence physique de l'acteur. S'il est vrai qu'ici réside l'essence du phénomène théâtral, le cinéma ne saurait donc en aucune mesure y prétendre. Si l'écriture, le style, la construction dramatique sont, comme ils doivent l'être, rigoureusement conçus pour recevoir âme et existence de l'acteur en chair et en os, l'entreprise est radicalement vaine, qui substitue à l'homme son reflet ou son ombre. L'argument est irréfutable. Les réussites de Laurence Olivier, de Welles ou de Cocteau ne peuvent être alors que contestées (mais il y faut de la mauvaise foi) ou inexplicables : un défi à l'esthétique et au philosophe. Aussi bien ne peut-on les élucider qu'en remettant en question ce lieu commun de la critique théâtrale : « l'irremplaçable présence de l'acteur ».

La notion de présence.

Une première série de remarques s'imposeraient d'abord quant au contenu du concept de « présence », car il semble que ce soit cette notion, telle qu'elle pouvait être entendue avant l'apparition de la photographie, que le cinéma vient précisément mettre en cause.

L'image photographique — et singulièrement cinématographique — peut-elle être assimilée aux autres images et, comme elles, distinguée de l'existence de l'objet ? La présence se définit naturellement par rapport au temps et à l'espace. « Être en présence » de quelqu'un, c'est reconnaître qu'il est notre contemporain et constater qu'il se tient dans la zone d'accès naturelle de nos sens (soit, ici, de la vue et, à la radio, de l'ouïe). Jusqu'à l'apparition de la photographie puis du cinéma, les arts plastiques, surtout dans le portrait, étaient les seuls intermédiaires possibles entre la présence concrète et l'absence. La justification en était la ressemblance, qui excite l'imagination et aide la mémoire. Mais la photographie est tout autre chose. Non point l'image d'un objet ou d'un être, mais bien plus exactement sa trace. Sa genèse automatique la distingue radicalement des autres techniques de reproduction. Le photographe procède, par l'intermédiaire de l'objectif, à une véritable prise d'empreinte lumineuse : à un moulage. Comme tel, il emporte avec lui plus que la ressemblance, une sorte d'identité (la carte du même nom n'est concevable que dans l'ère de la photographie). Mais la photographie est une technique infirme dans la mesure où son instantanéité l'oblige à ne saisir le temps qu'en coupe. Le cinéma réalise l'étrange paradoxe de se mouler sur le temps de l'objet et de prendre par surcroît l'empreinte de sa durée.

Le XIXe siècle, avec ses techniques objectives de reproductions visuelles et sonores, a fait apparaître une nouvelle catégorie d'images ; leurs rapports avec la réalité dont elles procèdent demanderaient à être rigoureusement définis. Sans compter que les problèmes esthétiques qui en dérivent directement ne sauraient être convenablement posés sans cette opération philosophique préalable, il y a quelque imprudence à traiter d'anciens faits esthétiques comme si les catégories qu'ils intéressent n'étaient en rien modifiées par l'apparition de phénomènes absolument neufs. Le sens commun — peut-être meilleur philosophe en ces matières — l'a bien compris, qui a créé une expression pour signifier la présence d'un acteur en ajoutant à l'affiche « en chair et en os ». C'est que pour lui le mot « présence » prête aujourd'hui à équivoque et qu'un pléonasme n'est pas de trop au temps du cinématographe. Ainsi n'est-il pas désormais si sûr qu'il n'y ait nul intermédiaire concevable entre la présence et l'absence. C'est également au niveau de l'ontologie que l'efficacité du cinéma prend sa source. Il est faux de dire que l'écran soit absolument impuissant à nous mettre « en présence » de l'acteur. Il le fait à la manière d'un miroir (dont on accordera qu'il relaie la présence de ce qui s'y reflète) mais d'un miroir au reflet différé, dont le tain retiendrait l'image [1]. Il est vrai qu'au théâtre Molière peut agoniser sur la scène et que nous avons le privilège de vivre dans le temps biographique de l'acteur ; mais nous assistons bien dans le film *Manolete* à la mort authentique du célèbre torero, et si notre émotion n'est pas tout à fait aussi forte que si nous avions été dans l'arène en cet instant historique, elle est pourtant de même nature. Ce que nous perdons du témoignage direct, ne le regagnons-nous pas grâce à la proximité artificielle que permet le grossissement de la caméra ? Tout se passe comme si dans le paramètre Temps-Espace qui définit la présence, le cinéma ne nous restituait effectivement qu'une durée affaiblie, diminuée mais non réduite à zéro, cependant que la multiplication du facteur spatial rétablirait l'équilibre de l'équation psychologique.

A tout le moins ne saurait-on opposer cinéma et théâtre sur cette seule notion de présence, sans rendre compte au préalable de ce qu'il en subsiste à l'écran et que philosophes et esthéticiens n'ont encore guère éclairci. Nous ne l'entreprendrons pas ici, car même dans la compréhension classique que lui prête, avec d'autres, Henri Gouhier, la « présence » ne nous paraît pas recéler en dernière analyse l'essence ultime du théâtre.

---

1. La Télévision vient naturellement ajouter une variété nouvelle aux « pseudo-présences » issues des techniques scientifiques de reproduction inaugurées par la photographie. Sur le petit écran, dans les émissions « en direct », l'acteur est cette fois même temporellement et spatialement présent. Mais la relation de réciprocité acteur-spectateur est coupée dans un sens. Le spectateur voit sans être vu : il n'y a pas de retour. Le théâtre télévisé semblerait donc participer à la fois du théâtre et du cinéma. Du théâtre par la présence de l'acteur au spectateur, mais du cinéma par la non-présence du second au premier. Néanmoins cette non-présence n'est pas véritable absence, car l'acteur de télévision a conscience des millions d'yeux et d'oreilles virtuellement représentés par la caméra électronique. Cette présence abstraite se révèle particulièrement quand l'acteur trébuche sur son texte. Pénible au théâtre, cet incident est intolérable à la T. V., car le spectateur qui ne peut rien pour lui prend conscience de la solitude contre nature de l'acteur. A la scène, dans les mêmes circonstances, une manière de complicité se crée avec la salle qui vient au secours de l'acteur en difficulté. Cette relation en retour est impossible à la T. V.

Opposition et identification.

Une introspection sincère des plaisirs théâtral et cinématographique, dans ce qu'ils ont de moins intellectuel, de plus direct, nous contraint à reconnaître dans la joie que nous laisse la scène, le rideau tombé, je ne sais quoi de plus tonique et, avouons-le, de plus noble — ou peut-être faudrait-il dire de plus moral — que la satisfaction qui suit un bon film. Il semblerait que nous en tirions une meilleure conscience. En un certain sens, pour le spectateur, c'est comme si tout théâtre était cornélien. De ce point de vue, on pourrait dire qu'aux meilleurs films « il manque quelque chose ». C'est comme si un dévoltage inévitable, quelque mystérieux court-circuit esthétique nous privait au cinéma d'une certaine tension décidément propre à la scène. Si mince que soit cette différence, elle existe, fut-ce entre une mauvaise interprétation de patronage et la plus brillante interprétation cinématographique de Laurence Olivier. Cette constatation n'a rien que de banal et la survivance du théâtre à cinquante ans de cinéma et aux prophéties de Marcel Pagnol en fournit déjà une preuve expérimentale suffisante.

Au principe du désenchantement qui suit le film on pourrait sans doute déceler un processus de dépersonnalisation du spectateur. Ainsi que l'écrivait Rosenkrantz en 1937 [1], dans un article, pour son époque, profondément original, « les personnages de l'écran sont tout naturellement des objets d'identification, alors que ceux de la scène sont bien plutôt des objets d'opposition mentale, parce que leur présence effective leur donne une réalité objective et que pour les transposer en objets d'un monde imaginaire la volonté active du spectateur doit intervenir, la volonté de faire abstraction de leur réalité physique. Cette abstraction est le fruit d'un processus de l'intelligence qu'on ne peut demander qu'à des individus pleinement conscients ». Le spectateur de cinéma tend à s'identifier au héros par un processus psychologique qui a pour conséquence de constituer la salle en « foule » et d'uniformiser les émotions : « De même qu'en algèbre, si deux grandeurs sont respectivement égales à une troisième, elles sont égales entre elles,

1. In *Esprit.*

on pourrait dire : si deux individus s'identifient à un troisième, ils s'identifient l'un à l'autre. » Prenons l'exemple significatif de girls à la scène et à l'écran. A l'écran, leur apparition satisfait des aspirations sexuelles inconscientes ; et quand le héros vient en contact avec elles il satisfait au désir du spectateur dans la mesure où celui-ci s'est identifié au héros. A la scène, les girls éveillent les sens du spectateur tout comme la réalité le ferait. De sorte que l'identification avec le héros ne se produit pas. Celui-ci devient un objet de jalousie et d'envie. En somme Tarzan n'est concevable qu'au cinéma. Le cinéma apaise le spectateur, le théâtre l'excite. Le théâtre, même lorsqu'il fait appel aux instincts les plus bas, empêche jusqu'à un certain point la formation d'une mentalité de foule [1], il entrave la représentation collective au sens psychologique, car il exige une conscience individuelle active, alors que le film ne demande qu'une adhésion passive.

Ces vues éclairent d'un jour nouveau le problème de l'acteur. Elles le font descendre de l'ontologie à la psychologie. C'est dans la mesure où le cinéma favorise le processus d'identification au héros qu'il s'oppose au théâtre. Ainsi posé, le problème ne serait plus radicalement insoluble, car il est constant que le cinéma dispose de procédés de mise en scène qui favorisent la passivité ou au contraire excitent plus ou moins la conscience. Inversement, le théâtre peut chercher à atténuer l'opposition psychologique entre le spectateur et le héros. Théâtre et cinéma ne seraient donc plus séparés par un fossé esthétique infranchissable, ils tendraient seulement à susciter deux attitudes mentales sur lesquelles les metteurs en scène gardent un large contrôle.

A l'analyser de près, le plaisir théâtral ne s'opposerait pas seulement à celui du cinéma, mais tout aussi bien à celui du roman. Le lecteur de roman physiquement solitaire comme l'est, psychologiquement, le spectateur des salles obscures, s'identifie aux personnages [2] et c'est pourquoi il éprouve, lui aussi, après une longue lecture, la même ivresse d'une intimité douteuse avec les héros. Il y a incontestablement dans le plaisir du roman, autant qu'au cinéma,

---

1. Foule et solitude ne sont pas antinomiques : la salle de cinéma constitue une foule d'individus solitaires. Foule doit être entendue ici comme le contraire d'une communauté organique, volontairement choisie.

2. Cf. Cl. E. Magny, *L'âge du roman américain* (Éd. du Seuil).

une complaisance à soi-même, une concession à la solitude, une sorte de trahison de l'action par le refus d'une responsabilité sociale.

L'analyse du phénomène peut d'ailleurs être aisément reprise d'un point de vue psychanalytique. N'est-il pas significatif que le psychiatre ait repris ici le terme de *catharsis* à Aristote ? Les recherches pédagogiques modernes relatives au « psycho-drame » semblent bien ouvrir les aperçus féconds sur les processus cathartiques du théâtre. Elles utilisent en effet l'ambiguïté existant encore chez l'enfant entre les notions de jeu et de réalité, pour amener le sujet à se libérer, dans l'improvisation théâtrale, des refoulements dont il souffre. Cette technique revient à créer une sorte de théâtre incertain où le jeu est sérieux et l'acteur son propre spectateur. L'action qui s'y développe n'est pas encore scindée par la rampe, laquelle est de toute évidence la symbolique architecturale de la censure qui nous sépare de la scène. Nous déléguons Œdipe pour agir en nos lieux et place de l'autre côté de ce mur de feu, cette brûlante frontière du réel et de l'imaginaire qui autorise les monstres dionysiaques et nous protège contre eux [1]. Les fauves sacrés ne franchiront pas cette page de lumière, hors de laquelle ils sont à nos yeux incongrus et sacrilèges (l'espèce de respect inquiétant qui auréole encore l'acteur maquillé quand nous l'allons voir dans sa loge, comme une phosphorescence). Qu'on n'objecte pas que le théâtre n'eut pas toujours de rampe. Celle-ci n'est qu'un symbole, avant elle il y en eut d'autres, depuis le cothurne et le masque. Au XVIIe siècle, l'accession des petits marquis au plateau ne niait pas la rampe, elle la confirmait bien plutôt par une sorte de violation privilégiée, de même qu'aujourd'hui à Broadway quand Orson Welles disperse dans la salle des acteurs pour tirer des coups de revolver sur le public, il n'anéantit pas la rampe, il passe de l'autre côté. Les règles du jeu sont aussi faites pour être violées, on attend de certains joueurs qu'ils trichent [2].

1. Cf. P. A. Touchard, *Dionysos* (Éd. du Seuil).

2. Un dernier exemple prouvant que la présence ne constitue le théâtre qu'autant qu'il s'agit de jeu. Chacun a expérimenté à ses dépens ou à ceux des autres la situation pénible qui consiste à être observé à son insu ou simplement malgré soi. Les amoureux qui s'embrassent sur les bancs publics sont un spectacle pour les passants mais ils n'en ont cure. Ma concierge, qui a le sens du mot juste, dit en les regardant qu' « on est au cinéma ».

Par rapport à l'objection de la présence, et à elle seule, le théâtre et le cinéma ne seraient donc pas en opposition essentielle. Ce qui est en cause, ce sont bien plutôt deux modalités psychologiques du spectacle. Le théâtre se construit bien sur la conscience réciproque de la présence du spectateur et de l'acteur, mais aux fins du jeu. Il agit en nous par participation ludique à une action, à travers la rampe et comme sous la protection de sa censure. Au cinéma au contraire, nous contemplons solitaires, cachés dans une chambre noire, à travers des persiennes entrouvertes, un spectacle qui nous ignore et qui participe de l'univers. Rien ne vient s'opposer à notre identification imaginaire au monde qui s'agite devant nous, qui devient *le Monde*. Ce n'est plus sur le phénomène de l'acteur en tant que personne physiquement présente qu'il y a intérêt à concentrer l'analyse, mais sur l'ensemble des conditions du « jeu théâtral » qui arrache au spectateur sa participation active. Nous allons voir qu'il s'agit alors bien moins de l'acteur et de sa « présence » que de l'homme et du décor.

L'envers du décor.

Il n'est de théâtre que de l'homme, mais le drame cinématographique peut se passer d'acteurs. Une porte qui bat, une feuille dans le vent, les vagues qui lèchent une plage peuvent accéder à la puissance dramatique. Quelques-uns des chefs-d'œuvre du cinéma n'utilisent l'homme qu'accessoirement : comme un comparse, ou en contrepoint de la nature qui constitue le véritable personnage central. Même si dans *Nanouk* ou *Man of Aran* la lutte de l'homme et de la nature est le sujet du film, elle ne saurait être comparée à une action théâtrale, le point d'appui du levier dramatique n'est pas dans l'homme mais dans les choses. Comme l'a dit, je crois, Jean-Paul Sartre, au théâtre le drame part de

---

Chacun s'est parfois trouvé dans l'obligation vexante de procéder devant témoin à une action ridicule. Une honte rageuse nous envahit alors, qui est tout le contraire de l'exhibitionnisme théâtral. Celui qui regarde par le trou de la serrure n'est pas au théâtre ; Cocteau a justement démontré dans *Le Sang d'un poète* qu'il était déjà au cinéma. Et pourtant il s'agit bien de spectacles, les protagonistes sont devant nous en chair et en os, mais l'une des deux parties n'en sait rien ou le subit contre son gré : « Ce n'est pas de jeu ».

l'acteur, au cinéma, il va du décor à l'homme. Cette inversion des courants dramatiques est d'une importance décisive, elle intéresse l'essence même de la mise en scène.

Il y faut voir l'une des conséquences du réalisme photographique. Certes, si le cinéma utilise la nature, c'est qu'il le peut : la caméra offre au metteur en scène toutes les ressources du microscope et du télescope. Les dernières fibres d'une corde qui vont céder, aussi bien qu'une armée tout entière à l'assaut d'une colline, sont des événements désormais à notre portée. Les causes et les effets dramatiques n'ont plus, pour l'œil de la caméra, de limites matérielles. Le drame est, par elle, affranchi de toute contingence de temps et d'espace. Mais cette libération des pouvoirs dramatiques tangibles n'est encore qu'une cause esthétique seconde qui n'expliquerait pas radicalement le renversement des valeurs entre l'homme et le décor. Car il arrive enfin que le cinéma se prive volontairement des recours possibles au décor et à la nature — nous en avons vu précisément l'exemple dans *Les Parents terribles* — quand le théâtre, au contraire, utilise une machinerie complexe pour donner au spectateur l'illusion de l'ubiquité. *La Passion de Jeanne d'Arc* de Carl Dreyer, tout entière en gros plan, dans le décor presque invisible (et d'ailleurs théâtral) de Jean Hugo, est-elle moins cinématographique que *La Chevauchée fantastique* ? Il apparaît donc que la quantité ne fait rien à l'affaire, non plus que la similitude avec certains décors de théâtre. Le décorateur ne concevra pas de façon sensiblement différente la chambre de *La Dame aux camélias* pour la scène et pour l'écran. Il est vrai qu'au cinéma nous aurons peut-être des gros plans du mouchoir taché de sang. Mais une mise en scène théâtrale habile saura bien, elle aussi, jouer de la toux et du mouchoir. Tous les gros plans des *Parents terribles* sont, en fait, repris du théâtre où notre attention les isolait spontanément. Si la mise en scène cinématographique ne se distinguait de l'autre que parce qu'elle autorise une plus grande proximité du décor et son utilisation plus rationnelle, il n'y aurait plus en vérité de raisons de continuer à faire du théâtre et Pagnol serait un prophète ; car nous voyons bien que les quelques mètres carrés du décor de Vilar pour *La Danse de mort* apportaient autant au drame que l'île où fut tourné le film, d'ailleurs excellent, de Marcel Cravenne.

C'est que le problème ne réside pas dans le décor en lui-même, mais dans sa nature et dans sa fonction. Il nous faut élucider maintenant une notion spécifiquement théâtrale : celle de lieu dramatique.

Il ne saurait exister de théâtre sans architecture, qu'elle soit le parvis de la cathédrale, les arènes de Nîmes, le palais des Papes, le tréteau forain, l'hémicycle, comme décoré par un Bérard en délire, du théâtre de Vicence, ou l'amphithéâtre rococo d'une salle des Boulevards. Jeu ou célébration, le théâtre ne peut par essence se confondre avec la nature, sous peine de s'y dissoudre et de cesser d'être. Fondé sur la conscience réciproque des participants en présence, il a besoin de s'opposer au reste du monde comme le jeu à la réalité, la complicité à l'indifférence, la liturgie à la vulgarité de l'utile. Le costume, le masque ou le fard, le style du langage, la rampe concourent plus ou moins à cette distinction, mais le signe le plus évident en est la scène, dont l'architecture a varié sans cesser pourtant de définir un espace privilégié, réellement ou virtuellement distinct de la nature. C'est par rapport à ce lieu dramatique localisé que le désor existe ; il contribue simplement, et plus ou moins, à le distinguer, à le spécifier. Mais quel qu'il soit, le décor constitue les parois de cette boîte à trois pans, ouverte sur la salle, qu'est la scène. Ces fausses perspectives, ces façades, ces bosquets ont un envers de toile, de clous et de bois. Nul n'ignore que l'acteur qui se « retire dans ses appartements » — côté cour ou côté jardin — va en réalité se démaquiller dans sa loge ; ces quelques mètres carrés de lumière et d'illusion sont entourés de machinerie et de coulisses dont les labyrinthes cachés, mais connus, ne gênent nullement le plaisir du spectateur qui joue le jeu.

Parce qu'il n'est qu'un élément de l'architecture scénique le décor de théâtre est donc un lieu matériellement clos, limité, circonscrit, dont les seules « découvertes » sont celles de notre imagination consentante. Ses apparences sont tournées vers l'intérieur, face au public et à la rampe ; il existe par son envers et son absence d'au-delà, comme la peinture par son cadre [1]. De même que le tableau ne se

1. L'illustration historique idéale de cette théorie de l'architecture théâtrale dans ses rapports avec la scène et le décor nous a été fournie par le Palladio avec l'extraordinaire théâtre olympique de Vicence ramenant l'ancien amphithéâtre antique, encore ouvert sur le ciel, à un pur trompe-l'œil architectural. Il n'est pas jusqu'à l'abord même de la salle qui ne cons-

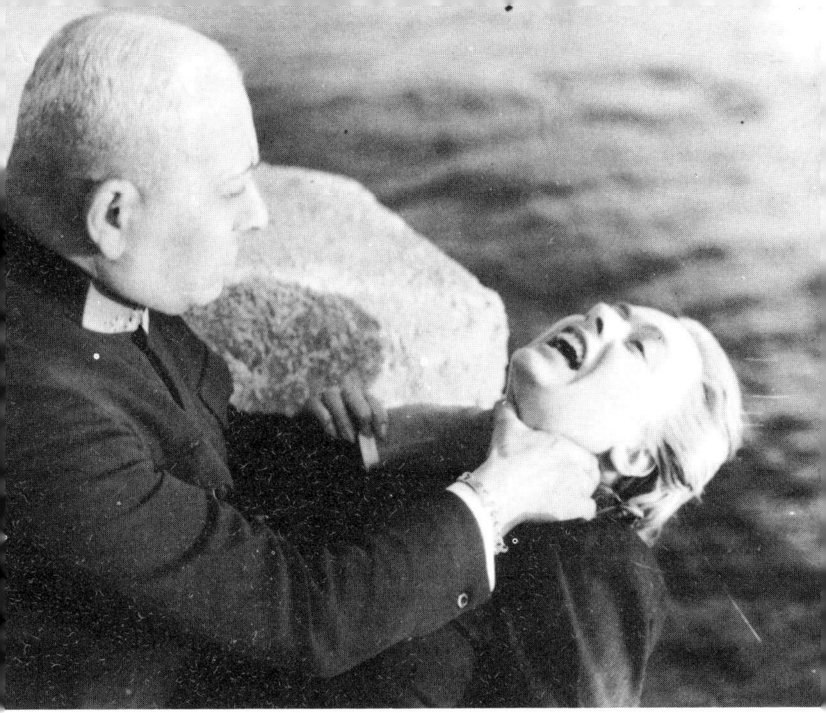

Eric von Stroheim dans *La Danse de mort*, de Marcel Cravenne : le problème ne réside pas dans le décor en lui-même (ici une île), mais dans sa nature et sa fonction.
[Photo Corona.]

titue déjà une affirmation de son essence architecturale. Construit en 1590, à l'intérieur d'une ancienne caserne offerte par la ville, le théâtre olympique n'offre à l'espace extérieur que de grands murs nus de brique rouge, c'est-à-dire une architecture purement utilitaire et qu'on peut dire « amorphe » au sens où les chimistes distinguent l'état amorphe de l'état cristallisé d'un même corps. Le visiteur qui entre comme par un trou dans la falaise n'en croit pas ses yeux quand il tombe tout à coup dans l'extraordinaire grotte sculptée qui constitue l'hémicycle théâtral. Comme ces géodes de quartz ou d'améthyste qui ressemblent de l'extérieur à de vulgaires galets mais dont l'espace du dedans est fait d'un enchevêtrement de purs cristaux secrètement orientés vers l'intérieur, le théâtre de Vicence est conçu selon les lois d'un espace esthétique et artificiel exclusivement polarisé vers le centre.

confond point avec le paysage qu'il représente, qu'il n'est pas non plus une fenêtre dans un mur, la scène et le décor où l'action se déroule sont un microcosme esthétique inséré de force dans l'univers mais essentiellement hétérogène à la Nature qui les entoure.

Il en va autrement au cinéma dont le principe est de nier toute frontière à l'action. Le concept de lieu dramatique n'est pas seulement étranger, mais essentiellement contradictoire à la notion d'écran. L'écran n'est pas un cadre comme celui du tableau, mais un *cache* qui ne laisse percevoir qu'une partie de l'événement. Quand un personnage sort du champ de la caméra, nous admettons qu'il échappe au champ visuel, mais il continue d'exister identique à lui-même en un autre point du décor, qui nous est caché. L'écran n'a pas de coulisses, il ne saurait en avoir sans détruire son illusion spécifique, qui est de faire d'un revolver ou d'un visage le centre même de l'univers. A l'opposé de celui de la scène, l'espace de l'écran est centrifuge.

C'est parce que l'infini dont le théâtre a besoin ne saurait être spatial qu'il ne peut qu'être celui de l'âme humaine. Cerné par cet espace clos, l'acteur est au foyer d'un double miroir concave. De la salle et du décor convergent sur lui les feux obscurs des consciences et les lumières de la rampe. Mais ce feu dont il brûle est aussi celui de sa propre passion et de son point focal ; il allume en chaque spectateur une flamme complice. Comme l'océan dans le coquillage, l'infini dramatique du cœur humain gronde et se répercute entre les parois de la sphère théâtrale. C'est pourquoi cette dramaturgie est d'essence humaine, l'homme en est la cause et le sujet.

A l'écran l'homme cesse d'être le foyer du drame pour devenir (éventuellement) le centre d'un univers. Le choc de son action peut y développer ses ondes à l'infini ; le décor qui l'entoure participe de l'épaisseur du monde. Aussi bien, comme tel, l'acteur peut en être absent, car l'homme n'y jouit à priori d'aucun privilège sur la bête ou la forêt. Cependant rien n'exclut qu'il soit le principal et l'unique ressort du drame (comme dans la *Jeanne d'Arc* de Dreyer) et en cela le cinéma peut fort bien se superposer au théâtre. En tant qu'action, celle de *Phèdre* ou du *Roi Lear* n'est pas moins cinématographique que théâtrale et la mort visible d'un lapin dans *La Règle du jeu* nous atteint tout autant que celle, racontée, du petit chat d'Agnès.

Mais si Racine, Shakespeare ou Molière ne supportent pas d'être portés au cinéma par un simple enregistrement plastique et sonore, c'est que le traitement de l'action et le style du dialogue ont été conçus en fonction de leur écho sur l'architecture de la salle. Ce que ces tragédies ont de spécifiquement théâtral, ce n'est pas tant leur action que la priorité humaine, donc verbale, donnée à l'énergie dramatique.

Le problème du théâtre filmé, du moins pour les œuvres classiques, ne consiste pas tant à transposer une « action » de la scène à l'écran, qu'à transporter un texte d'un système dramaturgique dans un autre, en lui conservant pourtant son efficacité. Ce n'est donc pas essentiellement l'action de l'œuvre théâtrale qui résiste au cinéma, mais, par-delà les modalités de l'intrigue, qu'il serait peut-être aisé d'adapter à la vraisemblance de l'écran, la forme verbale que les contingences esthétiques ou les préjugés culturels nous obligent de respecter. C'est elle qui se refuse à se laisser prendre dans la fenêtre de l'écran. « Le théâtre, écrit Baudelaire, c'est le lustre. » S'il fallait opposer un autre symbole à l'objet artificiel cristallin, brillant, multiple et circulaire, qui réfracte les lumières autour de son centre et nous retient captifs dans son auréole, nous dirions que le cinéma c'est la petite lampe de l'ouvreuse qui traverse comme une comète incertaine la nuit de notre rêve éveillé : l'espace diffus, sans géométrie et sans frontières, qui cerne l'écran.

L'histoire des échecs et des récentes réussites du théâtre filmé sera donc celle de l'habileté des metteurs en scène quant aux moyens de retenir l'énergie dramatique dans un milieu qui la réfléchisse ou, du moins, lui donne assez de résonance pour qu'elle soit encore perçue par le spectateur de cinéma. C'est-à-dire d'une esthétique, non point tant de l'acteur, que du décor et du découpage.

On comprend dès lors que le théâtre filmé soit radicalement voué à l'échec quand il se ramène, de près ou de loin, à une photographie de la représentation scénique, même et surtout quand la caméra cherche à nous faire oublier la rampe et les coulisses. L'énergie dramatique du texte, au lieu de revenir à l'acteur, va se perdre sans écho dans l'éther cinématographique. Ainsi s'explique qu'une pièce filmée puisse respecter un texte, être bien jouée dans des décors vraisemblables et nous paraître totalement anéantie. C'est le cas, pour reprendre cet exemple commode, du *Voyageur sans bagages*. La pièce gît devant nous, apparemment identique à elle-même, mais vidée de toute énergie, comme un accumulateur déchargé par une invisible prise de terre.

Mais par delà l'esthétique du décor, à la scène et à l'écran, nous voyons bien qu'en dernière analyse le problème posé est celui du réalisme. Aussi bien s'y trouve-t-on toujours ramené quand on parle de cinéma.

L'écran et le réalisme de l'espace.

De la nature photographique du cinéma il est en effet aisé de conclure à son réalisme. Loin que l'existence d'un merveilleux ou d'un fantastique de cinéma vienne infirmer le réalisme de l'image, elle en est la plus probante des contre-épreuves. L'illusion n'est point fondée au cinéma, comme au théâtre, sur des conventions tacitement admises par le public, mais au contraire sur le réalisme imprescriptible de ce qui lui est montré. Le trucage y doit être matériellement parfait : l' « homme invisible » porter des pyjamas et fumer la cigarette.

En faut-il conclure que le cinéma est voué à la seule représentation, sinon de la réalité naturelle, du moins d'une réalité vraisemblable dont le spectateur admette l'identité avec la nature, telle qu'il la connaît ? Le relatif échec esthétique de l'expressionnisme allemand confirmerait cette hypothèse, car l'on voit bien justement que *Caligari* a voulu se soustraire au réalisme du décor sous l'influence du théâtre et de la peinture. Mais ce serait apporter une solution simpliste à un problème qui admet des réponses plus subtiles. Nous sommes prêts à admettre que l'écran s'ouvre sur un univers artificiel, pourvu qu'il existe un commun dénominateur entre l'image cinématographique et le monde où nous vivons. Notre expérience de l'espace constitue l'infrastructure de notre conception de l'univers. Transformant la formule d'Henri Gouhier : « La scène accueille toutes les illusions, sauf celle de la présence », on pourrait dire : « On peut vider l'image cinématographique de toute réalité, sauf d'une : celle de l'espace. »

Toute, c'est peut-être trop dire, car on ne saurait sans doute concevoir une reconstruction de l'espace, pure de toute référence à la nature. L'univers de l'écran ne peut se juxtaposer au nôtre, il s'y substitue nécessairement puisque le concept même d'univers est spatialement exclusif. Pour un temps, le film est l'Univers, le Monde, ou si l'on veut, la Nature. On reconnaîtra que tous les films ayant essayé de substituer une nature fabriquée et un univers artificiel au monde de notre expérience n'y ont pas également réussi. Admis les échecs de *Caligari* et des *Niebelungen*, on se demande d'où vient l'incontestable succès de *Nosfératu* et de *La Passion de Jeanne d'Arc* (le critère du succès étant que ces derniers films n'ont pas vieilli). Il semble pourtant, de prime abord, que les procédés de mise en scène appartiennent à la même famille esthétique, et que, sous les variétés de tempérament ou d'époque, on puisse classer ces quatre films, à l'opposé du « réalisme », dans un certain « expressionisme ». Mais si l'on veut bien y regarder de plus près, on s'apercevra qu'il existe entre eux des différences essentielles. Elles sont évidentes en ce qui concerne R. Wiene et Murnau. *Nosfératu* se déroule le plus souvent en décor naturel, tandis que le fantastique de *Caligari* s'efforce de naître des déformations de la lumière et du décor. Le cas de la *Jeanne d'Arc* de Dreyer est plus subtil, car la part de la nature y peut d'abord sembler inexistante. Pour être plus discret, le décor de Jean Hugo n'est guère moins artificiel et théâtral que celui qui est utilisé dans *Caligari* ; l'emploi systématique du gros plan et des angles rares est bien fait pour achever de détruire l'espace. Les familiers des ciné-clubs savent qu'on ne manque jamais de raconter, avant la projection du film de Dreyer, la fameuse histoire des cheveux de Falconetti réellement coupés pour les besoins de la cause, et qu'on mentionne aussi l'absence de maquillage des acteurs. Mais ces rappels historiques ne dépassent pas d'ordinaire l'intérêt de l'anecdote. Or, ils me semblent recéler le secret esthétique du film ; celui-là même qui lui vaut sa pérennité. C'est par eux que l'œuvre de Dreyer cesse de rien avoir de commun avec le théâtre, et même pourrait-on dire, avec l'homme. Plus il recourait exclusivement à l'expression humaine, plus Dreyer devait la reconvertir en nature. Qu'on ne s'y trompe pas, cette prodigieuse fresque de têtes est le contraire même du film d'acteurs : c'est un documentaire de visages. Il n'est pas important que les interprètes « jouent » bien, en revanche la verrue de l'évêque Cauchon ou les taches de rousseur de Jean d'Yd sont partie intégrante de l'action. Dans ce drame vu au microscope la nature tout entière palpite sous chaque pore de la peau. Le déplacement d'une ride, le pincement d'une lèvre sont les secousses sismiques et les marées, le flux et le reflux de cette écorce humaine. Mais la suprême intelligence cinématographique de Dreyer, je la verrais volontiers dans la scène d'extérieur que tout autre n'aurait pas manqué de tourner en studio. Le décor construit évoque assurément un moyen âge de théâtre et de miniatures. En un sens, rien de moins réaliste que ce tribunal au cimetière ou cette porte à pont-levis, mais tout est éclairé par la lumière du soleil et le fossoyeur jette par-dessus son trou une pelletée de vraie terre [1]. Ce sont ces détails « secondaires » et apparemment contraires à l'esthétique générale de l'œuvre qui lui confèrent pourtant sa nature cinématographique.

Si le paradoxe esthétique du cinéma réside dans une dialectique du concret et de l'abstrait, l'obligation pour l'écran de signifier par le seul intermédiaire du réel, il est d'autant plus important de discerner les éléments de la mise en scène qui confirment la notion de réalité naturelle et ceux qui la détruisent. Or c'est assurément une vue grossière que de subordonner le sentiment de réalité à l'accumulation des faits réels. On peut tenir *Les Dames du Bois de Boulogne* pour un film éminemment réaliste bien que tout ou presque tout y soit stylisé. Tout : sauf le bruit insignifiant d'un essuie-glace, le murmure d'une cascade ou le chuintement de la terre qui s'échappe d'une potiche brisée. Ce sont ces bruits, d'ailleurs soigneusement choisis pour leur indifférence à l'action, qui en garantissent la vérité.

Le cinéma étant par essence une dramaturgie de la nature, il ne peut y avoir cinéma sans construction d'un espace ouvert, se substituant à l'univers au lieu de s'y inclure. Ce sentiment d'espace, l'écran ne saurait nous en donner l'illusion sans recourir à certaines garanties naturelles. Mais c'est moins une question de construction de décor, d'architecture ou d'immensité, que d'isolement du catalyseur esthétique qu'il pourra suffire d'introduire à dose

---

1. C'est pourquoi je tiens pour fautes graves de Laurence Olivier dans *Hamlet* les scènes du cimetière et de la mort d'Ophélie. Il avait là l'occasion d'introduire le soleil et la terre en contrepoint du décor d'Elseneur. En avait-il entrevu la nécessité avec l'image véritable de la mer pendant le monologue d'Hamlet ? L'idée, excellente en elle-même, n'est pas, techniquement, parfaitement exploitée.

Macbeth. Avec ses rochers de carton-pâte, Orson Welles est parvenu à rendre au décor une opacité dramatique tout en respectant son réalisme naturel.

[Photo Republic Pictures.]

infinitésimale dans la mise en scène, pour qu'elle précipite totalement en « nature ». La forêt de béton des *Niebelungen* a beau paraître infinie, nous ne croyons pas à son espace quand le frémissement d'une simple branche de bouleau dans le vent, sous le soleil, pourrait suffire à évoquer toutes les forêts du monde.

Si cette analyse est fondée, on voit que le problème esthétique primordial, dans la question du théâtre filmé, est bien celui du décor. La gageure que doit tenir le metteur en scène est celle de la reconversion d'un espace orienté vers la seule dimension intérieure, du lieu clos et conventionnel du jeu théâtral en une fenêtre sur le monde.

Ce n'est pas dans le *Hamlet* de Laurence Olivier que le texte paraît superflu ou affaibli par les paraphrases de la mise en scène, moins encore dans le *Macbeth* de Welles, mais paradoxalement dans les mises en scène de Gaston Baty, précisément dans la mesure où celles-ci s'ingénient à créer sur scène un espace cinématographique, à nier l'envers du décor, réduisant ainsi la sonorité du texte aux seules vibrations de la voix de l'acteur, privée de sa caisse de résonance comme un violon réduit à ses cordes. On ne saurait nier que l'essentiel au théâtre ne soit le texte. Celui-ci conçu pour l'expression anthropocentrique de la scène et chargé de suppléer à lui seul la nature, ne peut, sans perdre sa raison d'être, se déployer dans un espace transparent comme le verre. Le problème qui se pose au cinéaste est donc de rendre à son décor une opacité dramatique, tout en respectant son réalisme naturel. Résolu ce paradoxe de l'espace, le metteur en scène, loin de craindre de transporter à l'écran les conventions théâtrales et les servitudes du texte, retrouve au contraire toute liberté de s'appuyer sur elles. A partir de là, il n'est plus question de fuir ce qui « fait théâtre », mais éventuellement même de l'accuser par le refus des facilités cinématographiques comme Cocteau dans *Les Parents terribles* et Welles dans *Macbeth*, ou encore par une mise en italique de la partie théâtrale, comme Laurence Olivier dans *Henry V*. L'évident retour au théâtre filmé auquel nous assistons depuis dix ans s'inscrit essentiellement dans l'histoire du décor et du découpage ; elle est une conquête du réalisme ; non pas, bien sûr, du réalisme du sujet ou de l'expression, mais de ce réalisme de l'espace sans quoi la photographie animée ne fait pas le cinéma.

Une analogie du jeu.

Ce progrès n'a été possible qu'autant que l'opposition théâtre-cinéma ne reposait pas sur la catégorie ontologique de la présence, mais sur une psychologie du jeu. De l'une à l'autre, on passe de l'absolu au relatif, de l'antinomie à la simple contradiction. Si le cinéma ne peut restituer au spectateur la conscience communautaire du théâtre, une certaine science de la mise en scène lui permet enfin — et c'est un facteur décisif — de conserver au texte sens et efficacité. La greffe du texte théâtral sur le décor cinématographique est aujourd'hui une opération qu'on sait réussir. Reste cette conscience de l'opposition active entre le spectateur et l'acteur qui constitue le jeu théâtral et que symbolise l'architecture scénique. Mais elle-même n'est pas tout à fait irréductible à la psychologie cinématographique.

L'argumentation de Rosenkrantz sur l'opposition et l'identification appellerait en effet une correction importante. Elle comporte encore une part d'équivoque, entretenue par l'état du cinéma à son époque, mais de plus en plus dénoncée par l'évolution actuelle. Rosenkrantz semble faire de l'identification le synonyme nécessaire de passivité et d'évasion. En réalité, le cinéma mythique et onirique n'est plus qu'une variété de production de moins en moins majoritaire. Il ne faut point confondre une sociologie accidentelle et historique avec une psychologie inéluctable ; deux mouvements de la conscience du spectateur, convergents mais non point solidaires. Je ne m'identifie pas de la même façon à Tarzan et au curé de campagne. Le seul dénominateur commun à mon attitude devant ces héros, c'est que je crois à leur existence réellement, que je ne puis refuser, faute de participer au film, d'être inclus dans leur aventure, de la vivre avec eux de l'intérieur même de leur univers, « univers » non pas métaphorique et figuré mais spatialement réel. Cette intériorité n'exclut pas, dans le second exemple, une conscience de moi-même distincte du personnage que j'accepte d'aliéner dans le premier. Ces facteurs d'origine affective ne sont pas les seuls à pouvoir contrarier l'identification passive ; des films comme *Espoir* ou *Citizen Kane* exigent du spectateur une vigilance intellectuelle toute contraire à la passivité. Ce qu'on peut tout au plus avancer, c'est que la psychologie de l'image cinématographique offre une pente naturelle à une sociologie du héros caractérisée par une identification passive ; mais, en art comme en morale, les pentes sont aussi faites pour être remontées. Cependant que l'homme de théâtre moderne cherche souvent à atténuer la conscience du jeu par une sorte de réalisme relatif de la mise en scène (ainsi l'amateur du Grand Guignol joue à avoir peur, mais il conserve au plus fort de l'horrible la conscience délicieuse d'être trompé), le réalisateur de film découvre réciproquement les moyens d'exciter la conscience du spectateur et de provoquer sa réflexion : quelque chose qui serait une opposition au sein d'une identification. Cette zone de conscience privée, ce quant à soi au fort de l'illusion, constituent une sorte de rampe individuelle. Dans le théâtre filmé ce n'est plus le microcosme scénique qui s'oppose à la nature, mais le spectateur qui se fait conscience. Au cinéma, *Hamlet* et *Les Parents terribles* ne peuvent et ne doivent pas échapper aux lois de la perception cinématographique : Elseneur, la Roulotte existent réellement, mais je m'y promène invisible, jouissant de cette liberté équivoque que laissent certains rêves. Je « marche », mais avec du recul,

Certes, cette possibilité de conscience intellectuelle au sein d'une identification psychologique ne saurait être confondue avec l'acte de volonté constitutif du théâtre, et c'est pourquoi il est vain de vouloir identifier, comme le fait Pagnol, la scène et l'écran. Si conscient et intelligent que sache me rendre un film ce n'est pourtant pas à ma volonté qu'il fait appel : tout au plus à ma bonne volonté. Il a besoin de mes efforts pour être compris et goûté, mais non pas pour exister. Pourtant il semble bien, à l'expérience, que cette marge de conscience permise par le cinéma suffise à fonder une équivalence acceptable du plaisir purement théâtral, qu'elle permette en tout cas de conserver l'essentiel des valeurs artistiques de la pièce. Le film, s'il ne peut prétendre à se substituer intégralement à la représentation scénique, est du moins en mesure d'assurer au théâtre une existence artistique valable, de nous offrir un plaisir analogique. Il ne peut, en effet, s'agir que d'une mécanique esthétique complexe, où l'efficacité théâtrale originale n'est presque jamais directe, mais conservée, reconstituée et transmise grâce à un système de relais (par exemple *Henry V*), d'amplification (par exemple *Macbeth*), d'induction ou d'interférence. Le vrai théâtre filmé n'est pas le phonographe, il en est l'onde Martenot.

Moralité.

Ainsi la pratique (certaine) comme la théorie (possible) d'un théâtre filmé réussi, mettent en évidence les raisons

Espoir, de Malraux. Au théâtre le drame part de l'acteur ; au cinéma il va du décor à l'homme. [Photo Filmsonor.]

des anciens échecs. La pure et simple photographie animée du théâtre est une erreur puérile, reconnue depuis trente ans, sur laquelle il ne vaut pas la peine d'insister. L'« adaptation » cinématographique a mis plus longtemps à révéler son hérésie, elle continuera encore à faire des dupes, mais nous savons désormais où elle mène : à des limbes esthétiques qui n'appartiennent ni au théâtre, ni au film, à ce « théâtre filmé » justement dénoncé comme le péché contre l'esprit du cinéma. La vraie solution, enfin entrevue, consistait à comprendre qu'il ne s'agissait pas de faire passer à l'écran l'élément dramatique — interchangeable d'un art à l'autre — d'une œuvre théâtrale, mais inversement, la théâtralité du drame. Le sujet de l'adaptation n'est pas celui de la pièce, c'est la pièce elle-même dans sa spécificité scénique. Cette vérité enfin délivrée va nous permettre de conclure sur trois propositions dont l'abord paradoxal se fait à la réflexion évidence.

1° *Le théâtre à l'aide du cinéma.*

La première, c'est que loin de pervertir le cinéma, le théâtre filmé, justement conçu, ne peut que l'enrichir et l'élever. Quant au fond d'abord. Il n'est hélas que trop certain que la moyenne de la production cinématographique est tout de même intellectuellement très inférieure, sinon à la production dramatique actuelle (car à y inclure Jean de Létraz et Henry Bernstein...), du moins au patrimoine théâtral toujours vivant. Ne serait-ce qu'en raison de l'ancienneté de celui-ci. Notre siècle n'est pas moins celui de Charlot que le XVIIe celui de Racine et de Molière, mais enfin le cinéma n'a qu'un demi-siècle si la littérature théâtrale en a vingt-cinq. Que serait aujourd'hui la scène française, si comme l'écran, elle ne donnait pratiquement asile qu'à la production des dix dernières années? Puisqu'on peut difficilement contester que le cinéma ne traverse une crise de sujets, il ne risque pas grand chose à embaucher des scénaristes comme Shakespeare ou même Feydeau. N'insistons pas, la cause est trop claire.

Elle peut le paraître beaucoup moins quant à la forme. Si le cinéma est un art majeur, qui possède lui aussi ses lois et son langage, que peut-il gagner à se soumettre à ceux d'un art différent ? Beaucoup ! Et justement, dans la mesure où, rompant avec de vaines et puériles tricheries, il se propose vraiment de se soumettre et de servir. Il faudrait, pour l'en justifier pleinement, situer son cas dans une histoire esthétique de l'influence en art. Elle mettrait, pensons-nous, en évidence un commerce décisif entre les techniques artistiques, du moins à un certain stade de leur évolution. Notre préjugé de l' « art pur » est une notion critique relativement moderne. Mais l'autorité même de ces précédents n'est pas indispensable. L'art de la mise en scène, dont nous avons essayé plus haut de révéler le mécanisme dans quelques grands films, plus encore que nos hypothèses théoriques, suppose, de la part du réalisateur, une intelligence du langage cinématographique qui n'a d'égale que celle du fait théâtral. Si le « film d'art » a échoué là où Laurence Olivier et Cocteau ont réussi, c'est d'abord que ceux-ci avaient à leur disposition un moyen d'expression beaucoup plus évolué, mais aussi qu'ils ont su s'en servir encore mieux que leurs contemporains. Dire des *Parents terribles* que c'est peut-être un excellent film mais que « ce n'est pas du cinéma » sous prétexte qu'il suit pas à pas la mise en scène théâtrale, est une critique insensée. Car c'est précisément dans cette mesure qu'il est du cinéma. C'est le *Topaze* (dernière manière) de Marcel Pagnol qui n'est pas du cinéma justement parce qu'il n'est plus du théâtre. Il y a plus de cinéma, et du grand, dans le seul *Henry V* que dans 90 % des films tirés de scénarios originaux. La poésie pure n'est nullement celle qui ne veut rien dire, comme l'a si bien souligné Cocteau ; tous les exemples de l'abbé Bremond sont une illustration du contraire : « la fille de Minos et de Pasiphaé » est une fiche d'état civil. Il y a également une façon, malheureusement encore virtuelle, de dire ce vers à l'écran qui serait du cinéma pur parce qu'elle en respecterait le plus intelligemment possible la portée théâtrale. Plus le cinéma se proposera d'être fidèle au texte, et à ses exigences théâtrales, plus nécessairement il devra approfondir son propre langage. La meilleure traduction est celle qui témoigne de la plus profonde intimité avec le génie des deux langues et de leur plus grande maîtrise.

2° *Le cinéma sauvera le théâtre.*

C'est pourquoi le cinéma rendra sans avarice au théâtre ce qu'il lui aura pris. Si ce n'est déjà fait.

Car si la réussite du théâtre filmé suppose un progrès dialectique de la forme cinématographique, elle implique réciproquement et à fortiori une revalorisation du fait théâtral. L'idée exploitée par Marcel Pagnol selon laquelle le cinéma viendrait remplacer le théâtre en le mettant en conserve, est complètement fausse. L'écran ne peut supplanter la scène comme le piano a éliminé le clavecin.

Et d'abord « remplacer le théâtre » pour qui ? Pas pour le public du cinéma qui l'a depuis longtemps déserté. Le divorce entre le peuple et le théâtre ne date pas, que je sache, de la soirée du Grand Café en 1895. S'agit-il de la minorité de privilégiés de la culture et de l'argent qui constitue l'actuelle clientèle des salles dramatiques ? Mais l'on voit bien que Jean de Létraz n'est pas en faillite et que le

Orson Welles dans son *Macbeth*. L'efficacité théâtrale originale n'est presque jamais directe ; elle est transmise ici grâce à une mécanique esthétique complexe fondée sur l'amplification. [Photo Republic Pictures.]

provincial qui monte à Paris ne confond pas les seins de Françoise Arnoul qu'il a vus sur l'écran et ceux de Nathalie Nattier au Palais-Royal, encore que ces derniers soient voilés d'un soutien-gorge ; mais ils sont, si j'ose dire, « en chair et en os ». Ah ! l'irremplaçable présence de l'acteur ! Quant aux salles « sérieuses », mettons le Marigny ou le Français, il est évident qu'il s'agit en grande partie d'une clientèle qui ne va pas au cinéma et, pour le reste, de spectateurs capables de fréquenter l'un et l'autre sans confondre ses plaisirs. En vérité, s'il y a occupation de terrain, ce n'est point de celui du spectacle théâtral, tel qu'il existe, bien plutôt de la place abandonnée depuis longtemps par les formes défuntes du théâtre populaire. Non seulement le cinéma n'entre pas sérieusement en concurrence avec la scène, mais encore il est en passe de rendre, à un public perdu pour elle, le goût et le sens du théâtre [1].

Il se peut que le « théâtre en conserve » ait contribué un temps à la disparition des tournées de province. Quand Marcel Pagnol tourne *Topaze*, il ne cache pas ses intentions ; fournir sa pièce à la province, pour le prix d'un fauteuil de cinéma, dans une distribution de « classe parisienne ». Il en est souvent ainsi des affiches du boulevard ; leur succès épuisé, le film est distribué à ceux qui n'ont pu voir la pièce. Là où les tournées Baret passaient jadis avec une distribution sans grand éclat, le film offre à meilleur marché les acteurs de la création et des décors plus somptueux encore. Mais l'illusion n'a été pleinement efficace que quelques années et nous voyons renaître aujourd'hui les tournées de province, améliorées par l'expérience. Le public qu'elles retrouvent, blasé par le cinéma sur le luxe de la distribution et de la mise en scène en est, comme on dit, revenu, il attend plus et moins du théâtre. De leur côté les organisateurs des tournées ne peuvent plus se permettre cette décentralisation au rabais à laquelle l'absence de concurrence les inclinait jadis.

Mais la vulgarisation des succès parisiens n'est tout de même pas encore le fin du fin de la renaissance théâtrale, et ce n'est pas le principal mérite de la « concurrence » entre l'écran et la scène. On peut même dire que cette amélioration des tournées provinciales est due au mauvais théâtre filmé. Ce sont ses défauts qui, en écœurant à la longue une partie du public, l'ont rendu au théâtre.

Il en a été de même entre la photographie et la peinture. Celle-ci a dispensé celle-là de ce qui lui était esthétiquement

1. Le cas du T. N. P. nous offre un autre exemple imprévu et paradoxal de soutien du théâtre par le cinéma. Jean Vilar lui-même ne contesterait pas, je suppose, l'aide décisive que constitua pour le succès de l'entreprise la célébrité cinématographique de Gérard Philipe. Ce faisant, du reste, le cinéma se borne à rendre au théâtre une partie du capital emprunté quelque quarante ans plus tôt, à l'époque héroïque où l'industrie du film dans l'enfance et généralement méprisée, trouva dans les célébrités de la scène la caution artistique et le prestige dont il avait besoin pour être pris au sérieux. Les temps, il est vrai, ont vite changé. La Sarah Bernhardt de l'entre-deux-guerres s'appelle Greta Garbo et c'est maintenant le théâtre qui est tout heureux et tout aise de mettre à l'affiche le nom d'une vedette de cinéma.

le moins essentiel : la ressemblance et l'anecdote. La perfection, l'économie et la facilité de la photographie ont finalement contribué à valoriser la peinture, à la confirmer dans son irremplaçable spécificité.

Mais là ne s'est point borné le bénéfice de leur coexistence. Les photographes n'ont pas seulement été les ilotes des peintres. En même temps qu'elle prenait mieux conscience d'elle-même la peinture intégrait la photographie. C'est Degas et Toulouse-Lautrec, c'est Renoir et Manet qui ont compris de l'intérieur, dans son essence, le phénomène photographique (et même prophétiquement : cinématographique). Face à la photographie, ils s'y sont opposés de la seule manière valable, par un enrichissement dialectique de la technique picturale. Ils ont compris, mieux que les photographes et bien avant les cinéastes, les lois de la nouvelle image, et c'est eux d'abord qui les ont appliquées.

Pourtant ce n'est pas tout, et la photographie est en train de rendre aux arts plastiques des services plus décisifs encore. Leur domaine désormais parfaitement connu et délimité, l'image automatique multiplie et rénove notre connaissance de l'image picturale. Malraux a dit là-dessus ce qu'il fallait. Si la peinture a pu devenir l'art le plus individuel, le plus onéreux, le plus indépendant de tout compromis, et en même temps le plus accessible, c'est à la photographie en couleur qu'elle le doit.

Le même processus est applicable au théâtre : le mauvais « théâtre en conserve » a aidé le vrai théâtre à prendre conscience de ses lois. Le cinéma a également contribué à renouveler la conception de la mise en scène théâtrale. Ce sont là résultats désormais bien acquis. Mais il en est un troisième que le bon théâtre filmé permet d'entrevoir : un progrès formidable, aussi bien en extension qu'en compréhension, de la culture théâtrale du grand public. Qu'est-ce donc qu'un film comme *Henri V* ? D'abord Shakespeare pour tous. Mais encore et surtout une lumière éclatante, projetée sur la poésie dramatique de Shakespeare. La plus efficace, la plus éblouissante des pédagogies théâtrales. Shakespeare sort de l'aventure doublement shakespearien. Non seulement l'adaptation de l'œuvre dramatique multiplie son public virtuel, comme les adaptations de romans font la fortune des éditeurs, mais le public est beaucoup mieux préparé qu'avant à la jouissance théâtrale. Le *Hamlet* de Laurence Olivier ne peut évidemment qu'élargir le public du *Hamlet* de Jean-

Louis Barrault et développer son sens critique. De même qu'entre la meilleure des reproductions modernes de tableaux et le plaisir de posséder l'original subsiste une différence irréductible, la vision d'*Hamlet* à l'écran ne peut remplacer l'interprétation de Shakespeare mettons par une troupe d'étudiants anglais. Mais il faut une authentique culture théâtrale pour apprécier la supériorité de la représentation *réelle* par des amateurs, c'est-à-dire pour participer à son jeu.

Or plus le théâtre filmé est réussi, plus il approfondit le fait théâtral pour le mieux servir, plus aussi se révèle l'irréductible différence entre l'écran et la scène. C'est au contraire le « théâtre en conserve » d'un côté et le médiocre théâtre de boulevard de l'autre qui entretiennent la confusion. *Les Parents terribles* ne trompent pas leur monde. Il n'est pas un plan qui ne soit plus efficace que son équivalent scénique, pas un non plus qui ne fasse implicitement allusion à l'indéfinissable supplément de plaisir que m'aurait dispensé la représentation réelle. Il ne saurait y avoir de meilleure propagande pour le vrai théâtre que le bon théâtre filmé. Toutes ces vérités sont désormais indiscutables et il serait ridicule de m'y être autant attardé si le mythe du « théâtre filmé » ne subsistait encore trop souvent sous forme de préjugés, de malentendus et de conclusions toutes faites.

3° *Du théâtre filmé au théâtre cinématographique.*

Ma dernière proposition sera, je le reconnais, plus hasardeuse. Nous avons jusqu'ici considéré le théâtre comme un absolu esthétique dont le cinéma approcherait de manière satisfaisante, mais dont il serait en tout état de cause et dans le meilleur des cas l'humble serviteur. Pourtant la première partie de cette étude nous a déjà permis de déceler dans le burlesque la renaissance de genres dramatiques pratiquement disparus, comme la farce et la Commedia dell'arte. Certaines situations dramatiques, certaines techniques historiquement dégénérées ont retrouvé dans le cinéma, d'abord l'engrais sociologique dont elles ont besoin pour exister et mieux encore les conditions d'un déploiement intégral de leur esthétique que la scène maintenait congénitalement atrophiée. En attribuant à l'espace la fonction de protagoniste, l'écran ne trahit pas l'esprit de la farce, il donne seulement au sens métaphysique du bâton de Scapin ses dimensions réelles : celles de l'Univers. Le Burlesque est d'abord, ou aussi, l'expression dramatique d'un terrorisme des choses, dont Keaton plus encore que Chaplin a su faire une tragédie de l'Objet. Mais il est vrai que les formes comiques constituent dans l'histoire du théâtre filmé un problème à part, probablement parce que le rire permet à la salle de cinéma de se constituer en conscience d'elle-même et d'y prendre appui pour retrouver quelque chose de l'opposition théâtrale. En tout cas, et c'est pourquoi nous n'en avons pas poussé l'étude plus loin, la greffe entre le cinéma et le théâtre comique s'est opérée spontanément, et elle a été si parfaite que ses fruits ont toujours été tenus pour le produit du pur cinéma.

Maintenant que l'écran sait accueillir, sans les trahir, d'autres théâtres que comiques, rien n'interdit de penser qu'il puisse également les renouveler en déployant certaines de leurs virtualités scéniques. Le film ne peut, ne doit être, nous l'avons vu, qu'une modalité paradoxale de la mise en scène théâtrale, mais les structures scéniques ont leur importance, et il n'est pas indifférent de jouer *Jules César* dans les Arènes de Nîmes ou à l'Atelier ; or certaines œuvres dramatiques et non des moindres, souffrent pratiquement depuis trente ou cinquante ans d'un désaccord entre le style de mise en scène qu'elles requièrent et le goût contemporain. Je pense en particulier au répertoire tragique. Là, le handicap est dû surtout à l'extinction de la race du tragédien traditionnel : les Mounet-Sully et les Sarah Bernhardt, disparus au début du siècle comme les grands reptiles à la fin du secondaire. Par une ironie du sort, c'est le cinéma qui a conservé leurs restes fossilisés dans le « film d'art ». C'est devenu un lieu commun que d'attribuer cette disparition à l'écran pour deux raisons convergentes : l'une esthétique, l'autre sociologique. L'écran a en effet modifié notre sens de la vraisemblance dans l'interprétation. Il suffit de voir précisément l'un des petits films joués par Sarah Bernhardt ou Le Bargy pour comprendre que ce type d'acteur était encore affublé virtuellement des cothurnes et du masque. Mais le masque est dérisoire, quand le gros plan peut nous noyer dans une larme, et le porte-voix ridicule quand le micro fait gronder à volonté l'organe le plus défaillant. Ainsi nous sommes-nous habitués à l'intériorité dans la nature qui ne laisse à l'acteur de théâtre qu'une marge de stylisation restreinte en deçà de l'invraisemblance. Le facteur sociologique est peut-être plus décisif encore : le succès et l'efficacité d'un Mounet-Sully étaient sans doute dus à son talent, mais porté par l'assentiment complice du public. C'était le phénomène du « monstre sacré » aujourd'hui à peu près totalement dérivé sur le cinéma. Dire que les concours du Conservatoire ne produisent plus de tragédiens ne signifie nullement qu'il ne naît plus de Sarah Bernhardt, mais que l'accord entre l'époque et leurs dons n'existe plus. Ainsi Voltaire s'époumonait-il à plagier la tragédie du XVIIe siècle parce qu'il croyait que Racine seulement était mort, quand c'était la tragédie. De nos jours nous ne verrions guère de différences entre Mounet-Sully et un mauvais cabotin de province, parce que nous serions incapables de les reconnaître. Dans le film d'art, revu par un jeune homme d'aujourd'hui, le monstre demeure, le sacré n'y est plus.

Dans ces conditions, il ne faut pas s'étonner que la tragédie de Racine, en particulier, subisse une éclipse. Grâce à son sens conservateur, la Comédie-Française est heureusement en mesure de lui assurer un mode de vie acceptable, mais non plus triomphal [1]. Encore n'est-ce que par un intéressant filtrage des valeurs traditionnelles, leur délicate adaptation au goût moderne, et non par un renouvellement radical à partir de l'époque. Quant à la tragédie antique, c'est paradoxalement à la Sorbonne et à la ferveur archéologique d'étudiants qu'elle doit de nous toucher à nouveau. Mais il faut précisément voir dans ces expériences d'amateurs la plus radicale réaction contre le théâtre d'acteurs.

Or, n'est-il pas naturel de penser que si le cinéma a totalement détourné à son profit l'esthétique et la sociologie du monstre sacré dont vivait la tragédie à la scène, il peut les lui rendre si le théâtre vient les y chercher. Il est permis de rêver à ce qu'aurait été *Athalie* avec Yvonne de Bray, mis en film par Jean Cocteau.

Mais ce n'est sans doute pas seulement le style de l'interprétation tragique qui retrouverait ses raisons d'être à l'écran. On peut concevoir une révolution correspondante de la mise en scène qui, sans cesser d'être fidèle à l'esprit théâtral, lui offrirait des structures nouvelles en accord avec

---

1. Ce qu'est justement *Henry V*, grâce au cinéma en couleur. Veut-on dans *Phèdre* un exemple de virtualité cinématographique : le récit de *Théramène*, réminiscence verbale de la tragi-comédie à machines, considéré comme un morceau littéraire dramatiquement déplacé, retrouverait, réalisé visuellement au cinéma, une nouvelle raison d'être.

le goût moderne, et surtout à l'échelle d'un formidable public de masses. Le théâtre filmé attend le Jacques Copeau qui en fera un théâtre cinématographique.

Ainsi, non seulement le théâtre filmé est désormais esthétiquement fondé en droit et en fait, non seulement nous savons d'ores et déjà qu'il n'est pas de pièces qui ne puissent être portées à l'écran, quel qu'en soit le style, pourvu qu'on sache imaginer la reconversion de l'espace scénique dans les données de la mise en scène cinématographique, — mais encore il se peut que la seule mise en scène théâtrale et moderne de certaines œuvres classiques ne soit plus désormais possible qu'au cinéma. Ce n'est pas un hasard si quelques-uns des plus grands cinéastes de ce temps sont aussi de grands hommes de théâtre. Welles ou Laurence Olivier ne sont pas venus au cinéma par cynisme, snobisme ou ambition, non pas même comme Pagnol pour vulgariser leur effort théâtral. Le cinéma n'est pour eux qu'une forme théâtrale complémentaire : la possibilité de réaliser la mise en scène contemporaine, telle qu'ils la sentent et la veulent.

XI

LE CAS PAGNOL

Avec La Fontaine, Cocteau et Jean-Paul Sartre, Pagnol complète l'Académie française idéale de l'américain moyen. Or, sa popularité internationale, Pagnol la doit d'abord paradoxalement au régionalisme de son œuvre. Avec Mistral, la culture provençale régénérée restait malgré tout prisonnière de sa langue et de son folklore. Alphonse Daudet et Bizet lui avaient certes déjà acquis une audience nationale, mais au prix d'une stylisation qui lui ôtait malgré tout l'essentiel de son authenticité. Plus tard vint Giono qui révéla une Provence austère, sensuelle et dramatique. Entre les deux le Midi ne fut guère représenté qu'à ses dépens par les « histoires marseillaises ».

C'est d'elles en somme, avec *Marius*, que Pagnol est parti pour construire son humanisme méridional, puis, sous l'influence de Giono, remonter de Marseille vers l'arrière-pays où depuis *Manon des Sources*, dans l'entière liberté enfin conquise de son inspiration, il donne à la Provence son épopée universelle.

D'autre part Marcel Pagnol a obscurci lui-même à plaisir ses rapports avec le cinéma en se proclamant champion du théâtre filmé. Prise sous cet aspect son œuvre est indéfendable. Elle constitue en effet l'exemple de ce qu'il ne faut pas faire en matière d'adaptation théâtrale à l'écran. Photographier une pièce en transportant purement et simplement les acteurs de la scène dans un décor naturel, est le plus sûr moyen d'enlever aux dialogues leur raison d'être, leur âme même. Non que le passage d'un texte du théâtre à l'écran soit impossible, mais seulement au prix des subtiles compensations de tout un système de précautions ayant au fond pour but non point de faire oublier mais de sauvegarder

Raimu et Pierre Fresnay dans *Marius*, de Marcel Pagnol, réalisé par Alexandre Korda. [Photo Pagnol.]

la théâtralité de l'œuvre. Susbtituer, comme semblait le faire Pagnol, le soleil du Midi aux feux de la rampe aurait dû être le plus sûr moyen de tuer le texte par insolation. Quant à admirer *Marius* ou *La Femme du boulanger* en déclarant que leur seul défaut est de « n'être pas du cinéma », c'est rejoindre la sottise des censeurs qui condamnaient Corneille au nom des règles de la tragédie. Le « cinéma » n'est pas une abstraction, une essence, mais la somme de tout ce qui, par le truchement du film, atteint à la qualité de l'art. Si donc quelques-uns seulement des films de Pagnol sont bons, ce ne peut être malgré les fautes de leur auteur, mais bien plutôt à cause de certaines qualités que les censeurs n'ont pas su y discerner.

Manon des Sources permet enfin de dissiper le malentendu, car voici un texte injouable au théâtre, sinon au prix d'une adaptation laborieuse et nuisible. Dans le meilleur des cas imaginables, *Manon des Sources*, à la scène, ne serait que du « cinéma théâtralisé ». Mais Pagnol a-t-il jamais fait autre chose que d'écrire pour l'écran des textes qui pouvaient aussi à la rigueur être portés à la scène ? La priorité des dates ne fait rien à l'affaire : elle est accidentelle. Même si *Marius* a triomphé au Théâtre de Paris avant qu'Alexandre Korda le mette en film, il est évident que sa forme essentielle est désormais et définitivement cinématographique. Toute reprise à la scène ne peut plus qu'en être l'adaptation théâtrale.

Qu'est-ce à dire, sinon que la prédominance de l'expression verbale sur l'action visuelle ne saurait définir le théâtre par rapport au cinéma. Une affirmation de cette importance ne peut être démontrée dans les limites de cette étude. Disons seulement que la parole théâtrale est abstraite, qu'elle est elle-même, comme tout le système scénique, une convention, le résultat de la conversion de l'action en verbe ; la parole cinématographique est au contraire un fait concret, elle existe, sinon d'abord, au moins par et pour elle-même ; c'est l'action qui la prolonge et qui, presque, la dégrade. C'est sans doute pourquoi la seule pièce de Pagnol qui n'est jamais bien passée vraiment en cinéma est *Topaze*, parce qu'elle n'était pas méridionale.

L'accent ne constitue pas, en effet, chez Pagnol, un accessoire pittoresque, une note de couleur locale, il est consubstantiel au texte et, par-là, aux personnages. Ses héros le possèdent comme d'autres ont la peau noire. L'accent est la matière même de leur langage, son réalisme. Aussi le cinéma de Pagnol est-il tout le contraire de théâtral, il s'insère par l'intermédiaire du verbe dans la spécificité réaliste du film. Loin que le vrai décor méridional ne soit que l'adaptation de ses limites théâtrales, ce sont au contraire les servitudes scéniques qui imposent de substituer des panneaux de contre-plaqué aux garrigues provençales. Pagnol n'est pas un auteur dramatique converti au cinéma, mais l'un des plus grands auteurs de films *parlants*.

Manon des Sources n'est pas autre chose qu'un long, un très long récit, non pas sans action, mais où rien n'arrive jamais que par la force naturelle du verbe. Admirable et « fabuleuse » histoire que celle de cette jeune fille sauvage, ennemie des gens du village, qu'une sourde complicité a rendue orpheline. Son père et son frère sont morts, sa mère est devenue folle d'ignorer le secret de l'eau qui passait sous leur pauvre ferme et que tout le monde dans le village connaissait. Elle apprend un jour d'une vieille femme celui de la source qui alimente la commune. Une pierre au bon endroit suffit à désamorcer le siphon et voilà le village condamné à la soif, à l'abandon et à la mort. La catastrophe rend alors à la communauté la conscience de son péché par omission. Par leur silence, ils ont laissé périr les « étrangers ». La bergère, gardeuse de chèvres, et sa mère folle sont maintenant les Euménides de cette grande et impitoyable famille villageoise. Lentement, par des détours retors, de roublardes réticences, le village confessera son péché. Celui qui avait cimenté la source de la ferme se pendra. Le village tout entier portera à Manon les dons propitiatoires et l'eau coulera à nouveau, rendant à la communauté la vie avec l'innocence.

Il y a dans ce conte magnifique la grandeur antique de la Méditerranée, quelque chose tout à la fois de biblique et d'homérique. Mais Pagnol le traite sur le ton le plus familier ; le maire, l'instituteur, le curé, le clerc de notaire, Manon elle-même sont des paysans provençaux de notre temps. L'eau qui coule du rocher sous la baguette d'Aaron va troubler le pastis.

Venons-en enfin à ce qui d'abord surprend le public : la longueur du film. On sait que la version originale durait quelque cinq ou six heures. Pagnol la réduisit à deux films, chacun de deux heures, que les distributeurs ont ramenés à un seul film de trois heures quinze (dont dix minutes d'esquimaux glacés). Il est évident que ces coupures déséquilibrent le film et que toutes les « longueurs » doivent leur être imputées. La durée commerciale des films est absolument arbitraire ou plutôt déterminée par des facteurs uniquement sociologiques et économiques (horaires des loisirs, prix des places) qui n'ont rien à voir avec les exigences intrinsèques de l'art, ni même avec la psychologie des spectateurs. De trop rares expériences prouvent que le public supporte fort bien des spectacles de plus de quatre heures. Demander à Proust d'écrire *A la recherche du temps perdu* en deux cents pages n'aurait eu aucun sens. Pour de tout autres raisons,

Manon des sources : admirable et « fabuleuse » histoire de cette jeune fille sauvage, malheureusement interprétée de la manière la plus artificiellement théâtrale par Jacqueline Pagnol. [Photo Pagnol.]

mais non moins impératives, Pagnol ne pouvait raconter *Manon des Sources* en moins de quatre ou cinq heures, non qu'il s'y passât tant de choses essentielles, mais parce qu'il est absurde d'interrompre le conteur avant la mille et unième nuit. Je ne suis pas sûr qu'on s'ennuie à voir *Manon des Sources*. Il ne faut pas prendre pour de l'ennui certains temps de repos, les détentes du récit, nécessaires au mûrissement des mots. Mais s'il en est ainsi on ne le doit qu'aux coupures.

Si Pagnol n'est pas le plus grand auteur de film parlants, il en est en tout cas quelque chose comme son génie. Le seul peut-être qui ait osé depuis 1930 une démesure verbale comparable à celle des Griffith ou des Stroheim au temps de l'image muette. Le seul auteur qui puisse lui être comparé aujourd'hui est Chaplin et pour une raison précise : parce qu'il est aussi avec Pagnol le seul auteur-producteur libre. Les centaines de millions que Pagnol a gagnés dans le cinéma, il ose les consacrer pour son plaisir à des monstres cinématographiques que la production organisée et rationnelle ne saurait même concevoir. Certains, il est vrai, sont inviables, chimères de cauchemar nés de la copulation du Roux Color et de Tino Rossi. Et c'est ce qui, hélas, distingue Pagnol de Chaplin. *Limelight* est aussi un film monstrueusement beau parce que totalement libre, fruit des méditations d'un artiste seul juge de ses moyens d'exécution, comme le peintre ou l'écrivain. Mais tout dans l'art de Chaplin est tendu vers sa propre critique et laisse le sentiment de la nécessité, de l'économie et de la rigueur.

Tout, au contraire, dans Pagnol contribue à un incroyable gâchis. Une plus grande absence de sens critique est difficilement concevable et relève d'une véritable pathologie de la création artistique. Cet académicien ne sait pas trop s'il est Homère ou Breffort. Encore n'est-ce pas dans le texte même que réside le pire, mais dans la mise en scène. Il s'en faut de bien peu que *Manon des Sources* soit l'épopée du cinéma parlant, il ne s'en faut que du bon sens esthétique de son auteur incapable de dominer sa propre inspiration. Aussi sot que ses censeurs, mais à rebours, Pagnol se figure que « le cinéma n'a pas d'importance ». Incapable de dégager de sa formation théâtrale ce que son génie a de purement cinématographique, il réintroduit là où il n'a que faire le théâtre filmé.

Sans doute ce mépris du cinéma n'est-il pas étranger à

quelques-unes des prodigieuses trouvailles cinématographiques de son film (la déclaration d'amour d'Hugolin, la confession publique sous l'ormeau) mais un talent fondé sur son ignorance est sujet aux plus graves erreurs. La principale est ici le personnage de Manon (interprété de la manière la plus artificiellement théâtrale par Jacqueline Pagnol). Au demeurant, le texte de Manon est justement le seul qui sonne faux d'un bout à l'autre du film.

Il n'aura manqué peut-être au génie de Pagnol que l'intelligence de son art pour être le Chaplin du cinéma parlant.

XII

PEINTURE ET CINÉMA

Les films sur l'art, du moins ceux qui utilisent l'œuvre aux fins d'une synthèse cinématographique, comme sont les courts métrages d'Emmer, le *Van Gogh* d'Alain Resnais, R. Hessens et Gaston Diehl, le *Goya* de Pierre Kast ou le *Guernica* d'Alain Resnais et R. Hessens, soulèvent parfois chez les peintres et chez beaucoup de critiques d'art une objection majeure. Je l'ai entendue même dans la bouche d'un Inspecteur Général de dessin de l'Éducation Nationale après une présentation de *Van Gogh*.

Elle se ramène essentiellement à cette conclusion : pour utiliser la peinture, le cinéma la trahit et cela sur tous les plans. L'unité dramatique et logique du film établit des chronologies ou des liens fictifs entre des œuvres parfois très éloignées dans le temps et dans l'esprit. Dans *Guerrieri*, Emmer va même jusqu'à mélanger les peintres, mais la supercherie est à peine moins grave quand P. Kast introduit des fragments des *Caprices* pour soutenir son montage des *Malheurs de la Guerre* ou quand Alain Resnais jongle avec les époques de Picasso.

Mais le cinéaste respecterait-il scrupuleusement les données de l'histoire de l'art qu'il fonderait encore son travail sur une opération esthétiquement contre nature. Il analyse une œuvre synthétique par essence, il en détruit l'unité et opère une synthèse nouvelle qui n'est pas celle voulue par le peintre. On pourrait se borner à lui demander de quel droit.

Il y a plus grave : au-delà du peintre, c'est la peinture qui est trahie, car le spectateur croit avoir devant les yeux la réalité picturale, quand on le force à la percevoir selon un système plastique qui la dénature profondément. En noir et blanc d'abord ; le film en couleur n'apportera même pas une solution satisfaisante, la fidélité n'étant pas absolue et le rapport de toutes les couleurs du tableau participant à la tonalité de chacune d'elles. D'autre part, le montage reconstitue une unité temporelle horizontale, géographique en quelque sorte, quand la temporalité du tableau — pour autant qu'on lui en reconnaisse — se développe géologiquement, en profondeur. Enfin et surtout (cet argument plus subtil n'est guère invoqué, mais il est pourtant le plus important) l'écran détruit radicalement l'espace pictural. Comme le théâtre par la rampe et l'architecture scénique, la peinture s'oppose en effet à la réalité même et surtout à la réalité qu'elle représente, par le cadre qui la cerne. On ne saurait en effet ne voir dans le cadre du tableau qu'une simple fonction décorative ou rhétorique. La mise en valeur de la composition du tableau n'en est qu'une conséquence secondaire. Bien plus essentiellement le cadre a pour mission, sinon de créer, du moins de souligner l'hétérogénéité du microcosme pictural et du macrocosme naturel dans lequel le tableau vient s'insérer. D'où la complication baroque du cadre traditionnel chargé d'établir une solution de continuité géométriquement indéfinissable entre le tableau et son mur, c'est-à-dire entre la peinture et la réalité. D'où aussi, comme l'a bien expliqué Ortega y Gasset, le triomphe du cadre doré « en ce que c'est la matière qui produit le maximum de reflets et que le reflet est cette note de couleur, de lumière qui ne porte en soi aucune forme, qui est pure couleur informe ».

En d'autres termes, le cadre du tableau constitue une zone de désorientation de l'espace. A celui de la nature et de notre expérience active qui borde ses limites extérieures, il oppose l'espace orienté en dedans, l'espace contemplatif est seulement ouvert sur l'intérieur du tableau.

Les limites de l'écran ne sont pas, comme le vocabulaire technique le laisserait parfois entendre, le cadre de l'image, mais un *cache* qui ne peut que démasquer une partie de la réalité. Le cadre polarise l'espace vers le dedans, tout ce que l'écran nous montre est au contraire censé se prolonger indéfiniment dans l'univers. Le cadre est centripète, l'écran centrifuge. Il s'ensuit que si, renversant le processus pictural, on insère l'écran dans le cadre, l'espace du tableau perd son orientation et ses limites pour s'imposer à notre imagination comme indéfini. Sans perdre les autres caractères plastiques de l'art, le tableau se trouve affecté des propriétés spatiales du cinéma, il participe d'un univers pictural virtuel qui le déborde de tous côtés. C'est sur cette illusion mentale que s'est fondé Luciano Emmer dans les fantastiques reconstructions esthétiques qui sont en grande partie à l'origine des films d'art contemporains et notamment du *Van Gogh* d'Alain Resnais. Dans ce dernier film, le réalisateur a pu traiter l'ensemble de l'œuvre du peintre comme un seul et immense tableau où la caméra est aussi libre de ses déplacements que dans n'importe quel documentaire. De « la rue d'Arles » nous « pénétrons » par la fenêtre « dans » la maison de Van Gogh, et nous approchons du lit à l'édredon rouge. De même Resnais ose-t-il réaliser le « contrechamp » d'une vieille paysanne hollandaise entrant dans sa maison.

***

Il est évidemment facile de prétendre qu'une telle opération dénature radicalement la manière d'être de la peinture et que mieux vaut que Van Gogh ait moins d'admirateurs, mais qui cachent exactement ce qu'ils admirent, — et que cette diffusion culturelle est singulière, qui commence par détruire son objet.

Ce pessimisme ne résiste pourtant pas à la critique, d'abord d'un point de vue contingent et pédagogique et moins encore d'un point de vue esthétique.

Car, au lieu de reprocher au cinéma son impuissance à nous restituer fidèlement la peinture, ne peut-on s'émerveiller au contraire d'avoir enfin trouvé le sésame qui ouvrira à des millions de spectateurs la porte des chefs-d'œuvre ? En effet l'appréciation d'un tableau et la jouissance esthétique sont presque impossibles sans une initiation préalable du spectateur, sans une éducation picturale qui lui permette d'accomplir l'effort d'abstraction par lequel le mode d'existence de la surface peinte se distingue expressément du monde extérieur naturel. Jusqu'au XIXe siècle l'alibi de la ressemblance constituait le malentendu réaliste par lequel le profane croyait pouvoir entrer dans le tableau, et l'anecdote dramatique ou morale multipliait encore les prises pour l'esprit inculte. On sait assez qu'il n'en va plus de même aujourd'hui et ce qui me paraît assez décisif dans les essais cinématographiques de Luciano Emmer, Storck, Alain Resnais, Pierre Kast et quelques autres,

Le *Van Gogh* d'Alain Resnais n'est pas seulement une présentation nouvelle de l'œuvre du peintre : le film est lui-même une œuvre. [Photo Pierre Brannberger.]

c'est qu'ils sont précisément parvenus à « solubiliser », pour ainsi dire, l'œuvre picturale dans la perception naturelle, en sorte qu'il suffit strictement d'avoir des yeux pour voir et que nulle culture, nulle initiation n'est requise pour jouir immédiatement, et l'on pourrait même dire, par force, de la peinture, imposée à l'esprit par les structures de l'image cinématographique, comme un phénomène naturel.

Que les peintres considèrent qu'il ne s'agit nullement d'une régression de l'idéal pictural, d'une violation spirituelle de l'œuvre et d'un retour à une conception réaliste et anecdotique, car cette nouvelle vulgarisation de la peinture ne porte pas essentiellement sur le sujet et nullement sur la forme ! Le peintre peut continuer de peindre comme il lui plait, l'action du cinéma reste externe, réaliste certes, mais — et c'est là l'immense découverte dont tout peintre devrait se réjouir — d'un réalisme au second degré, à partir de l'abstraction du tableau. Grâce au cinéma et aux propriétés psychologiques de l'écran, le signe élaboré et abstrait reprend pour tout esprit l'évidence et le poids d'une réalité minérale. Qui ne voit dès lors que le cinéma, loin de compromettre et de dénaturer un autre art, est au contraire en train de le sauver en lui rendant l'attention des hommes. De tous les arts modernes la peinture est peut-être celui où le divorce entre l'artiste et l'immense majorité du public non initié est le plus grave. A moins d'avouer ouvertement un mandarinisme sans issue, comment ne pas se féliciter de voir l'œuvre rendue au public avec l'économie d'une culture? Si cette économie choque les tenants du malthusianisme culturel, qu'ils songent qu'elle pourrait peut-être nous permettre de faire aussi l'économie d'une révolution artistique : celle du « réalisme », qui pour rendre la peinture au peuple s'y prend d'une toute autre façon.

Quant aux objections purement esthétiques, différentes de l'aspect pédagogique du problème, elles partent évidemment d'un malentendu qui fait exiger implicitement du cinéaste autre chose que ce qu'il propose. En vérité *Van Gogh* ou *Goya* ne sont pas, ou ne sont pas seulement une présentation nouvelle de l'œuvre de ces peintres. Le cinéma n'y joue point le rôle subordonné et didactique des photographies dans un album ou des projections fixes dans une conférence. Ces films sont eux-mêmes des œuvres. Leur justification est autonome. Il ne les faut point juger seulement en référence à la peinture qu'ils utilisent mais par rapport à l'anatomie ou plutôt à l'histologie de cet être esthétique nouveau, né de la conjonction de la peinture et du cinéma. Les objections que j'ai formulées tout à l'heure ne sont en réalité que la définition des lois nouvelles issues de cette rencontre. Le cinéma ne vient pas « servir » ou trahir la peinture mais lui ajouter une manière d'être. Le film de peinture est une symbiose esthétique entre l'écran et le tableau comme le lichen entre l'algue et le champignon. S'en indigner est aussi absurde que de condamner l'opéra au nom du théâtre et de la musique.

***

Il est vrai pourtant que le phénomène comporte quelque chose de radicalement moderne et dont cette comparaison traditionnelle ne rend pas compte. Le film de peinture n'est pas le dessin animé. Son paradoxe est d'utiliser une œuvre déjà totalement constituée et qui se suffit à elle-même. Mais c'est justement parce qu'il y substitue une œuvre au second degré, à partir d'une matière déjà esthétiquement élaborée, qu'il jette sur celle-ci une lumière nouvelle. C'est peut-être dans la mesure même où le film est pleinement une œuvre et, donc, où il paraît le plus trahir la peinture, qu'il sert en définitive le mieux celle-ci. Je préfère de beaucoup le *Van Gogh* ou le *Guernica* au *Rubens* ou au film *De Renoir à Picasso* d'Haesaerts qui ne se veulent que pédagogiques et critiques. Non seulement parce que les libertés que s'accorde Alain Resnais conservent l'ambiguïté, la polyvalence de toute création authentique, quand l'idée critique de Storck et Haesaerts limite en l'assurant ma prise sur l'œuvre, mais encore et surtout parce que c'est la création qui est ici la meilleure critique. C'est en dénaturant l'œuvre, en brisant ses cadres, en s'attaquant à son essence même que le film la contraint à révéler certaines de ses virtualités secrètes. Savions-nous vraiment avant Resnais ce qu'était Van Gogh *moins le jaune ?* Certes, l'entreprise est périlleuse et l'on entrevoit ses dangers dans les moins bons films d'Emmer : dramatisation artificielle et mécanique risquant, à la limite, de substituer l'anecdote au tableau ; mais c'est que sa réussite dépend aussi de la valeur du cinéaste et de sa compréhension profonde du peintre. Il existe une critique littéraire qui est aussi une re-création, celle de Baudelaire sur Delacroix, celle de Valéry sur Baudelaire, celle de Malraux sur Greco. N'attribuons pas au cinéma la faiblesse et les péchés des hommes. Passés les prestiges de la surprise et de la découverte les films de peinture vaudront ce que vaudront ceux qui les feront.

XIII

UN FILM BERGSONIEN : « LE MYSTÈRE PICASSO[1] »

La première observation qui s'impose, c'est que *Le Mystère Picasso* « n'explique rien ». Clouzot paraît croire, si l'on s'en tient à quelques déclarations et au préambule du film, que de voir faire les tableaux les rendra compréhensibles aux profanes. S'il le pense vraiment il se trompe sur ce point, et d'ailleurs les réactions du public ont paru le confirmer : les admirateurs admirent davantage et ceux qui n'aiment pas Picasso confirment leur mépris. *Le Mystère Picasso* se distingue radicalement des films sur l'art plus ou moins directement didactiques réalisés à ce jour. En fait, le film de Clouzot n'explique pas Picasso, il le montre, et s'il y a une leçon à en tirer c'est que de voir un artiste travailler ne saurait donner la clef, je ne dis pas même de son génie, ce qui va de soi, mais de son art. Bien sûr, l'observation du travail et des stades intermédiaires peut dans certains cas révéler le cheminement de la pensée ou livrer des trucs de métier, mais ce ne sont encore dans la meilleure des hypothèses que des secrets dérisoires. Tel le ralenti sur le tâtonnement du pinceau de Matisse dans le film de François Campaux. Ces maigres bénéfices sont en tout cas exclus avec Picasso qui a tout dit de lui par le fameux : « Je ne cherche pas, je trouve. » Si quelqu'un doutait encore de la justesse et de la profondeur de cette formule, il ne le pourrait plus après le film de Clouzot. Car, enfin, pas un trait, pas une tache de couleur qui n'apparaissent — apparaître est le mot — rigoureusement imprévisibles. Imprévi-

1. *Cahiers du Cinéma*, n° 60, juin 1956.

sibilité qui suppose, inversement, la non-explication du composé par le simple. Cela est si vrai que tout le principe du film en tant que spectacle et même, plus précisément, que « suspense », tient dans cette attente et cette surprise perpétuelle. Chaque trait de Picasso est une création qui en entraîne une autre non comme une cause implique un effet mais comme la vie engendre la vie. Processus particulièrement sensible, dans les premiers stades des tableaux, quand Picasso en est encore au dessin. La main et le crayon étant invisibles rien ne décèle leur place que le trait ou le point qui apparaît et, très vite, l'esprit cherche plus ou moins consciemment à deviner et à prévoir, mais toujours la décision de Picasso déroute totalement notre attente. On croit la main à droite et le trait apparaît à gauche. On attend un trait : surgit une tache ; une tache : c'est un point. Il en va de même bien souvent des sujets : le poisson se fait oiseau et l'oiseau devient une faune. Mais ces avatars impliquent alors une autre notion que je vais examiner maintenant, celle de la durée picturale.

Le Mystère Picasso constitue en effet la seconde révolution du film sur l'art. Je me suis efforcé de montrer l'importance de la première, ouverte par les films d'Emmer et Gras et si admirablement développée dans ses conséquences par Alain Resnais. Cette révolution résidait dans l'abolition du cadre dont la disparition identifie l'univers pictural à l'univers tout court. Sans doute la caméra, une fois pénétrée « dans » les tableaux, pouvait-elle nous promener selon une certaine durée descriptive ou dramatique, la véritable nouveauté n'était pourtant pas d'ordre temporel mais exclusivement spatial. L'œil aussi analyse et prend son temps, mais les dimensions du tableau et ses frontières lui rappellent l'autonomie du microcosme pictural cristallisé à jamais hors du temps.

Ce que révèle *Le Mystère Picasso*, ce n'est pas ce qu'on savait déjà, la durée de la création, mais que cette durée peut être partie intégrante de l'œuvre même, une dimension supplémentaire, bêtement ignorée au stade de finition. Plus exactement, nous ne connaissions jusqu'ici que « des tableaux », sections verticales d'une coulée créatrice plus ou moins arbitrairement tranchée par l'auteur lui-même, par le hasard, par la maladie ou par la mort. Ce que Clouzot, lui, nous révèle enfin, c'est « la peinture », c'est-à-dire un tableau qui existe dans le temps, qui a sa durée, sa vie

Le Mystère Picasso, d'H.-G. Clouzot. Voir un artiste travailler ne saurait donner la clef, je ne dis pas même de son génie, ce qui va de soi, mais de son art.

[Photo Filmsonor.]

et quelquefois — comme à la fin du film — sa mort.

Il convient ici d'insister davantage encore, car cette notion pourrait se confondre avec une idée assez proche : à savoir qu'il est intéressant et instructif, plaisant aussi, de voir comment le peintre en est arrivé à faire de son tableau ce qu'il est. Cette préoccupation ontogénétique se trouve évidemment dans maints films d'art antérieurs, des bons et des mauvais. Elle est judicieuse mais banale et sa nature n'est pas esthétique mais pédagogique. Encore une fois, dans *Le Mystère Picasso*, les stades intermédiaires ne sont pas des réalités subordonnées et inférieures, comme serait un acheminement vers une plénitude finale, ils sont déjà l'œuvre même, mais destinée à se dévorer ou plutôt à se métamorphoser jusqu'à l'instant où le peintre voudra s'arrêter. C'est ce que Picasso exprime parfaitement quand il dit : « Il faudrait pouvoir montrer les tableaux qui sont sous les tableaux » ; il ne dit pas : les « esquisses » ou « comment on arrive au tableau ». C'est que pour lui effectivement et même si l'idée de perfectionnement le guide (comme dans *La Plage de la Garoupe*), les stades recouverts ou surchargés étaient également des tableaux mais qu'il fallait sacrifier au tableau suivant.

Aussi bien cette temporalité de la peinture s'est-elle manifestée de tous temps de façon larvée, notamment dans les carnets d'esquisses, les « études » et les « états » des graveurs par exemple. Mais elle s'est révélée une virtualité plus exigente dans la peinture moderne. Matisse peignant plusieurs fois la « Femme à la blouse roumaine » fait-il autre chose que de déployer dans l'espace, c'est-à-dire dans un temps suggéré, comme on ferait d'un jeu de cartes, son invention créatrice? On voit bien que déjà la notion de tableau se subordonne ici à la notion plus intégrante de peinture dont le tableau n'est qu'un moment. Et chez Picasso même — chez lui plus que tout autre d'ailleurs — on sait l'importance des « séries ». Il n'est que de rappeler l'évolution célèbre de son taureau. Mais seul le cinéma pouvait résoudre radicalement le problème, faire passer les approximations grossières du discontinu au réalisme temporel de la vision continue ; donner enfin à voir la durée même.

Assurément, en ces domaines, personne n'est jamais tout à fait le premier et l'idée qui soutient tout le film de Clouzot n'est pas absolument nouvelle : on en trouverait des traces dans quelques films d'art, encore que je n'en voie qu'un où elle soit épisodiquement utilisée avec une efficacité comparable, c'est le *Braque* de Frédérique Duran (la séquence des galets taillés). De même l'idée de la peinture par transparence y était-elle esquissée grossièrement dans le truc de la peinture sur verre (transparent ou dépoli). Mais le mérite de Clouzot, c'est d'avoir su faire passer ces procédés et ces idées de leur forme expérimentale, épisodique ou embryonnaire, à la plénitude du spectacle. Il y a plus qu'un simple perfectionnement, ou qu'une différence de degré, entre tout ce qu'on a vu jusqu'ici et *Le Mystère Picasso.* La contemplation de l'œuvre en création, du « work in progress », n'était jamais qu'un épisode relativement court d'une composition didactique multipliant les procédés d'approche du sujet et les points de vue. L'ensemble restant encore dans les limites du court ou du moyen métrage. Or, c'est de ce petit épisode que Clouzot tire tout son film, le germe semé ici et là dans le jardin documentaire est devenu sa forêt. Mon propos n'est pas d'insister sur l'audace extraordinaire de l'opération, mais il est juste tout de même de la souligner au passage. *Le Mystère Picasso* ne se borne pas à être un long métrage, là où on n'osait pas s'aventurer au-delà des cinquante minutes : c'est le développement de quelques-unes seulement de ces minutes par élimination de tout élément biographique descriptif et didactique. Ainsi Clouzot a délibérément rejeté l'atout que tout le monde aurait gardé dans un jeu si difficile : la variété.

C'est, qu'à ses yeux, seule la création artistique constituait l'élément spectaculaire authentique, c'est-à-dire cinématographique parce qu'essentiellement temporelle. Elle est attente et incertitude à l'état pur. « Suspense », enfin, tel qu'à lui-même l'absence de sujet le révèle. Consciemment ou non, c'est à coup sûr ce qui a séduit Clouzot. *Le Mystère Picasso* est son film le plus révélateur, le génie de son réalisateur s'y démasque à l'état pur par le passage à la limite. Le « suspense » ici ne saurait plus en effet se confondre avec une forme de la progression dramatique, un certain agencement de l'action ou son paroxysme, sa violence. Littéralement ici, il ne se passe rien, rien du moins que la durée de la peinture ; non pas même de son sujet, mais du tableau. L'action, si action il y a, n'a rien à voir avec les trente-six situations dramatiques, elle est pure et libre métamorphose, elle est au fond l'appréhension directe, rendue sensible par l'art, de la liberté de l'esprit ; l'évidence aussi que cette liberté est durée. Le spectacle en tant que tel est alors la fascination par le surgissement des formes, libres et à l'état naissant.

Cette découverte rejoint du reste de façon inattendue la tradition la plus intéressante du dessin animé, celle qui, partie d'Émile Cohl (avec *Les joyeux microbes* notamment), a dû pourtant attendre Fischinger, Len Lye et surtout Mc Laren pour retrouver vie. Cette conception ne fonde pas le dessin animé sur l'animation *a posteriori* d'un dessin qui aurait virtuellement une existence autonome, mais sur le changement du dessin lui-même oú plus exactement sur sa métamorphose. L'animation n'est pas alors pure transformation logique de l'espace, elle est de nature temporelle. C'est une germination, un bourgeonnement. La forme engendre la forme sans jamais la justifier.

Aussi n'est-il pas étonnant que *Le Mystère Picasso* fasse souvent penser à Mc Laren. J'en demande pardon à André Martin, mais enfin voici une forme de dessin ou de peinture animée qui ne doit rien à l'image par l'image. Au lieu de partir de dessins immobiles que la projection va mobiliser par illusion d'optique, c'est la toile qui existe préalablement comme écran, qu'il suffit de photographier dans sa durée réelle.

Je sais bien qu'ici certains vont protester et s'indigner des libertés que Clouzot a prises, apparemment, avec le temps de la création artistique. J'entends dire qu'il n'avait pas le droit « d'accélérer » la réalisation des tableaux et de jongler comme il l'a fait au montage pour modifier le temps de l'événement original. Il est vrai que cette audacieuse initiative mérite discussion. Je la justifierai cependant.

Clouzot se défend à juste titre d'avoir « accéléré » le travail de Picasso. La prise de vue en effet s'est toujours opérée à 24 images à la seconde. Mais le montage, en supprimant au gré du réalisateur les temps morts ou les durées longues, jusqu'à faire apparaître simultanément deux traits à la fois, ne constitue-t-il pas un trucage également inadmissible? Je réponds : non. Car il faut distinguer entre trucage et falsification. D'abord Clouzot n'essaye pas de nous tromper. Seuls les distraits, les imbéciles ou ceux qui ignorent tout du cinéma risquent de ne pas avoir conscience des effets de montage accélérateurs. Pour plus de sûreté Clouzot le fait dire expressément par Picasso. Ensuite et surtout

Le mystère Picasso. « Je ne cherche pas, je trouve. »
[Photo Filmsonor.]

il faut distinguer radicalement le temps du montage et celui de la prise de vue. Le premier est abstrait, intellectuel, imaginaire, spectaculaire, le second seul est concret. Tout le cinéma est fondé sur le libre morcellement du temps par le montage, mais chaque fragment de la mosaïque conserve la structure temporelle réaliste des 24 images seconde. Clouzot s'est bien gardé — et on ne saurait trop l'en féliciter — de nous faire le coup du tableau-fleur, s'épanouissant comme les végétations des films scientifiques à l'accéléré. Mais il a compris et senti, comme metteur en scène, la nécessité d'un temps spectaculaire, utilisant à ses fins la durée concrète sans, pourtant, la dénaturer. C'est pourquoi, entre autres raisons, il est ridicule d'objecter aux mérites du film sa nature documentaire. Il n'y a pas moins d'intelligence de la chose cinématographique dans *Le Mystère Picasso* que dans *Le Salaire de la peur*. Mais il y a peut-être plus d'audace. C'est justement parce que Clouzot a réalisé non un « documentaire » au sens restreint et pédagogique du mot, mais un « vrai film » qu'il pouvait et devait tenir compte du temps spectaculaire. Le cinéma n'est pas ici simple photographie mobile d'une réalité préalable et extérieure. Il est légitimement et intimement organisé en symbiose esthétique avec l'événement pictural.

Si j'avais été du jury de Cannes, j'aurais voté pour *Le Mystère Picasso*, ne fût-ce que pour récompenser Clouzot d'une seule de ses trouvailles qui vaut bien la réussite de deux ou trois films dramatiques. Je veux parler de l'utilisation de la couleur. Clouzot a eu là une idée de grand metteur en scène. Une idée que j'hésite à peine à qualifier de géniale, et d'autant plus sensationnelle qu'elle est quasi invisible pour la plupart des spectateurs. Demandez en effet à qui vient de voir *Le Mystère Picasso* si le film est en noir ou en couleur. Neuf fois sur dix on vous répondra après une légère hésitation : « En couleur », mais personne ou presque ne vous dira que le film est fondé sur une incroyable contradiction, tant cette contradiction aura paru tenir à la nature même des choses. Or, matériellement, *Le Mystère Picasso* est un film en noir et blanc tiré sur pellicule couleur, sauf, exclusivement, quand l'écran est occupé par la peinture. A la réflexion, bien sûr, ce parti pris s'imposait, comme la succession de la nuit et du jour, mais il faut être un fameux metteur en scène pour réinventer le jour et la nuit. Clouzot ainsi fait admettre (si implici-

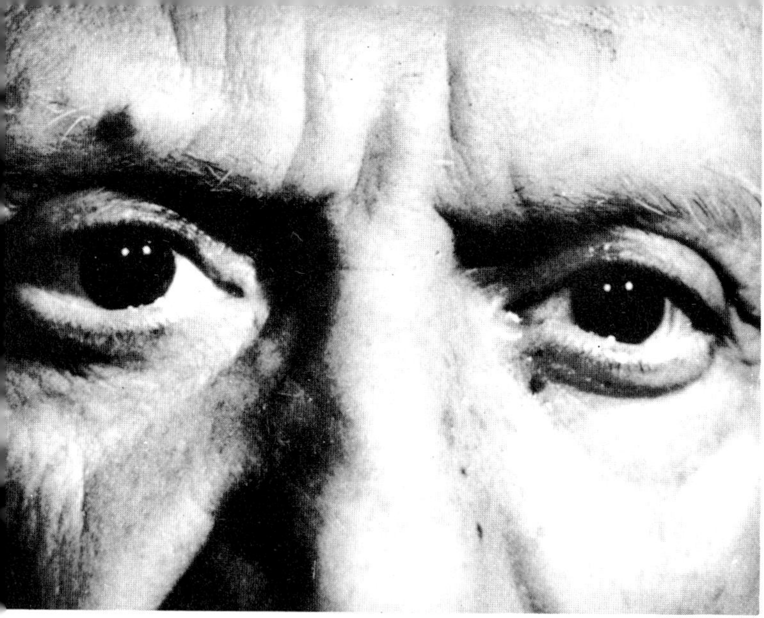

Le mystère Picasso. H.-G. Clouzot a éliminé tout élément biographique, descriptif et didactique : reste le souvenir du regard de Picasso. [Photo Filmsonor.]

tement que seule la réflexion nous le révèle) comme une réalité naturelle que le monde réel soit en noir et blanc, à « l'exclusion de la peinture ». La permanence chimique de la pellicule positive couleur donne à l'ensemble l'unité substantielle nécessaire. On trouve alors tout naturel que le contrechamp du peintre, noir et blanc, sur son tableau, soit en couleur. A la vérité et si l'on pousse l'analyse bien au fond, il est faux de dire que ce film est en noir et blanc et en couleur. Bien mieux vaudrait le considérer comme le premier film en couleur au second degré. Je m'explique. Supposons que Clouzot ait tout réalisé en couleur. La peinture existerait plastiquement sur le même plan de réalité que le peintre. Tel bleu de la toile, sur l'écran, serait le même que le bleu de ses yeux, tel rouge identique au rouge de la chemise de Clouzot. Dès lors, pour rendre spectaculairement évident et sensible le mode d'existence imaginaire ou esthétique de la couleur sur la toile, par opposition aux couleurs de la réalité, il faudrait pouvoir créer une coloration au second degré, porter au carré le rouge et le bleu. Cette impensable opération esthétique, Clouzot l'a résolue avec l'élégance des grands mathématiciens. Il a compris que faute de porter la couleur au carré on pouvait tout aussi bien la diviser par elle-même. Ainsi la réalité naturelle n'étant que la forme multipliée par la couleur, elle rétrograde, après division, à la forme seule, c'est-à-dire au noir et blanc, cependant que la peinture qui est couleur superposée à la couleur du monde réel conserve son chromatisme esthétique. D'où vient que le spectateur ne s'aperçoit qu'à peine du contraste, car les rapports vrais de la réalité ne sont pas modifiés ? En fait, quand nous contemplons un tableau, nous percevons bien sa couleur comme essentiellement différente de celle du mur ou du chevalet. Virtuellement alors nous anéantissons la couleur naturelle au bénéfice de la création picturale. C'est ce processus mental que Clouzot reconstitue presque à notre insu.

Autrement dit *Le Mystère Picasso* n'est pas « un film en noir et blanc sauf dans les séquences exclusivement picturales », c'est essentiellement et au contraire un film en couleur, rétrogradé en noir et blanc dans les séquences extra-picturales.

Seule la malveillance ou l'aveuglement peuvent donc faire soutenir que le film n'est pas de Clouzot mais de Picasso. Il est certain, bien sûr, que le génie du peintre est au principe du film non seulement en sa qualité à priori de peintre génial, mais pour une foule de qualités particulières qui ont sans doute rendu matériellement possibles la conception et la réalisation du film. Ce n'est pourtant pas diminuer Picasso que de montrer la part créatrice décisive de Clouzot. L'inadmissible musique d'Auric constitue en effet évidemment la concession que le réalisateur a cru pouvoir faire à l'anecdote et au pittoresque, après s'être refusé avec une audace souvent stupéfiante tant de facilités psychologiques.

XIV

« ALLEMAGNE ANNÉE ZÉRO[1] »

Le mystère nous fait peur et le visage de l'enfant provoque un désir contradictoire. Nous l'admirons à proportion de sa singularité et de ses caractères spécifiquement puérils. D'où le succès de Mickey Rooney et la prolifération des taches de rousseur sur la peau des jeunes vedettes américaines. Le temps de Shirley Temple, qui prolongeait indûment une esthétique théâtrale, littéraire et picturale, est bien fini. Les enfants de cinéma ne doivent surtout plus ressembler à des poupées de porcelaine, ni à des Enfants-Jésus de la Renaissance. Mais, d'un autre côté, nous souhaitons être rassurés contre le mystère et nous attendons inconsidérément de ces visages qu'ils reflètent des sentiments que nous connaissons bien parce qu'ils sont les nôtres. Nous leur demandons des signes de complicité et le public se pâme et tire vivement son mouchoir quand l'enfant traduit les sentiments habituels aux adultes. Ainsi c'est nous que nous cherchons à contempler en eux : nous, plus l'innocence, la maladresse, la naïveté que nous avons perdues. Le spectacle nous attendrit, mais n'est-ce pas aussi sur nous que nous pleurons ?

A de très rares exceptions près (*Zéro de conduite*, par exemple, où l'ironie tient une telle place) les films d'enfants spéculent à fond sur l'ambiguïté de notre intérêt pour les petits d'hommes. A y réfléchir un peu, ils traitent l'enfance comme si précisément elle était accessible à notre connaissance et à notre sympathie, ils sont réalisés sous le signe de l'anthropomorphisme. *Quelque part en Europe* n'échappe pas à la règle, au contraire. Radvanyi en a joué avec une

1. *Esprit*, 1949.

diabolique habileté : je ne lui reprocherai pas sa démagogie dans la mesure où j'accepte le système. Mais si j'y vais de ma larme comme tout le monde, je vois bien que la mort du jeune gamin de dix ans, abattu tandis qu'il joue la Marseillaise à l'harmonica, n'est si émouvante qu'autant qu'elle ressemble à notre conception adulte de l'héroïsme. L'atroce exécution du chauffeur de camion avec un nœud coulant de fil de fer possède, par contre, à cause de son but dérisoire (un quignon de pain et un morceau de lard pour dix gamins affamés), quelque chose d'inexplicable et d'imprévu, qui relève du mystère irréductible de l'enfance. Mais, dans l'ensemble, le film utilise beaucoup plus notre sympathie pour les sentiments compréhensibles et visibles des enfants.

L'originalité profonde de Rossellini est de s'être délibérément refusé tout recours à la sympathie sentimentale, toute concession à l'anthropomorphisme. Son gosse a onze ou douze ans, il serait aisé et même souvent normal que le scénario et le jeu nous mettent dans le secret de sa conscience. Or, si nous savons quelque chose sur ce que pense et ressent cet enfant, ce n'est jamais par des signes directement lisibles sur son visage, pas même par son comportement, car nous ne le comprenons que par recoupements et conjectures. Certes, le discours du maître d'école nazi est directement à l'origine de l'assassinat du malade inutile (« il faut que les faibles laissent la place pour que vivent les forts »), mais quand il verse le poison dans le verre de thé, nous chercherions en vain sur son visage autre chose que de l'attention et du calcul. Nous n'en pouvons pas plus conclure à son indifférence et à sa cruauté qu'à son éventuelle douleur. Un instituteur a prononcé devant lui certaines paroles, elles ont cheminé dans son esprit et l'ont amené à cette décision, mais comment, au prix de quel conflit intérieur ? Ce n'est pas l'affaire du cinéaste, mais celle de l'enfant. Rossellini ne pouvait nous en proposer une interprétation qu'au prix d'un truquage, en projetant sa propre explication sur l'enfant et en obtenant de lui qu'il la reflète à notre propre usage. C'est évidemment dans le dernier quart d'heure du film que triomphe l'esthétique de Rossellini tout au long de la quête de l'enfant à la recherche d'un signe de confirmation et d'assentiment jusqu'au suicide au bout de cette trahison du monde. L'instituteur refuse d'abord d'assumer quelque responsabilité que ce soit dans le geste de ce disciple compromettant. Rejeté à la rue, le gosse

Allemagne année zéro : « Les signes du jeu et de la mort peuvent être les mêmes sur un visage d'enfant. »

marche, marche, cherchant de-ci de-là, parmi les ruines ; mais les uns après les autres, gens et choses l'abandonnent. Sa petite amie est avec les copains ; ces enfants qui jouent ramassent leur ballon à son approche. Pourtant les gros plans, qui rythment cette course interminable, ne nous révèlent jamais rien d'autre qu'un visage soucieux, réfléchi, inquiet peut-être, mais de quoi ? D'une affaire de marché noir ? D'un couteau échangé contre deux cigarettes ? De la raclée qu'il peut prendre en rentrant ? Seul l'acte final nous en donnera rétrospectivement la clef. C'est que tout simplement les signes du jeu et de la mort peuvent être les mêmes sur un visage d'enfant, les mêmes du moins pour nous qui ne pouvons percer son mystère. L'enfant saute à cloche-pied sur le bord d'un trottoir ébréché, il ramasse dans les pierres et les aciers tordus un bout de fer rouillé qu'il manie comme un revolver, il vise à travers un créneau de ruine : tac, tac, tac..., sur une cible imaginaire, puis exactement avec la même spontanéité de jeu pose le canon imaginaire sur sa tempe. Le suicide enfin ; le gosse a escaladé les étages éventrés de l'immeuble qui se dresse en face de chez lui ; il regarde l'espèce de camion corbillard qui vient prendre le cercueil et s'en va, laissant là la famille. Une poutre de fer traverse obliquement l'étage crevé, offrant sa pente de tobogan ; il glisse sur son fond de culotte et saute dans le vide. Son petit corps est là maintenant, en bas, derrière ce tas de pierres au bord du trottoir ; une femme pose son cabas pour s'agenouiller près de lui. Un tram passe avec un bruit de ferraille ; la femme s'est adossée au tas de pierres, les bras pendants dans l'attitude éternelle des Pietà.

On voit bien comment Rossellini a été amené à traiter de cette manière son personnage principal. Cette objectivité psychologique était dans la logique de son style. Le « réalisme » de Rossellini n'a rien de commun avec tout ce que le cinéma (sauf celui de Renoir) a donné jusqu'alors de réaliste. Ce n'est point un réalisme du sujet, mais du style. Il est peut-être le seul metteur en scène au monde à savoir nous intéresser à une action tout en la laissant objectivement sur le même plan de mise en scène que son contexte. Notre émotion y est pure de toute sentimentalité, c'est qu'elle a été contrainte de se réfléchir sur notre intelligence. Ce n'est pas l'acteur qui nous émeut, ni l'événement, mais le sens que nous sommes contraints d'en dégager. Dans cette mise en scène, le sens moral ou dramatique n'est jamais apparent à la surface de la réalité ; pourtant nous ne pouvons éviter de savoir quel il est si nous avons une conscience. N'est-ce point là une solide définition du réalisme en art : contraindre l'esprit à prendre parti sans tricher avec les êtres et les choses ?

XV

« LES DERNIÈRES VACANCES[1] »

Pour quelques dizaines de personnes dans Paris, romanciers, poètes, directeurs de revues, acteurs, metteurs en scène de théâtre ou de cinéma, critiques, peintres, producteurs indépendants dont la plupart se rencontraient déjà entre l'Odéon, la rue du Bac et la Seine (bien avant l'invasion existentialiste, quand les Deux Magots étaient encore une centrale littéraire et qu'on allait au café de Flore pour rencontrer Renoir, Paul Grimaud ou Jacques Prévert), pour quelques dizaines de personnes, dis-je, dans le Paris des Lettres, des Arts et de l'amitié, existait dès avant la guerre un cas Roger Leenhardt. Ce petit homme mince, légèrement voûté comme sous le faix d'on ne sait quelle lassitude idéale, ce petit homme, donc, occupait aux frontières de la littérature et du cinéma français une place discrète, insolite et exquise.

Ils sont quelques-uns à tenir à juste titre Roger Leenhardt pour l'un des plus brillants critiques et esthéticiens du cinéma parlant et à savoir qu'il le fut avec deux bons lustres d'avance (cf. articles de la revue *Esprit* 1937 et ses conférences à la radio, même année). Pour d'autres, Leenhardt est d'abord un romancier qui n'a jamais tout à fait fini ses romans ; pour d'autres encore, un curieux poète des affaires qui, après avoir risqué l'aventure et consommé sa ruine financière dans la culture intensive du cédrat (en Corse), s'est fait producteur de courts métrages pour satisfaire les subtils complexes qui le liaient au cinéma. Je soupçonne Roger Leenhardt d'être producteur comme il est critique,

1. *Revue du Cinéma*, juin 1948, paru sous le titre : « Le style c'est l'homme même. »

juste assez pour ne pas s'avouer metteur en scène. Nous le vîmes, dix ans durant, tourner autour du cinéma, feindre de l'oublier, parfois le mépriser et le rattraper d'un mot au détour nonchalant de quelqu'une de ces admirables conversations où Leenhardt joue des idées comme le chat de la souris. D'aucuns se demandaient aussi si Leenhardt pourrait jamais aborder le « grand film », s'attaquer à l'œuvre majeure que la forme de son intelligence semblait peut-être vouer d'avance à l'échec. Avec Leenhardt on eût même été tenté de trouver dommage que cette source d'idées vives se compromît à la réalisation.

Je soupçonne du reste Leenhardt de s'être décidé à accepter la proposition de son ami et producteur Pierre Gerin, dans la mesure où réaliser un film est encore une manière de poser une idée : celle de la création, de façon à peine moins intellectuelle que l'aventure du cédrat au cœur de la Méditerranée.

Si je m'attarde ainsi à la personnalité de Roger Leenhardt avant de parler des *Dernières vacances*, c'est qu'elle me paraît en certains sens plus importante que le film. D'abord parce que l'essentiel de Leenhardt passera toujours dans sa conversation et que son œuvre, si importante qu'elle soit, n'en sera jamais qu'un sous-produit. Ses chefs-d'œuvre, Roger Leenhardt nous les a peut-être donnés, sous une forme mineure, dans les commentaires des courts métrages qu'il a réalisés ou produits. Vous souvient-il, par exemple, de ce documentaire sur le vent où apparaissait, sur une garrigue brûlée de soleil et de mistral, la haute silhouette de Lanza del Vasto ? Mais je ne veux même pas parler du texte, encore que celui de *Naissance du Cinéma* soit admirable, je pense seulement à la diction, au timbre et à la modulation de la voix qui fait de Leenhardt le meilleur commentateur du cinéma français. Tout Leenhardt est dans cette voix intelligente et incisive que la mécanique du micro ne parvient jamais à corroder tant elle s'identifie avec le mouvement même de l'esprit. Leenhardt avant tout est un homme de parole. Elle seule est assez mobile, assez souple, assez intime pour absorber et traduire sans dégradation d'énergie appréciable la dialectique de Roger Leenhardt, en conserver la vibration dans cette diction sans ombre où la clarté tremble avec passion.

N'eût-il jamais réalisé de grands films, Roger Leenhardt serait déjà l'une des personnalités les plus attachantes et les plus irremplaçables du cinéma français. Une sorte d'éminence grise de la chose cinématographique. L'un des rares hommes qui, après la génération des Delluc et des Germaine Dulac, ont fait que le cinéma français ait une conscience.

Il semblait donc que le caractère même de Leenhardt lui réservât de ne point s'aventurer trop loin de cette zone franche aux frontières de la création et de la production, de ne point passer de cette semi-internationalité de Saint-Germain-des-Prés où tout est possible en paroles, au monde implacable et stupide des Champs-Élysées soumis à l'Inquisition sans appel du succès et de l'argent.

Écrivons-le parce que c'est justice : il faut savoir gré à Pierre Gerin d'avoir tendu à Roger Leenhardt, de la rive droite à la rive gauche, le pont de sa confiance et de son amitié.

Je puis le dire maintenant : nous avions très peur. D'abord sans doute parce qu'un échec nous eût peiné dans notre affection sinon dans notre estime, mais plus encore parce que Leenhardt allait, après quelques-uns, porter lui aussi témoignage sur l'un des plus graves problèmes de la création cinématographique. En dépit de sa familiarité intellectuelle avec le film, en dépit de son expérience de producteur et de réalisateur de courts métrages, Leenhardt s'avançait dans le cinéma sans armes, vierge de technique du studio. Il n'avait pratiquement jamais dirigé d'acteurs. Et voici qu'il allait lui falloir d'emblée maîtriser tous les monstres contre lesquels le syndicat, à défaut des producteurs, protège soigneusement le réalisateur novice. Leenhardt était virtuellement chargé de répondre à la question : un auteur peut-il au cinéma aller droit à son style, soumettre en quelques jours d'apprentissage toute la technique à sa volonté et à ses intentions, faire une œuvre à la fois belle et commerciale sans en passer par les rites d'un long apprentissage technique ? Nous n'attendions pas de Leenhardt un film « bien fait », mais une œuvre signée qui réalisât enfin sur un mode majeur quelque chose du monde qu'il porte en lui. Il en est d'autres exemples, mais ils ne sont pas si nombreux. Mis à part le cas tout différent de Renoir, qui est sans doute avec Méliès et Feuillade le seul homme-cinéma dont la France ait eu le privilège, il n'est guère que Cocteau et Malraux pour avoir su soumettre du premier coup la technique à leur style. A Hollywood, l'aventure toute chaude d'Orson Welles prouve du reste ce que peut gagner la technique à se laisser violenter par le style. Allait-elle se refuser à l'un des hommes les plus intelligents du cinéma français ?

Leenhardt a eu la prudence de se donner le maximum des difficultés ; le pire était, dans ces circonstances, le plus sûr. Aussi Leenhardt a-t-il écrit (avec son beau-frère et ami intime le regretté Roger Breuil) son scénario et son dialogue. Le sujet lui-même était d'une ténuité toute romanesque et l'interprétation posait des problèmes quasi insolubles.

L'idée initiale est très simple, très belle et pourrait sortir d'un roman de Giraudoux. Vers quinze ou seize ans, il arrive que la fille conquière sur le garçon une maturité psychologique que celui-ci mettra plusieurs années à rattraper. L'arrivée d'un jeune architecte parisien, chargé de l'achat de la propriété familiale, fait brutalement prendre conscience à Juliette de son destin de femme et l'écarte momentanément de son cousin Jacques qui sent confusément, dans sa jalousie puérile, que Juliette lui échappe, qu'elle passe du côté des grandes personnes et qu'il lui faut à son tour, mais plus lentement et plus douloureusement, se frayer son chemin au pays des hommes. Ces dernières vacances lui auront appris à distinguer la brûlure de la dernière gifle d'une mère, de la première gifle d'une femme.

Mais le thème de la fin de l'enfance, Leenhardt l'a lié intimement à celui de la fin d'une famille et d'une certaine société : de cette bourgeoisie protestante dont trois générations de sécurité matérielle et de richesse laborieusement acquise ont fait une manière d'aristocratie. Environ 1930, au lendemain de l'autre guerre, la décadence est déjà commencée. Les deux aventures, celle des enfants et celle de leurs parents, ont un terrain commun : ce domaine devenu trop lourd aux héritiers et qu'il va falloir vendre à une entreprise hôtelière.

Ce parc, où Jacques et Juliette auront reçu leur première leçon d'amour, est aussi le produit d'une géographie humaine très précise, avec ses bassins de rocaille, ses grandes pelouses dont on récolte le foin, son allée de bambous, sa flore d'araucarias, de cèdres bleus, de magnolias grandiflora, où le chêne vert est la seule essence qui rappelle les garrigues cévenoles, il est la sécrétion de la propriété bourgeoise telle qu'elle se rencontre en vingt autres provinces françaises. Lieu clos, paradis artificiel et objet aussi désuet et insolite dans ces terres brûlées de soleil et jalonnées de ruines romaines que les robes de guipure et les travaux de

Les dernières vacances. La fin de l'enfance.

perle de tante Nelly. Il est le symbole de trois ou quatre générations bourgeoises, dont le charme et la grandeur auront tout de même été, en trois quarts de siècle, de se créer tout à la fois un style de vie et un style de propriété. Mais ce merveilleux bourgeois est devenu encore plus anachronique dans les soucis des parents que dans les jeux des enfants.

On peut à ce propos se demander pourquoi le cinéma français n'a pas plus exploité jusqu'ici le thème du « domaine familial » auquel la littérature, de *Dominique* au *Grand Meaulnes*, doit pourtant quelques-uns de ses chefs-d'œuvre et de nombreux romans très estimables. Mais il est plus curieux de constater que la bourgeoisie, dont les mœurs et la décadence font la matière des neuf dixièmes de la grande production romanesque française de Balzac à Marcel Proust, ait si peu intéressé les cinéastes que, du *Chapeau de paille d'Italie* à *Douce* et au *Diable au corps*, on ne puisse guère citer comme film « bourgeois » que l'éternelle et merveilleuse *Règle du jeu*.

Notons au passage combien Leenhardt s'est encore compliqué la tâche en situant son action entre 1925 et 1930. Audace discrète, mais intéressante, puisque non content de se refuser les prestiges classiques du dépaysement 1900, il lui fallait au contraire affronter la difficulté de montrer des costumes peu seyants et trop proches de nous pour ne pas courir le risque du ridicule.

Le problème de l'interprétation était d'une solution plus délicate encore. Quinze ans est l'âge ingrat du cinéma (alors qu'il est au contraire l'âge d'élection du roman) parce qu'il ne faut plus compter sur la grâce animale de l'enfance et que peu d'acteurs professionnels possèdent le naturel suffisant. Dans *Le Diable au corps*, Autant-Lara a joué à la limite de l'âge immédiatement supérieur. Le scénario des *Dernières vacances* ne le permettait pas. Leenhardt a été récompensé de son audace : la jeune Odile Versois, dont ce sont les débuts à l'écran, et Michel François, qui porte aisément les culottes courtes, sont l'un et l'autre presque parfaits. Ils dominent en tout cas l'interprétation adulte. Celle-ci est assurément la cause des principales faiblesses du film. Pierre Dux, en particulier, n'est pas du tout le personnage un peu faible mais au fond bon enfant et bon vivant qu'appelait le scénario. Berthe Bovy manque de simplicité et Christiane Barry n'a pas suffisamment de qualités pour jouer la belle cousine divorcée. On peut aussi reprocher à Leenhardt le changement de ton de la fin du film. Les deux premiers tiers, surtout consacrés à l'aventure de Jacques et Juliette, sont d'une admirable venue, j'allais dire : romanesque. Le dernier, au contraire, où l'accent est porté sur l'intrigue amoureuse esquissée entre Pierre Dux et Christiane Barry, évite de peu le ton du vaudeville à certains moments. Peut-être le scénariste a-t-il ici manqué d'audace et de souffle.

Mais, si intéressant en lui-même et en grande partie si nouveau que soit le scénario de Roger Leenhardt, c'est beaucoup plus à mon sens le style de la mise en scène qui doit retenir l'attention. Il ne manquera pas de techniciens chevronnés pour le trouver pauvre, sinon maladroit. Le public n'y remarquera rien qu'une sorte de dénuement des effets techniques qu'il prendra aussi plus ou moins consciemment pour de la pauvreté. C'est qu'on ne sait presque plus, ou presque pas encore, ce qu'est le style au cinéma. En réalité, sur cent films, il en est bien quatre-vingt-dix-huit dont la technique de découpage est rigoureusement identique, en dépit d'illusoires procédés de « style ». Un film de M. Christian Jaque ou même de M. Duvivier ne se reconnaît pas à son style, mais seulement à l'emploi plus ou moins fréquent de certains effets parfaitement classiques auxquels ils ont simplement apporté quelques perfectionnements personnels. En revanche, les films de Renoir découpés, la plupart du temps, en dépit du bon sens et au mépris de toutes les grammaires, sont le style même. Leenhardt n'était pas homme à mépriser la forme ni même les règles, et je ne prétends point qu'on ne sente pas parfois une certaine gaucherie dans la solution d'un problème du découpage qu'un peu plus d'expérience lui eût permis de résoudre, mais, pour l'essentiel, il a parfaitement trouvé son style et la technique adéquate. Sa phrase cinématographique a une syntaxe et un rythme discrètement personnels et sa clarté ne doit pas tromper sur son originalité. Avec un sens admirable de la continuité concrète de la scène, Leenhardt sait en dégager à temps le détail significatif sans renoncer pour autant à la liaison aux ensembles.

Romancier, Leenhardt eût été moraliste. L'écriture cinématographique retrouve en quelque sorte ici et par ses moyens propres, cette syntaxe de la lucidité qui caractérise tout un classicisme romanesque français, de *La Princesse de Clèves* à *L'Étranger*. Considéré comme descriptif, le découpage des *Dernières vacances* pourrait en effet souvent paraître élémentaire, mais il est d'abord le mouvement d'une pensée où se retrouvent précisément résolues esthétiquement les contradictions les plus frappantes de la personnalité de Roger Leenhardt. S'il fallait chercher des références plastiques au lieu que littéraires, je comparerais les meilleures scènes des *Dernières vacances* à ces gravures où l'observation du détail tire précisément sens et valeur de la clarté linéaire du trait. Partiellement influencé par Renoir (sa caméra sait ne jamais tuer la scène sous un scalpel de vivisection), Leenhardt s'en sépare pourtant, sans le renier, parce qu'il ne renonce jamais tout à fait à comprendre l'événement, c'est-à-dire à le juger. Le protestantisme héréditaire de l'auteur ne se décèle pas seulement dans la matière même du scénario et le cadre cévenol de l'action, il contribue à informer le découpage, il lui impose une morale dont Renoir — et c'est au reste ce qui fait son charme — est entièrement dépourvu.

Il est à craindre que cette œuvre discrète, dont rien dans le scénario et la mise en scène ne recourt à des prestiges spectaculaires, et qui a été réalisée avec de faibles moyens, ne bénéficie pas de toute l'attention qu'elle mérite. Du moins le pourrions-nous penser d'après la froideur persistante avec laquelle les commissions de sélection ont écarté *Les Dernières vacances* de toutes les compétitions internationales en 1947.

C'est que sa nature esthétique est essentiellement romanesque. Leenhardt a fait en film le roman qu'il aurait pu écrire. Aussi paradoxal que cela paraisse, l'attention du public et même de la critique serait à priori beaucoup plus favorable s'il s'agissait d'une adaptation. *Les Dernières vacances* s'intégrant tout naturellement et sans qu'on y prenne garde dans une tradition littéraire, on ne remarque plus ce que son existence cinématographique peut avoir d'insolite et de profondément original. Je ne vois guère que Malraux qui, dans un type de roman radicalement différent, nous ait fait sentir cette équivoque de l'œuvre cinématographique qui pouvait être littéraire. Qu'on ne s'y trompe pas : *Sierra de Teruel* est le contraire d'une adaptation. Le film et le livre sont la réfraction dans deux matières esthétiques différentes du même projet créateur, ils sont sur le même plan d'existence esthétique. Si Malraux n'avait pas écrit *L'Espoir* (terminé après le film), nous n'en aurions pas moins sur l'écran quelque chose qui aurait pu être un roman. C'est bien ce sentiment que nous donnent *Les Dernières vacances*. Or tout ce qui depuis dix ans compte réellement dans la production mondiale, de *La Règle du jeu* à *Citizen Kane* et à *Païsa*, n'est-ce pas précisément des romans (ou des nouvelles) qui ont préféré être des films ? Et n'est-ce pas à ces mutations esthétiques (qui ne sont point, je le répète, adaptations ou transpositions) que le langage cinématographique doit, depuis le même temps, ses plus incontestables progrès ?

XVI

LE WESTERN
OU LE CINÉMA AMÉRICAIN PAR EXCELLENCE[1]

Le western est le seul genre dont les origines se confondent presque avec celles du cinéma et que près d'un demi-siècle de succès sans éclipse laisse toujours aussi vivant. Même si l'on conteste l'égalité de son inspiration et de son style depuis les années 30, il faudra au moins s'étonner de la stabilité de son succès commercial, thermomètre de sa santé. Sans doute le western n'a-t-il pas tout à fait échappé à l'évolution du goût cinématographique, voire du goût tout court. Il a subi et subira encore des influences étrangères (celles du roman noir par exemple, de la littérature policière ou des préoccupations sociales de l'époque), la naïveté et la rigueur du genre en ont été perturbées. Il est permis de le regretter mais non d'y voir une véritable décadence. En effet, ces influences ne se sont exercées en réalité que sur une minorité de productions d'un standing relativement élevé sans affecter les films de « série Z » destinés surtout à la consommation intérieure. D'autre part, autant que de regretter les contaminations passagères du western, vaudrait de s'émerveiller qu'il y résiste. Chaque influence agit sur lui comme un vaccin. Le microbe perd, à son contact, sa virulence mortelle. En dix ou quinze ans la comédie américaine a épuisé ses vertus ; si elle se survit dans des réussites occasionnelles, c'est dans la seule mesure où elle s'écarte en quelque manière des canons qui ont fait ses succès d'avant-guerre. Des *Nuits de Chicago* (1927) à *Scarface* (1932), le

1. Préface au livre de J.-L. Rieupeyrout, *Le Western ou le cinéma américain par excellence*, collection « 7e Art », Éd. du Cerf, Paris, 1953.

film de gangster avait déjà accompli son cycle de croissance. Les scénarios policiers ont évolué rapidement, et si l'on peut encore aujourd'hui retrouver une esthétique de la violence dans le cadre de l'aventure criminelle qui leur est évidemment commune avec *Scarface*, on serait bien en peine d'y reconnaître à travers le détective privé, le journaliste ou le G. Man, les héros originels. D'ailleurs, si l'on peut parler d'un genre policier américain, on ne saurait lui attribuer la spécificité du western, la littérature qui existait avant lui n'a cessé de l'influencer et les derniers avatars intéressants du film criminel noir en procédaient directement.

Au contraire, la permanence des héros et des schémas dramatiques du western a été récemment démontrée par la télévision avec le succès délirant des anciennes bandes d'Hopalong Cassidy : le western ne vieillit pas.

Plus encore peut-être que la pérennité historique du genre, son universalité géographique nous étonne. En quoi les populations arabes, hindoues, latines, germaniques ou anglo-saxonnes, près desquelles le western n'a cessé de remporter un succès constant, sont-elles concernées par l'évocation de la naissance des États-Unis d'Amérique, la lutte de Buffalo Bill contre les Indiens, le tracé des lignes de chemin de fer ou la guerre de Sécession ?

Il faut donc que le western recèle quelque secret mieux que de jouvence : d'éternité ; un secret qui s'identifie de quelque manière avec l'essence même du cinéma.

Il est aisé de dire que le western « c'est le cinéma par excellence », parce que le cinéma c'est le mouvement. Il est vrai que la chevauchée et la bagarre sont ses attributs ordinaires. Mais alors le western ne serait qu'une variété parmi d'autres du film d'aventure. Du reste, l'animation des personnages portée à une manière de paroxysme est inséparable de son cadre géographique, et l'on pourrait aussi bien définir le western par son décor (la ville de bois) et son paysage ; mais d'autres genres ou d'autres écoles cinématographiques ont tiré parti de la poésie dramatique du paysage, par exemple la production suédoise muette, sans que cette poésie qui contribuera à leur grandeur assurât leur survie. Mieux, il est arrivé comme dans *Overlanders*, qu'on emprunte au western l'un de ses thèmes — le voyage traditionnel du troupeau — et qu'on le situe dans un paysage (celui de l'Australie centrale) assez analogue à ceux de l'Ouest américain.

Le résultat, on le sait, fut excellent ; mais il est heureux que l'on ait renoncé à tirer une suite quelconque de cette prouesse paradoxale dont la réussite n'était due qu'à des conjonctures exceptionnelles. Et s'il est arrivé qu'on tourne des westerns en France dans les paysages de Camargue, il n'y faut voir qu'une preuve supplémentaire de la popularité et de la santé d'un genre qui supporte la contrefaçon, le pastiche ou la parodie.

A la vérité, on s'efforcerait en vain de réduire l'essence du western à l'un quelconque de ses composants manifestes. Les mêmes éléments se retrouvent ailleurs, mais non les privilèges qui leur paraissent attachés. Il faut donc que le western soit autre chose que sa forme. Des chevauchées, des bagarres, des hommes forts et courageux dans un paysage d'une sauvage austérité ne sauraient suffire à définir ou à cerner les charmes du genre.

Ces attributs formels auxquels on reconnaît d'ordinaire le western ne sont que les signes ou les symboles de sa réalité profonde qui est le mythe. Le western est né de la rencontre d'une mythologie avec un moyen d'expression : la Saga de l'Ouest existait avant le cinéma sous des formes littéraires ou folkloriques, et la multiplication des films n'a d'ailleurs pas tué la littérature western qui continue d'avoir son public et de fournir aux scénaristes leurs meilleurs sujets. Mais il n'y a pas de commune mesure entre l'audience limitée et nationale des « western stories » et celle, universelle, des films qui s'en inspirent. De même que les miniatures des Livres d'Heures ont servi de modèles à la statuaire et aux vitraux des cathédrales, cette littérature, libérée du langage, trouve sur l'écran une promotion à sa mesure comme si les dimensions de l'image se confondaient enfin avec celles de l'imagination.

Ce livre mettra l'accent sur un aspect méconnu du western : sa vérité historique. Méconnu à cause, sans doute, d'abord de notre ignorance, mais plus encore du préjugé solidement enraciné selon lequel le western ne saurait que raconter des histoires d'une grande puérilité, fruit d'une invention naïve et ne se mettant point en peine de vraisemblance psychologique, historique ou même tout simplement matérielle. Il est vrai en effet que, d'un point de vue purement quantitatif, les westerns explicitement soucieux de fidélité historique sont la minorité. Vrai aussi que ce ne sont point nécessairement les seuls valables. Il serait ridicule de juger le personnage de Tom Mix (et plus encore de son cheval blanc enchanté), ou même de William Hart ou de Douglas Fairbanks qui firent les beaux films de la grande période primitive du western, à l'aune de l'archéologie. Au demeurant, nombre de westerns actuels d'un standing honorable (je pense par exemple au *Désert de la peur*, à *La Ville abandonnée*, ou au *Train sifflera trois fois*) n'offrent avec l'histoire que des analogies assez simples. Ce sont d'abord des œuvres d'imagination. Mais il serait aussi faux d'ignorer les références historiques du western que de nier la liberté sans embarras de ses scénarios. J.-L. Rieupeyrout nous montre parfaitement la genèse de l'idéalisation épique à partir d'une histoire relativement proche, mais il se peut que, préoccupée de rappeler ce qui d'ordinaire est oublié ou ignoré, son étude, s'attachant surtout aux films qui illustrent sa thèse, rejette implicitement dans l'ombre l'autre face de la réalité esthétique. Pourtant elle lui donnerait doublement raison. Car les rapports de la réalité historique avec le western ne sont pas immédiats et directs mais dialectiques. Tom Mix est le contraire d'Abraham Lincoln, mais il en perpétue à sa manière le culte et le souvenir. Sous ses formes les plus romanesques ou les plus naïves, le western est tout le contraire d'une reconstitution historique. Hopalong Cassidy ne diffère, semble-t-il, de Tarzan que par son costume et le cadre de ses prouesses. Pourtant si l'on veut bien se donner la peine de comparer ces histoires charmantes mais invraisemblables, de les superposer, comme on fait en physiognomonie moderne de plusieurs négatifs de visages, on verra apparaître en transparence un western idéal fait des constantes communes aux unes et aux autres : un western composé de ses seuls mythes à l'état pur. Pour l'exemple distinguons l'un d'eux, celui de la Femme.

Dans le premier tiers du film, le « bon cow-boy » rencontre la pure jeune fille, disons la vierge sage et forte, dont il s'éprend d'un amour qu'une grande pudeur ne nous empêche pas de deviner partagé. Mais des obstacles, quasi insurmontables, s'opposent à cet amour. L'un des plus significatifs et des plus fréquents vient de la famille de l'aimée — le frère, par exemple, est une sinistre canaille dont le bon cow-boy est obligé de débarrasser la société en combat singulier. Nouvelle Chimène, notre héroïne s'interdit de trouver joli garçon l'assassin de son frère. Pour se racheter aux yeux de sa belle et mériter son pardon, notre chevalier

William S. Hart dans *Wild Bill Hickok* (1923) : « Il serait ridicule de juger le personnage de Tom Mix..., ou même de William Hart ou de Douglas Fairbanks qui firent les beaux films de la grande période primitive du western, à l'aune de l'archéologie. »

doit alors passer par une série d'épreuves fabuleuses. Finalement, il sauve l'élue de son cœur d'un péril mortel (mortel pour sa personne, sa vertu, sa fortune, ou les trois à la fois). A la suite de quoi, puisque nous sommes vers la fin du film, la belle aurait mauvaise grâce à ne pas tenir son prétendant pour quitte et lui laisser espérer beaucoup d'enfants.

Jusqu'ici ce schéma sur lequel, bien sûr, on peut broder mille variantes (par exemple, en substituant la guerre de Sécession à la menace des Indiens, ou des voleurs de bétail), n'est pas déjà sans rappeler celui des romans courtois par la prééminence qu'il accorde à la femme et les épreuves auxquelles le meilleur des héros doit satisfaire pour prétendre à son amour.

Mais l'histoire se corse bien souvent d'un personnage paradoxal : l'entraîneuse de saloon, généralement amoureuse elle aussi du bon cow-boy. Il y aurait donc une femme de trop si le dieu des scénaristes ne veillait. Quelques minutes avant la fin, la prostituée au grand cœur sauve celui qu'elle aime d'un péril, sacrifiant sa vie et un amour sans issue au bonheur de son cow-boy. Du même coup elle se rachète définitivement dans le cœur des spectateurs.

Voici qui prête à réflexion. On remarque en effet que la division des bons et des méchants n'existe que pour les hommes. Les femmes, de haut en bas de l'échelle sociale, sont en tout état de cause dignes d'amour, tout au moins d'estime ou de pitié. La moindre fille de joie est encore rachetée par l'amour et par la mort, cette dernière lui est d'ailleurs épargnée dans *La Chevauchée fantastique* dont les analogies avec *Boule de Suif* de Maupassant sont bien connues. Il est vrai que le bon cow-boy est plus ou moins repris de justice et que le plus moral des mariages devient dès lors possible entre le héros et l'héroïne.

Aussi dans le monde du western les femmes sont bonnes, c'est l'homme qui est mauvais. Si mauvais que le meilleur doit en quelque sorte racheter par ses épreuves la faute originelle de son sexe. Au Paradis Terrestre Ève induit Adam en tentation. Paradoxalement le puritanisme anglo-saxon, sous la pression des conjonctures de l'histoire, retourne la proposition biblique. La déchéance de la femme n'y est jamais que la conséquence de la concupiscence des hommes.

Il est évident que cette hypothèse procède des conditions mêmes de la sociologie primitive de l'Ouest où la rareté des femmes et les périls d'une vie trop rude firent à cette société naissante l'obligation de protéger ses femelles et ses chevaux. Contre le vol d'un cheval la pendaison peut suffire. Pour respecter les femmes il y faut plus que la crainte d'un risque aussi futile que celui de la vie : la force positive d'un mythe. Celui qu'illustre le western institue et confirme la femme dans sa fonction de vestale des vertus sociales dont ce monde encore chaotique a le plus grand besoin. Elle recèle non seulement l'avenir physique mais, par l'ordre familial auquel elle aspire comme la racine à la terre, ses assises morales.

Ces mythes eux-mêmes, dont nous venons d'analyser l'exemple peut-être le plus significatif (après lequel viendrait immédiatement celui du cheval), pourraient sans doute se réduire à un principe plus essentiel encore. Chacun d'eux ne fait au fond que spécifier, à travers un schéma dramatique déjà particulier, le grand manichéisme épique opposant les forces du Mal aux chevaliers de la juste cause. Ces paysages immenses de prairies, de déserts et de rochers où s'accroche, précaire, la ville de bois, amibe primitive d'une civilisation, sont ouverts à tous les possibles. L'Indien qui l'habitait était incapable de lui imposer l'ordre de l'Homme. Il ne s'en était rendu maître qu'en s'identifiant à sa sauvagerie païenne. L'homme chrétien blanc, au contraire, est vraiment le conquérant créateur d'un Nouveau Monde. L'herbe pousse où son cheval a passé, il vient implanter tout à la fois son ordre moral et son ordre technique, indissolublement liés, le premier garantissant le second. La sécurité matérielle des diligences, la protection des troupes fédérales, la construction des grandes voies ferrées importent moins peut-être que l'instauration de la justice et de son respect. Les rapports de la morale et de la loi, qui ne sont plus pour nos vieilles civilisations qu'un sujet de baccalauréat, se sont trouvés être, il y a moins d'un siècle, la proposition vitale de la jeune Amérique. Seuls des hommes forts, rudes et courageux pouvaient conquérir ces vierges paysages. Chacun sait que la familiarité avec la mort n'est pas pour entretenir la peur de l'enfer, le scrupule et la ratiocination morale. La police et les juges profitent surtout aux faibles. La force même de cette humanité conquérante faisait sa faiblesse. Là où la morale individuelle est précaire, seule la loi peut imposer l'ordre du bien et le bien de l'ordre. Mais la loi est d'autant plus injuste qu'elle prétend garantir une morale sociale ignorante des mérites individuels de ceux qui font cette société. Pour être efficace, cette justice doit être appliquée par des hommes aussi forts et téméraires que les criminels. Ces vertus, nous l'avons dit, ne sont guère compatibles avec la Vertu, et le shérif ne vaut pas personnellement toujours mieux que ceux qu'il fait pendre. Ainsi naît et se confirme une contradiction inévitable et nécessaire. Il n'y a souvent que peu de différence morale entre ceux qu'on qualifie de hors-la-loi et ceux qui sont dedans. Pourtant l'étoile du shérif doit constituer une manière de sacrement de la justice dont la valeur est indépendante des mérites de son ministre. A cette première contradiction s'ajoute celle de l'exercice d'une justice qui, pour être efficace, doit être

« Admirable illustration dramatique de la parabole du pharisien et du publicain, *La Chevauchée fantastique* de John Ford nous montre qu'une prostituée peut être plus respectable que les bigotes qui l'ont chassée de la ville, et tout autant que la femme d'un officier. »

extrême et expéditive — moins que le lynch cependant — et donc ignorer les circonstances atténuantes, voire les alibis trop longs à vérifier. En protégeant la société elle court le risque de l'ingratitude envers les plus turbulents peut-être de ses enfants mais non les moins utiles, peut-être même les moins méritants.

La nécessité de la loi n'a jamais été plus proche de la nécessité d'une morale, jamais non plus leur antagonisme plus concret et plus évident. C'est lui qui constitue, sur un mode burlesque, le fond du *Pèlerin* de Charlie Chaplin, où nous voyons, pour finir, notre héros courir à cheval sur la frontière du bien et du mal qui est aussi celle du Mexique. Admirable illustration dramatique de la parabole du pharisien et du publicain, *La Chevauchée fantastique* de John Ford nous montre qu'une prostituée peut être plus respectable que les bigotes qui l'ont chassée de la ville et tout autant que la femme d'un officier ; qu'un joueur débauché peut savoir mourir avec une dignité d'aristocrate, un médecin ivrogne pratiquer son métier avec compétence et abnégation ; un hors-la-loi poursuivi, pour quelques règlements de comptes passés et probablement futurs, faire preuve de loyauté, de générosité, de courage et de délicatesse, cependant qu'un banquier considérable et considéré s'enfuit avec la caisse.

Ainsi trouve-t-on à la source du western une éthique de l'épopée et même de la tragédie. Épique, le western l'est, croit-on généralement, par l'échelle surhumaine de ses héros, l'ampleur légendaire de leurs prouesses. Billy le Kid est invulnérable comme Achille, et son revolver, infaillible. Le cow-boy est un chevalier. Au caractère du héros correspond un style de mise en scène où la transposition épique apparaît dès la composition de l'image, sa prédilection pour les vastes horizons, les grands plans d'ensemble rappelant toujours la confrontation de l'Homme et de la Nature. Le western ignore pratiquement le gros plan, presque le plan américain, il affectionne en revanche le travelling et le panoramique qui nient le cadre de l'écran et restituent la plénitude de l'espace.

Il est vrai. Mais ce style de l'épopée ne prend son sens qu'à partir de la morale qui le sous-tend et le justifie. Cette morale est celle d'un monde où le bien et le mal social, dans leur pureté et leur nécessité, existent comme deux éléments simples et fondamentaux. Mais le bien à l'état naissant engendrant la loi dans sa rigueur primitive, l'épopée se fait tragédie par l'apparition de la première contradiction entre la transcendance de la justice sociale et la singularité de la justice morale, entre l'impératif catégorique de la loi, qui garantit l'ordre de la Cité future, et celui non moins irréductible de la conscience individuelle.

On a souvent parodié dans le western la simplicité cornélienne de ses scénarios. Il est aisé de remarquer en effet leur analogie avec celui du *Cid* : même conflit du devoir et de l'amour, mêmes épreuves chevaleresques au terme des-

Winchester 73 (de Anthony Mann) : « Le western ignore pratiquement le gros plan, presque le plan américain ; il affectionne en revanche le travelling et le panoramique qui nient le cadre de l'écran et restituent la plénitude de l'espace. » [Photo Universal Film.]

quelles seulement la vierge forte pourra consentir d'oublier l'affront fait à sa famille. Même pudeur du reste des sentiments supposant une conception de l'amour subordonnée au respect des lois sociales et morales. Mais cette comparaison est ambiguë ; se moquer du western en évoquant Corneille, c'est aussi marquer sa grandeur, grandeur toute proche peut-être de la puérilité, comme l'enfance est proche de la poésie.

N'en doutons pas, c'est cette grandeur naïve que les hommes les plus simples de tous les climats — et les enfants — reconnaissent dans le western en dépit des langues, des paysages, des mœurs et des costumes. Car les héros épiques et tragiques sont universels. La guerre de Sécession appartient à l'histoire du XIXe siècle, le western en a fait la guerre de

Troie de la plus moderne des épopées. La Marche vers l'Ouest est notre Odyssée.

Loin donc que l'historicité du western entre en contradiction avec le penchant non moins évident du genre pour les situations excessives, l'exagération des faits et le *deus ex machina*, bref tout ce qui en fait un synonyme d'invraisemblance naïve, elle fonde au contraire son esthétique et sa psychologie. L'histoire du cinéma n'a connu qu'un autre cinéma épique et c'est aussi un cinéma historique. Comparer la forme épique dans le cinéma russe et dans l'américain n'est pas le but de cette étude, et pourtant l'analyse des styles éclairerait sans doute d'un jour inattendu le sens historique des événements évoqués dans les deux cas. Notre propos est seulement de remarquer que la proximité des faits n'a rien à voir avec leur stylisation. Il est des légendes presque instantanées qu'une demi-génération suffit à mûrir pour l'épopée. Comme la conquête de l'Ouest, la Révolution soviétique est un ensemble d'événements historiques marquant la naissance d'un ordre et d'une civilisation. L'un et l'autre ont engendré les mythes nécessaires à la confirmation de l'Histoire, l'un et l'autre aussi ont dû réinventer la morale, retrouver à leur source vive, avant leur mélange ou leur pollution, le principe de la loi qui mettra de l'ordre dans le chaos, séparera le ciel et la terre. Mais peut-être le cinéma était-il le seul langage non seulement capable de l'exprimer, mais surtout de lui donner sa véritable dimension esthétique. Sans lui, la conquête de l'Ouest n'aurait laissé avec les « western stories » qu'une littérature mineure, et ce n'est ni par sa peinture ni au mieux par ses romans que l'art soviétique a imposé au monde l'image de sa grandeur. C'est que le cinéma est désormais l'art spécifique de l'épopée.

XVII

ÉVOLUTION DU WESTERN[1]

A la veille de la guerre le western était arrivé à un degré certain de perfection. L'année 1940 marque un palier au-delà duquel une nouvelle évolution devait fatalement se produire, évolution que les quatre années de guerre ont simplement retardée, puis infléchie, sans cependant la déterminer. *Stage Coach* (1939) est l'exemple idéal de cette maturité d'un style parvenu au classicisme. John Ford parvenait à l'équilibre parfait entre les mythes sociaux, l'évocation historique, la vérité psychologique et la thématique traditionnelle de la mise en scène western. Aucun de ces éléments fondamentaux ne l'emportait sur l'autre. *La Chevauchée fantastique* évoque l'idée d'une roue si parfaite qu'elle demeure en équilibre sur son axe en quelque position qu'on la place. Énumérons quelques noms et quelques titres des années 1939-1940 : King Vidor : *Le Grand passage* (1940) ; Michaël Curtiz : *La Piste de Santa-Fé* (1940), *La Caravane héroïque* (1940) ; Fritz Lang : *Le Retour de Frank James* (1940), *Les Pionniers de la Western Union* (1940) ; John Ford : *La Piste des Mohawks* (1939) ; William Wyler : *The Westerner* (1940) ; Georges Marshall : *Destry Rides Again* (*Femme ou démon*, avec Marlène Dietrich, 1939 [2]).

Cette liste est significative. Elle montre d'abord que les metteurs en scène chevronnés ayant peut-être, naturellement, débuté vingt ans plus tôt dans le western de série quasi anonyme, y viennent ou y reviennent au sommet de leur carrière. Et jusqu'à un William Wyler, dont le talent

1. *Cahiers du Cinéma*, décembre 1955.

2. Dont un décevant « remake » a été tourné en 1955 par le même Georges Marshall, sous le titre *Destry (Le Nettoyeur)*, avec Audy Murphy.

paraît pourtant à l'opposé du genre. Ce phénomène trouve son explication dans la promotion dont le western semble bénéficier de 1937 à 1940. Peut-être la prise de conscience nationale qui préludait à la guerre sous l'ère rooseveltienne y a-t-elle contribué. Nous inclinons à le penser dans la mesure où le western est issu de l'histoire de la nation américaine qu'il exalte directement ou non.

En tout cas cette période donne parfaitement raison à la thèse de J.-L. Rieupeyrout [1] sur le réalisme historique du genre.

Mais par un paradoxe plus apparent que réel, les années de guerre proprement dite le firent à peu près disparaître du répertoire hollywoodien. Rien d'étonnant à la réflexion. Pour la même raison que le western s'était multiplié et ennobli aux dépens des autres films d'aventures, les films de guerre devaient l'éliminer au moins provisoirement du marché.

Dès que la guerre parut enfin virtuellement gagnée, et avant même le rétablissement définitif de la paix, il réapparut et se multiplia, mais cette nouvelle phase de son histoire mérite d'être examinée de plus près.

La perfection, ou si l'on veut le classicisme auquel le genre était parvenu, impliquait qu'il cherchât à justifier sa survivance par quelque élément de nouveauté. Sans prétendre tout expliquer par la fameuse loi des âges esthétiques, il n'est pas interdit de la faire jouer ici. Les nouveaux films de John Ford par exemple : *My darling Clementine* (1946), *Fort Apache* (1948), représenteraient assez bien l'enjolivement baroque du classicisme de *Stage Coach*. Toutefois si la notion de baroque peut rendre compte d'un certain formalisme technique ou de la relative préciosité de tels ou tels scénarios, elle ne me paraît pas pouvoir justifier une évolution plus complexe, qu'il faut expliquer par rapport sans doute à la perfection atteinte en 1940, mais aussi en fonction des événements de 1941 à 1945.

***

J'appellerai conventionnellement « sur-western » l'ensemble des formes adoptées par le genre après la guerre. Mais je

---

1. *Le Western ou le cinéma américain par excellence*, collection « 7e art », Éd. du Cerf, Paris, 1953.

ne chercherai pas à dissimuler que l'expression va recouvrir pour les besoins de l'exposé des phénomènes pas toujours comparables. Elle peut cependant se justifier négativement par opposition au classicisme des années 1940 et surtout à la tradition dont il est l'aboutissement. Disons que le « sur-western » est un western qui aurait honte de n'être que lui-même et chercherait à justifier son existence par un intérêt supplémentaire : d'ordre esthétique, sociologique, moral, psychologique, politique, érotique..., bref, par quelque valeur extrinsèque au genre et qui est supposée l'enrichir. Nous reprendrons ces épithètes pour les éclairer de quelques titres. Mais il convient au préalable de signaler l'influence de la guerre dans l'évolution du western après 1944. Il est probable en effet que le phénomène du « sur-western » serait de toutes façons apparu, mais son contenu aurait été différent. La véritable influence de la guerre s'est surtout fait sentir après. Les grands films qu'elle a inspirés sont naturellement postérieurs à 1945. Mais le conflit mondial n'a pas seulement fourni à Hollywood des thèmes spectaculaires, il lui a aussi et surtout imposé, pendant quelques années au moins, des sujets de réflexion. L'Histoire n'était que la matière du western, elle deviendra souvent son sujet ; c'est le cas notamment de *Fort Apache* où nous voyons apparaître la réhabilitation politique de l'Indien, poursuivie par de nombreux westerns jusqu'à *Bronco-Apache* et illustrée notamment par *Broken Arrow* de Delmer Daves (1950). Mais l'influence profonde de la guerre est plus indirecte sans doute et il la faut discerner chaque fois que le film substitue aux thèmes traditionnels, ou qu'il leur superpose, une thèse sociale ou morale. L'origine en remonte à 1943 avec *Ox-bow Incident* de William Wellman dont *High Noon (Le Train sifflera trois fois)* est le lointain descendant (notons cependant que pour le film de Zinnemann c'est davantage l'influence du Mc-Carthysme triomphant qui est en cause). Quant à l'érotisme il peut être, lui aussi, considéré comme une conséquence au moins indirecte du conflit dans la mesure où il s'apparente au triomphe de la pin-up girl. C'est le cas peut-être de *Outlaw* de Howard Hughes (1943). L'amour même est quasiment étranger au western (*Shane* exploitera justement cette contradiction), à plus forte raison l'érotisme dont l'apparition comme ressort dramatique suppose qu'on ne se sert plus du genre que comme d'un repoussoir pour mieux faire valoir le sex-appeal de l'héroïne. L'intention

« L'amour même est quasiment étranger au western. *Shane (L'Homme des vallées perdues)* exploitera justement cette contradiction. »

n'est pas douteuse dans *Duel in the sun* (King Vidor, 1946) dont le luxe spectaculaire est une seconde raison, purement formelle, de le classer dans les « sur-westerns ».

Mais les deux films qui illustrent le mieux cette mutation du genre, sous l'effet de la conscience qu'il a pris, tout à la fois, de lui-même et de ses limites, demeurent évidemment *High Noon* et *Shane (L'Homme des vallées perdues)*. Dans le premier, Fred Zinnemann combine les effets du drame moral et de l'esthétisme des cadrages. Je ne suis pas de ceux qui font la bouche fine devant *High Noon*. Je le tiens pour un beau film et je le préfère en tout cas à celui de Stevens. Mais il est certain que la très adroite adaptation de Foreman consiste à faire coïncider une histoire qui pourrait fort bien trouver son développement dans un autre genre, avec un thème traditionnel du western. C'est-à-dire à traiter celui-ci comme une forme ayant besoin d'un contenu. Quant à *Shane* il constitue cette fois le fin du fin de la « sur-westernisation ». En effet Georges Stevens s'y propose de justifier le western par... le western. Les autres s'ingéniaient à faire surgir, des mythes implicites, des thèses fort explicites, mais la thèse de *Shane*... c'est le mythe. Stevens y combine deux ou trois thèmes fondamentaux du genre, dont principalement celui du chevalier errant en quête de son Graal : et, pour que nul n'en ignore, il l'habille de blanc. La blancheur du costume et du cheval allait jadis de soi dans l'univers manichéen du western, mais on comprend que celle du costume d'Alan Ladd possède toute la lourde signification du symbole quand elle n'était chez Tom Mix que l'uniforme de la vertu et de l'audace. Ainsi la boucle est bouclée. La terre est ronde. Le « sur-western » a poussé si loin son « dépassement » qu'il se retrouve dans les Montagnes Rocheuses.

Si le genre western était en voie de disparition, le sur-western exprimerait effectivement sa décadence et son éclatement. Mais le western est décidément fait d'une autre étoffe que la comédie américaine ou le film policier. Ses avatars n'affectent pas profondément l'existence du genre. Ses racines continuent de courir sous l'humus hollywoodien et l'on est tout étonné d'en voir jaillir de verts et robustes surgeons entre les séduisants mais stériles hybrides qu'on voudrait lui substituer.

En fait, d'abord, l'apparition de « sur-westerns » n'a guère affecté que la couche la plus excentrique de la production, celle des films A et des superproductions. Il va sans dire que ces séismes superficiels n'ont pas ébranlé le noyau économique, le bloc central des westerns ultra-commerciaux, musicaux ou galopants, dont la popularité a même probablement retrouvé par la Télévision une nouvelle jeunesse. Le succès d'Hopalong Cassidy en témoigne et prouve du même coup la vitalité du mythe sous les formes les plus élémentaires. L'assentiment de la nouvelle génération leur garantit encore quelques lustres d'existence. Mais les westerns de série Z ne parviennent guère en France et il suffit que nous ayons confirmation de leur survivance en consultant les corporatifs américains. Si leur intérêt esthétique est individuellement limité, leur présence est probablement en revanche décisive pour la santé générale du genre. C'est dans ces couches « inférieures » dont la fécondité économique ne s'est pas démentie, que des westerns de type traditionnel ont continué de prendre racine. Entre tous ces « sur-westerns » nous n'avons en effet jamais cessé de voir des films de série B qui ne se cherchaient pas d'alibis intellectuels ou esthétiques. Peut-être du reste la notion de film B est-elle quelquefois discutable, tout dépend du niveau où l'on fait commencer la lettre A. Disons plus simplement que je pense à des productions, franchement commerciales, sans doute plus ou moins onéreuses, mais ne cherchant pas ailleurs que dans le renom de l'interprète principal et dans la solidité d'une histoire sans ambition intellectuelle, leur justification. Un admirable exemple de cette sympathique production nous a été offert par *The Gunfighter (La Cible humaine)* de Henry King (1950), avec Gregory Peck, où le thème très classique du tueur lassé de fuir et contraint à tuer encore est traité dans un cadre dramatique d'une belle sobriété. Mentionnons encore *Au-delà du Missouri* de Wiliam Wellman (1951), avec Clark Gable, et surtout, du même metteur en scène, *Westward the Women (Convoi de femmes*, 1951)...

Avec *Rio Grande* (1950), John Ford lui-même revient visiblement à la demi-série et en tout cas à la tradition commerciale (sans excepter la romance). Enfin on ne sera pas étonné de trouver dans cette liste un vieux survivant de l'époque héroïque, Allan Dwan, qui n'a pour son compte jamais abandonné le style de « La Triangle [1] », même quand la liquidation du Mc-Carthysme lui fournit quelques clefs d'actualité pour ouvrir les thèmes anciens (*Silver Lode*, *Quatre étranges cavaliers*, 1954).

Il me reste quelques titres importants. C'est que la classification suivie jusqu'ici va devenir insuffisante et qu'il me faudra maintenant cesser d'expliquer l'évolution du genre par le genre lui-même pour tenir compte davantage des auteurs comme facteur déterminant. On aura sans doute remarqué que cette liste de productions relativement traditionnelles et qui n'ont été que peu affectées par l'existence du sur-western, ne comporte que des noms de metteurs en scène che-

1. Amalgame de trois compagnies de productions cinématographiques américaines : Keystone, Kay Bee et Fine Arts.

vronnés et souvent même spécialisés dès avant-guerre dans les films de mouvement et d'aventure. Rien d'étonnant donc à ce qu'à travers eux s'affirme la pérennité du genre et de ses lois. C'est à Howard Hawks que revient d'ailleurs sans doute le mérite d'avoir prouvé, en pleine vogue du sur-western, qu'il était toujours possible de faire du vrai western fondé sur les vieux thèmes dramatiques et spectaculaires, sans chercher à détourner notre attention par quelque thèse sociale ou ce qui serait son équivalent dans la plastique de la mise en scène. *Red River* (1948) et *The Big Sky (La Captive aux yeux clairs*, 1952) sont des chefs-d'œuvre du western, mais sans rien de baroque ni de décadent. L'intelligence et la conscience des moyens y demeurent en parfait accord avec la sincérité du récit. Il en est de même, toutes proportions gardées, chez un Raoul Walsh dont le récent *Saskatchewan* (1954) relève des plus classiques emprunts à l'histoire américaine. Mais les autres films de ce réalisateur me fourniront — et tant pis si c'est un peu artificiellement — la transition que je cherchais. En un sens *Colorado Territory (La Ville du désert*, 1949*)*, *Pursued (La Vallée de la peur*, 1947) et *Along the great divide (Le Désert de la peur*, 1951) sont de parfaits exemples de ces westerns un peu au-dessus de la série B et d'une veine dramatique sympathiquement traditionnelle. Pas trace de thèse en tout cas. Les personnages nous intéressent pour ce qui leur arrive et rien ne leur arrive qui n'appartienne à la thématique du western. Mais quelque chose ferait pourtant que si nous n'avions sur ces films aucune autre indication de date, nous ne pourrions pas hésiter à les situer dans la production des dernières années : c'est ce « quelque chose » que je voudrais essayer de définir.

J'ai beaucoup hésité quant à l'épithète qui conviendrait le mieux à ces westerns « 1950 ». Il m'avait semblé d'abord que je devais chercher autour de « sentiment », « sensibilité », « lyrisme ». Je crois qu'en tout état de cause ces mots ne seront pas à écarter et qu'ils caractérisent assez bien le western moderne par rapport au « sur-western », presque toujours intellectuel, au moins dans la mesure où il exige du spectateur de réfléchir pour admirer. Presque tous les titres que je vais citer à présent seront des titres de films, je ne veux pas dire moins intelligents que *High Noon*, mais en tout cas sans arrière-pensée et où le talent sera toujours mis au service de l'histoire et non de ce qu'elle signifie. Un autre mot conviendrait mieux peut-être que ceux que j'ai avancés ou du moins les compléterait utilement, celui de « sincérité ». Je veux dire que les metteurs en scène jouent franc jeu avec le genre, même quand ils ont conscience de « faire un western ». La naïveté en effet n'est plus guère concevable au point où nous en sommes de l'histoire du cinéma mais, alors que le « sur-western » substituait la préciosité ou le cynisme à la naïveté, nous avons maintenant la preuve que la sincérité est encore possible. Nicholas Ray tournant *Johny Guitare* (1954) à la gloire de Joan Crawford, sait très évidemment ce qu'il fait. Il n'est certainement pas moins conscient de la rhétorique du genre que le Georges Stevens de *Shane* et, d'ailleurs, scénario et réalisation ne se privent pas d'humour, mais jamais il ne prend pour autant, à l'égard de son film, un recul condescendant ou paternaliste. S'il s'amuse il ne se moque pas. Les cadres à priori du western ne le gênent pas pour dire ce qu'il a à dire et même si ce message est en définitive plus personnel et plus subtil que l'immuable mythologie.

C'est finalement en référence au style du récit, plutôt qu'au rapport subjectif du réalisateur avec le genre, que je choisirai mon épithète. Je dirais volontiers des westerns qui me restent à évoquer — à mon sens les meilleurs — qu'ils ont quelque chose de « romanesque ». J'entends par là que sans s'écarter des thèmes traditionnels, ils les enrichissent de l'intérieur par l'originalité des personnages, leur saveur psychologique, quelque singularité attachante qui est précisément celle que nous attendons du héros de roman. On voit bien par exemple que dans *Stage Coach* l'enrichissement psychologique se réfère à l'emploi et non au personnage, nous demeurons dans des catégories à priori de la distribution western : le banquier, la bigote, la prostituée au grand cœur, le joueur élégant, etc. Dans *Run for cover* (*A l'ombre des potences*, 1955), il en va tout différemment. Certes, situations et personnages ne sont toujours que des variantes de la tradition, mais l'intérêt qu'ils suscitent va davantage à leur singularité qu'à leur générosité. Aussi bien savons-nous que Nicholas Ray traite toujours le même sujet, le sien, celui de la violence et du mystère de l'adolescence. Le meilleur exemple de cette « romanisation » du western par l'intérieur nous est fourni par Edward Dmytryck avec *Broken Lance* (1954), dont on sait qu'il n'est que le « remake » western de *La Maison des étrangers* de Mankiewicz. Pour qui l'ignore cependant, *La Lance brisée* est seulement un western plus subtil que les autres, avec des personnages plus singularisés et des rapports plus complexes, mais qui n'en demeurent pas moins strictement à l'intérieur de deux ou trois thèmes classiques. Elia Kazan avait du reste traité plus simplement un sujet assez proche psychologiquement dans *Sea of grass* (*Le Maître de la Prairie*, 1947), avec le même Spencer Tracy. Naturellement toutes les nuances intermédiaires sont imaginables du western B de pure obédience au western romanesque, et ma classification aura forcément quelque chose d'arbitraire. Que le lecteur veuille bien en prendre avec moi son parti.

Je proposerai donc néanmoins l'idée suivante. De même que Walsh serait le plus remarquable des vétérans traditionalistes, Anthony Mann pourrait être considéré comme le plus classique des jeunes réalisateurs romanesques. C'est à lui que nous devons les plus beaux vrais westerns de ces dernières années. L'auteur de *L'Appât* est en effet probablement le seul des réalisateurs américains de l'après-guerre qui paraisse spécialisé dans un genre où les autres se bornent à des incursions plus ou moins épisodiques. Chacun de ses films, en tout cas, témoigne d'une franchise émouvante à l'égard du genre, d'une sincérité sans efforts pour se couler à l'intérieur des thèmes, y faire vivre des personnages attachants et inventer des situations captivantes. Qui veut savoir ce qu'est le vrai western et les qualités de mise en scène qu'il suppose, doit avoir vu *Devil's Doorway* (*La Porte du diable*, 1950) avec Robert Taylor, *Bend of the river (Les Affameurs*, 1952) et *The Far Country* (*Je suis un aventurier*, 1954) avec James Stewart. A défaut de ces trois films, il ne peut en tout cas manquer de connaître le plus beau de tous : *The Naked Spur* (*L'Appât*, 1953). Souhaitons que le Cinémascope n'ait pas fait perdre à Anthony Mann son naturel dans le maniement d'un lyrisme direct et discret et surtout son infaillible sûreté dans l'alliance de l'homme et de la nature, ce sens de l'air qui est chez lui comme l'âme même du western par quoi il a retrouvé, mais à l'échelle du héros romanesque et non plus mythologique, le grand secret perdu des films de « La Triangle ».

On a déjà discerné dans mes exemples la coïncidence du nouveau style avec la nouvelle génération. Il serait sûrement abusif et naïf de prétendre que le western « romanesque » n'est que le fait des jeunes, venus à la mise en scène après la guerre. On me rétorquerait à juste titre qu'il y a déjà du romanesque dans *The Westerner*, par exemple, et il y en a aussi dans *Red River* et *The Big Sky*. On m'assure même qu'il y en a beaucoup, bien que j'y sois personnellement moins sensible, dans *Rancho Notorious* (1952) de Fritz Lang. Il est en tout cas évident que l'excellent *Man without a star* (1954) de King Vidor est à classer dans cette perspective entre Nicholas Ray et Anthony Mann. Mais s'il est certain que nous pouvons trouver trois ou quatre titres de films réalisés par des vétérans à mettre en compagnie de ceux réalisés par les jeunes, il semble malgré tout assez exact de dire que ce sont surtout, sinon exclusivement, les nouveaux venus qui prennent plaisir à ce western à la fois classique et romanesque. Robert Aldrich en est la plus récente et la plus brillante illustration avec *Bronco-Apache* (1954) et surtout *Vera-Cruz* (1954).

Reste le problème du Cinémascope ; ce procédé a été utilisé dans *La Lance brisée*, *Le Jardin du Diable* (*Garden of Evil*, 1954) de H. Hathaway, un bon scénario à la fois classique et romanesque, mais traité sans grande invention, et *The Kentuckian* (1955) de Burt Lancaster, qui a assommé le festival de Venise. Je ne vois guère au fond qu'un Cinémascope où le format ait réellement ajouté quelque chose d'important à la mise en scène, c'est *Rivière sans retour* (*River of no return*, 1954) de Otto Preminger, photographié par Joseph La Shelle. Combien de fois pourtant avons-nous lu (ou écrit nous-même) que si l'élargissement de l'écran ne s'imposait pas ailleurs, le nouveau format allait rendre du moins une seconde jeunesse au western dont les grands espaces et les chevauchées appellent l'horizontale. Cette déduction était trop vraisemblable pour être vraie. Les plus convaincantes illustrations du Cinémascope nous ont été administrées par des films psychologiques (*East of Eden* par exemple). Je n'irais pas jusqu'à soutenir paradoxalement que l'écran large ne convient pas au western ni même qu'il ne lui a rien apporté [1], mais il m'apparait du moins déjà

1. Nous voici rassurés avec *The Man from Laramie* (*L'Homme de la Plaine*, 1955) où Anthony Mann n'utilise pas le Cinémascope en tant que format nouveau mais comme une extension de l'espace autour de l'homme.

acquis que le Cinémascope ne renouvellera rien de décisif dans ce domaine. En format standard, en Vistavision ou sur très grand écran, le western demeurera le western tel que nous souhaitons à nos petits enfants de le connaître encore.

XVIII

UN WESTERN EXEMPLAIRE[1] : « SEPT HOMMES À ABATTRE »

C'est ici l'occasion d'appliquer ce que j'ai écrit de la politique des auteurs. Mon admiration pour *Sept hommes à abattre* ne me fera pas conclure que Budd Boetticher est le plus grand réalisateur de western — bien que je n'exclue pas cette hypothèse — mais seulement que son film est peut-être le meilleur western que j'ai vu depuis la guerre. Seul le souvenir de *L'Appât* et de *La Prisonnière du désert* me contraignent à une réticence. Il est en effet difficile de discerner avec certitude, dans les qualités de ce film exceptionnel, celles qui relèvent spécifiquement de la mise en scène, du scénario et d'un dialogue éblouissant, sans parler naturellement des vertus anonymes de la tradition qui ne demandent qu'à s'épanouir quand les conditions de la production ne les contrarient pas. J'avoue n'avoir malheureusement qu'un souvenir très vague des autres westerns de Boetticher pour faire dans la réussite de celui-ci la part des circonstances ou du hasard, part qui n'existe que peu, j'en conviens, chez un Anthony Mann. Quoi qu'il en soit et même si *Sept hommes à abattre* est le résultat d'une conjoncture exceptionnelle, je n'en tiens pas moins ce film pour l'une des réussites exemplaires du western contemporain.

Que le lecteur m'excuse s'il ne peut vérifier mes dires, je sais que je parle d'une œuvre qu'il ne verra probablement pas. Ainsi en décident les distributeurs. *Sept hommes à abattre* n'est sorti qu'en version originale, en exclusivité

1. *Cahiers du Cinéma*, août-septembre 1957.

Lee Marvin dans *Sept hommes à abattre.*
[Photo Warner Bros.]

de morte saison, dans une petite salle des Champs-Élysées. Si le film n'a pas été doublé vous ne le trouverez pas dans les quartiers. Situation symétrique de celle d'un autre chef-d'œuvre sacrifié, *La Prisonnière du désert* de John Ford, sorti dans la seule version doublée en plein été.

C'est que le western persiste à être le genre le plus incompris. Pour le producteur et le distributeur, le western ne saurait être qu'un film infantile et populaire destiné à finir à la télévision, ou une superproduction ambitieuse avec grandes vedettes. Seul le box-office des interprètes ou du metteur en scène justifie alors l'effort de publicité et de distribution. Entre les deux c'est au petit bonheur la chance et personne, — pas plus, il faut bien le dire, la critique que le distributeur,

— ne fait de différence sensible entre les films produits sous le label western. C'est ainsi que *Shane*, superproduction ambitieuse de la Paramount pour les noces d'or cinématographiques de Zukor, a été salué comme un chef-d'œuvre et que *Sept hommes à abattre*, très supérieur au film de Stevens, passera inaperçu et réintégrera probablement les tiroirs de la Warner dont il ne sera sorti que pour boucher un trou.

Le problème fondamental du western contemporain tient sans doute dans le dilemme de l'intelligence et de la naïveté. Aujourd'hui le western ne peut le plus souvent continuer d'être simple et conforme à la tradition qu'en étant vulgaire et idiot. Toute une production au rabais persiste sur ces bases. C'est que depuis Thomas Ince et William Hart, le cinéma a évolué. Genre conventionnel et simpliste dans ses données primitives, le western doit pourtant devenir adulte et se faire intelligent s'il veut se placer sur le même plan que les films dignes d'être critiqués. Ainsi sont apparus les westerns psychologiques, à thèse sociale ou plus ou moins philosophiques, les westerns signifiants. Le comble de cette évolution étant justement représenté par *Shane*, western au second degré où la mythologie du genre est consciemment traitée comme le sujet du film. La beauté du western procédant notamment de la spontanéité et de la parfaite inconscience de la mythologie dissoute en lui, comme le sel dans la mer, cette distillation laborieuse est une opération contre nature qui détruit ce qu'elle révèle.

Mais peut-on aujourd'hui enchaîner directement sur le style de Thomas Ince en ignorant quarante ans d'évolution cinématographique ? Évidemment non. *La Chevauchée fantastique* illustre sans doute l'extrême limite d'un équilibre encore classique entre les règles primitives, l'intelligence du scénario et l'esthétisme de la forme. Au-delà c'est le formalisme baroque ou l'intellectualisme des symboles, c'est *Le Train sifflera trois fois*. Seul Anthony Mann semble avoir su retrouver le naturel par la sincérité, mais c'est sa mise en scène plus que ses scénarios qui font de ses westerns les plus purs de l'après-guerre. Or, n'en déplaise à la politique des auteurs, le scénario n'est pas un élément moins constitutif du western que le bon usage de l'horizon et le lyrisme du paysage. Du reste mon admiration pour Anthony Mann a toujours été quelque peu troublée par les faiblesses qu'il tolérait dans ses adaptations.

Aussi le premier émerveillement que nous vaut *Sept hommes à abattre* tient-il à la perfection d'un scénario qui réalise le tour de force de nous surprendre sans arrêt à partir d'une trame rigoureusement classique. Pas de symboles, pas d'arrière-plans philosophiques, pas l'ombre de psychologie, rien que des personnages ultra-conventionnels dans des emplois archiconnus, mais une mise en place extraordinairement ingénieuse et surtout une invention constante quant aux détails capables de renouveler l'intérêt des situations. Le héros du film, Randolph Scott, est un shérif à la poursuite des sept bandits qui ont tué sa femme en enlevant les coffres de la Wells Fargo. Il s'agit de les rejoindre en traversant le désert avant qu'ils n'aient passé la frontière avec l'argent volé. Un autre homme est bientôt intéressé à l'aider, mais pour un motif très différent. Quand les bandits seront morts il pourra peut-être s'approprier les 20.000 dollars. Peut-être, si le shérif ne l'en empêche, auquel cas il faudra tuer un homme de plus. Ainsi la ligne dramatique se trouve-t-elle clairement posée. Le shérif agit par vengeance, son acolyte par intérêt, à la fin les comptes se régleront entre eux. Cette histoire pourrait faire un western ennuyeux et banal si le scénario n'était construit sur une série de coups de théâtre que je me garderai de révéler pour sauvegarder le plaisir du lecteur, si par chance il devait voir le film. Mais plus encore que l'invention des péripéties, c'est l'humour de leur traitement qui me paraît remarquable. Ainsi par exemple l'on ne voit jamais le shérif tirer, comme s'il le faisait trop vite pour que la caméra ait le temps de faire le contrechamp. La même volonté d'humour justifie assurément aussi les costumes trop jolis ou trop aguichants de l'héroïne ou encore les ellipses inattendues du découpage dramatique. Mais voilà le plus admirable : l'humour ici ne va point à l'encontre de l'émotion et encore moins de l'admiration. Rien de parodique. Il suppose seulement de la part du metteur en scène la conscience et l'intelligence des ressorts qu'il met en branle, mais sans rien de méprisant ou de condescendant. L'humour ne nait pas d'un sentiment de supériorité, mais tout au contraire d'une surabondance d'admiration. Quand on aime à ce point les héros qu'on anime et les situations qu'on invente, alors et alors seulement on peut prendre sur eux ce recul humoristique qui multiplie l'admiration par la lucidité. Cette ironie-là ne diminue pas les personnages, mais elle permet

Sept hommes à abattre : « Boetticher a su se servir prodigieusement du paysage, de la matière variée de la terre, du grain et de la forme des rochers. [Photo Warner Bros.]

à leur naïveté de coexister avec l'intelligence. Voilà bien en effet le western le plus intelligent que je connaisse mais aussi le moins intellectuel, le plus raffiné et le moins esthète, le plus simple et le plus beau.

Cette dialectique paradoxale fut possible parce que Budd Boetticher et son scénariste n'ont pas pris le parti de dominer leur sujet avec paternalisme ou de l' « enrichir » par des apports psychologiques, mais simplement de le pousser au bout de sa logique et de tirer tous les effets de l'achèvement des situations. L'émotion nait des rapports les plus abstraits et de la beauté la plus concrète. Le réalisme si impératif dans les westerns historiques ou psychologiques n'a pas plus de sens ici que dans les films de « La Triangle », ou plutôt une splendeur spécifique surgit de la superposition de l'extrême convention et de l'extrême réalité. Boetticher a su se servir prodigieusement du paysage, de la matière variée de la terre, du grain et de la forme des rochers. Je ne pense pas non plus que la photogénie du cheval ait été depuis fort longtemps aussi bien exploitée. Par exemple dans l'extraordinaire scène du bain de Janet Gaylor, où la pudeur inhérente au western est poussée avec humour si loin que l'on ne vous montre que les remous de l'eau dans les roseaux cependant qu'à cinquante mètres de là Randolph Scott étrille les chevaux. Il est difficile d'imaginer à la fois plus d'abstraction et de transfert dans l'érotisme. Je pense aussi à la crinière blanche du cheval du shérif et à son gros œil jaune. Savoir user de tels détails est sûrement plus important dans le western que de savoir déployer cent Indiens en bataille.

Il faut en effet mettre à l'actif de ce film exceptionnel un usage tout à fait insolite de la couleur. Servies, il est vrai, par un procédé dont j'ignore les caractéristiques, les couleurs de *Sept hommes à abattre* sont uniformément transposées dans une tonalité de lavis qui rappelle par sa transparence et ses aplats les anciennes couleurs au pochoir. On dirait que les conventions de la couleur viennent ainsi souligner celles de l'action.

Enfin il y a Randolph Scott, dont le visage rappelle irrésistiblement celui de William Hart jusqu'à la sublime inexpressivité des yeux bleus. Jamais un jeu de physionomie, pas l'ombre d'une pensée ou d'un sentiment, sans que cette impassibilité, cela va sans dire, ait rien à voir avec l'intériorité moderne à la Marlon Brando. Ce visage ne traduit rien parce qu'il n'y a rien à traduire. Tous les mobiles des actions sont définis ici par les emplois et les circonstances. Jusqu'à l'amour de Randolph Scott pour Janet Gaynor dont nous savons exactement quand il est né (lors du bain) et comment il évolue sans que le visage du héros ne traduise jamais un sentiment. Mais il est inscrit dans la combinaison des événements comme le destin dans la conjoncture des astres, nécessaire et objectif. Toute expression subjective aurait alors la vulgarité d'un pléonasme. Nous ne nous en attachons pas moins aux personnages, bien au contraire ; leur existence est d'autant plus pleine qu'elle ne doit rien aux incertitudes et aux ambiguïtés de la psychologie et quand, à la fin du film, Randolph Scott et Lee Marvin se trouvent face à face, le déchirement auquel nous nous savons condamnés est émouvant et beau comme la tragédie.

Ainsi le mouvement est-il prouvé en marchant. Le western n'est pas condamné à se justifier par l'intellectualisme ou la spectacularité. L'intelligence que nous exigeons aujourd'hui peut servir à raffiner sur les structures primitives du western et non à méditer sur elles ou à les dévier au profit d'intérêts étrangers à l'essence du genre.

XIX

EN MARGE DE « L'ÉROTISME AU CINÉMA[1] »

Nul ne songerait à écrire un livre sur l'érotisme au théâtre. Non qu'à la rigueur le sujet ne puisse prêter à réflexions, mais exclusivement négatives.

Il n'en est pas de même, il est vrai, pour le roman, tout un secteur non négligeable de la littérature étant fondé plus ou moins expressément sur l'érotisme. Mais justement il ne s'agit que d'un secteur, et l'existence d'un « enfer » de la Bibliothèque Nationale concrétise cette particularité. Il est vrai que l'érotisme tend à jouer un rôle de plus en plus important dans la littérature moderne et qu'il déborde largement les romans, même populaires. Mais outre qu'il faudrait sans doute attribuer, pour une très large part, au cinéma, cette diffusion de l'érotisme, celui-ci demeure encore subordonné à des notions morales plus générales qui posent justement son extension comme un problème. Malraux, qui est sans doute le romancier contemporain ayant le plus clairement proposé une éthique de l'amour fondé sur l'érotisme, illustre aussi parfaitement le caractère moderne, historique et par conséquent relatif d'une telle option. L'érotisme tend en somme à jouer dans notre littérature un rôle comparable à celui de l'amour courtois dans la littérature médiévale. Mais si puissant que soit son mythe et quelque avenir qu'on lui attribue, on voit bien que rien de spécifique ne le rattache à la littérature romanesque dans laquelle il se manifeste. Même la peinture, où pourtant la représentation du corps humain aurait pu jouer un rôle déterminant, n'est qu'accidentellement ou accessoirement érotique. Dessins, gravures, estampes ou peintures liber-

1. *Cahiers du Cinéma*, avril 1957.

tines constituent un genre, une variété au même titre que le libertinage littéraire. On pourrait étudier le nu dans les arts plastiques et l'on ne saurait ignorer sans doute alors la traduction à travers lui des sentiments érotiques, mais ceux-ci, encore une fois, demeureraient comme un phénomène subordonné et accessoire.

Du cinéma donc, et de lui seul, on peut dire que l'érotisme apparaît comme un projet et un contenu fondamental. Non point certes unique, car bien des films et non des moindres ne lui doivent rien, mais majeur, spécifique et peut-être même essentiel.

Lo Duca [1] a donc raison de voir dans ce phénomène une constante du cinéma : « Le drap des écrans porte en filigrane depuis un demi-siècle un motif fondamental : l'érotisme... » Mais il importe de savoir si l'omniprésence de l'érotisme n'est qu'un phénomène général mais accidentel, consécutif au libre jeu capitaliste de l'offre et de la demande. S'agissant d'attirer la clientèle, les producteurs auraient eu naturellement recours au tropisme le plus efficace : celui du sexe. On pourrait avancer en faveur de cet argument le fait que le cinéma soviétique est en effet le moins érotique du monde. L'exemple mériterait certes réflexion, mais il ne paraît pas décisif, car il faudrait au préalable examiner les facteurs culturels, ethniques, religieux, sociologiques qui ont pu jouer dans ce cas particulier et surtout se demander si le puritanisme des films soviétiques n'est pas un phénomène artificiel et provisoire beaucoup plus accidentel que la surenchère capitaliste. Le récent *Quarante et unième* nous ouvre de ce point de vue bien des horizons.

Lo Duca semble voir la source de l'érotisme cinématographique dans la parenté du spectacle cinématographique avec le rêve : « Le cinéma se rapproche du rêve, aux images achromatiques comme les images du film, ce qui explique en partie la moindre intensité érotique du cinéma en couleur qui échappe en quelque sorte aux règles du monde onirique. »

Je ne querellerai notre ami que sur le détail. Je ne sais d'où vient le solide préjugé selon lequel on ne rêverait jamais en couleurs ! Il ne se peut pas que je sois le seul à jouir de ce privilège. Je l'ai d'ailleurs vérifié autour de moi. En fait, il existe des rêves en noir et blanc et des rêves en

---

1. Lo Duca, *L'Érotisme au cinéma* (Jean-Jacques Pauvert, 1956).

couleurs comme au cinéma, selon l'un ou l'autre procédé. Tout au plus accorderai-je à Lo Duca que la production cinématographique en couleurs a maintenant dépassé celle des rêves en technicolor. Mais où je ne saurais sûrement le suivre, c'est dans son incompréhensible dévaluation de l'érotisme coloré. Enfin, mettons ces divergences sur le compte des petites perversions individuelles et ne nous y attardons pas. L'essentiel demeure dans l'onirisme du cinéma ou, si l'on préfère, de l'image animée.

Si l'hypothèse est exacte — et je crois qu'elle l'est au moins en partie — la psychologie du spectateur de cinéma tendrait donc à s'identifier à celle du dormeur rêvant. Or nous savons bien qu'il n'est, en dernière analyse, de rêves qu'érotiques.

Mais nous savons aussi que la censure qui y préside est infiniment plus rigoureuse que toutes les Anastasies du monde. Le surmoi de chacun de nous est un M. Hays qui s'ignore. D'où tout l'extraordinaire répertoire de symboles généraux ou particuliers chargé de camoufler à notre propre esprit les impossibles scénarios de nos rêves.

En sorte que l'analogie du rêve et du cinéma me paraît devoir être poussée plus loin encore. Elle ne réside pas moins dans ce que nous souhaitons profondément voir sur l'écran que dans ce qui ne saurait y être montré. C'est à tort qu'on assimile le mot rêve à je ne sais quelle liberté anarchique de l'imagination. Rien en fait n'est plus déterminé et plus censuré que le rêve. Il est vrai, et les surréalistes font bien de le rappeler, que ce n'est point par la raison. Il est vrai aussi que le rêve ne se définit que négativement par la censure et que sa réalité positive réside au contraire dans l'irrésistible transgression des interdits sur le surmoi. Je vois bien aussi la différence de nature de la censure cinématographique, d'essence sociale et juridique, et de la censure onirique, mais je fais seulement remarquer que la fonction de censure est essentielle au rêve comme au cinéma. Elle en est dialectiquement constitutive.

J'avoue que c'est ce qui me paraît manquer non seulement à l'analyse préliminaire de Lo Duca, mais surtout à l'énorme ensemble des illustrations qui constituent en tout état de cause une documentation doublement inappréciable.

Non bien sûr que l'auteur ignore quel rôle excitant peuvent jouer les interdits formels de la censure, mais il ne semble y voir qu'un pis-aller et, surtout, l'esprit qui préside au choix de ses photos illustre la thèse inverse. Il s'agirait bien plutôt de nous montrer ce que la censure coupe habituellement dans les films que ce qu'elle y laisse subsister. Je ne nie point l'intérêt ni surtout le charme de cette documentation, mais je pense par exemple, s'agissant de Marilyn Monroe, que la photo qui s'imposait n'était pas celle du calendrier où elle posa nue (d'autant que ce document extra-cinématographique est antérieur au succès de la vedette et ne saurait être considéré comme une extension de son sex-appeal sur l'écran), mais la fameuse scène de *Sept ans de réflexion*, où elle se fait souffler sous les jupes par le métro. Cette idée géniale ne pouvait naître que dans le cadre d'un cinéma possédant une longue, une riche, une byzantine culture de la censure. De telles trouvailles supposent un raffinement extraordinaire de l'imagination acquis à lutter contre la rigoureuse bêtise d'un code puritain. Le fait est que Hollywood, en dépit et à cause de tous les interdits qui y règnent, demeure la capitale de l'érotisme cinématographique.

Qu'on ne me fasse pas dire cependant que tout érotisme véritable aurait besoin, pour s'épanouir sur l'écran, d'y tromper un code de censure officiel. Il est même certain que les avantages tirés de cette transgression occulte peuvent être bien moindres que les pertes causées. C'est que les tabous sociaux et moraux des censeurs sont un cadre trop bête et trop arbitraire pour canaliser convenablement l'imagination. Bénéfiques dans la comédie ou le film-ballet par exemple, ils constituent une gêne stupide et insurmontable dans les genres réalistes.

Aussi bien la seule censure décisive dont le cinéma ne puisse se passer est-elle constituée par l'image elle-même, et c'est en dernière analyse par rapport à elle et à elle seule qu'il faudrait essayer de définir une psychologie et une esthétique de la censure érotique.

Je n'ai certes pas l'ambition d'en esquisser ici ne fût-ce que les grandes lignes, mais seulement de proposer une suite de réflexions dont l'enchaînement peut indiquer l'une des directions dans lesquelles on pourrait creuser.

Je tiens du reste avant toute chose à restituer l'essentiel du mérite que ces propos pourraient avoir, car ils procèdent d'une remarque que me fit récemment Domarchi et dont la pertinence me semble extraordinairement féconde.

Sept ans de réflexion : « Cette idée géniale ne pouvait naître que dans le cadre d'un cinéma possédant une longue, une riche, une byzantine culture de la censure. »

[Photo 20th Century-Fox.]

Domarchi donc, qui ne passe pas pour bégueule, me déclarait avoir toujours été irrité par les scènes d'orgie au cinéma ou plus généralement encore par toute scène érotique incompatible avec l'impassibilité des acteurs. En d'autres termes, il lui semblait que les scènes érotiques dussent pouvoir être jouées comme les autres et que l'émotion sexuelle concrète des partenaires devant la caméra était contradictoire aux exigences de l'art. Cette austérité a d'abord de quoi surprendre, mais elle s'appuie sur un argument irréfutable et qui n'est nullement d'ordre moral. Si l'on me montre sur l'écran un homme et une femme en tel costume et en telle posture qu'il soit invraisemblable qu'au moins un commencement de consommation sexuelle n'ait accompagné l'action, je suis en droit d'exiger, dans un film policier, que l'on tue vraiment la victime ou qu'à tout le moins on la blesse plus ou moins gravement. Aussi bien cette hypothèse n'a-t-elle rien d'absurde, car il n'y a pas si longtemps que l'assassinat n'est plus un spectacle. L'exécution en Place de Grève n'était pas autre chose et, pour les Romains, les jeux mortels du cirque étaient l'équivalent d'une orgie. Je me souviens d'avoir écrit jadis, à propos d'une célèbre séquence d'actualités où l'on voyait exécuter en pleine rue de Shanghaï des « espions communistes » par les officiers de Tchang Kaï-Chek, je me souviens, dis-je, avoir remarqué que l'obscénité de l'image était du même ordre que celui d'une bande pornographique. Une pornographie ontologique. La mort est ici l'équivalent négatif de la jouissance sexuelle, laquelle n'est pas pour rien qualifiée de « petite mort ».

Aussi bien le théâtre ne tolère-t-il rien de semblable. Tout ce qui, en scène, touche à la physique de l'amour, relève également du paradoxe du comédien. Personne ne s'est jamais excité au Palais-Royal, ni sur la scène, ni dans la salle. Le strip-tease, il est vrai, renouvelle la question, mais on conviendra qu'il ne relève pas du théâtre, même s'il est un spectacle, et l'on notera comme essentiel que la femme s'y déshabille elle-même. Elle ne saurait l'être par un partenaire sous peine de provoquer la jalousie de tous les mâles de la salle. En réalité, le strip-tease est fondé sur la polarisation et l'excitation du désir des spectateurs, chacun possédant virtuellement la femme feignant de s'offrir, mais si quelqu'un se précipitait sur la scène, il se ferait lyncher, car son désir viendrait en concurrence et en opposition (à moins de verser dans la partouze et le « voyeurisme », qui relèvent alors d'une autre mécanique mentale).

Au cinéma, au contraire, la femme, même nue, peut être approchée par un partenaire, expressément désirée et réellement caressée, parce qu'à la différence du théâtre — lieu concret d'un jeu fondé sur la conscience et l'opposition — le cinéma se déroule dans un espace imaginaire qui appelle la participation et l'identification. L'acteur triomphant de la femme me comble par procuration. Sa séduction, sa beauté, son audace, n'entrent pas en concurrence avec mes désirs, elles les réalisent.

Mais à s'en tenir à cette seule psychologie, le cinéma idéaliserait le cinéma pornographique. Il est bien évident, au contraire, que si nous voulons demeurer au niveau de l'art, nous devons nous maintenir dans l'imaginaire. Je dois pouvoir considérer ce qui se passe sur l'écran comme un simple récit, une évocation qui ne passe jamais sur le plan de la réalité, à moins de me faire le complice différé d'un acte ou au moins d'une émotion dont la réalisation exige le secret.

Ce qui signifie que le cinéma peut tout dire, mais non point tout montrer. Il n'est pas de situations sexuelles, morales ou non, scandaleuses ou banales, normales ou pathologiques, dont l'expression soit interdite à priori à l'écran, mais à condition de recourir aux possibilités d'abstraction du langage cinématographique de telle sorte que l'image ne puisse jamais prendre valeur documentaire.

C'est pourquoi et décidément, toute réflexion faite, *Et Dieu créa la femme* me semble, en dépit des qualités que je lui reconnais, un film partiellement détestable.

J'ai exposé ma thèse en développant logiquement la remarque de Domarchi. Mais il me faut bien maintenant avouer mon embarras devant les objections qui surgissent. Elles sont multiples.

D'abord je ne puis me dissimuler que je balaye par exemple ainsi d'un revers de main une bonne partie du cinéma suédois contemporain. On remarquera toutefois que les chefs-d'œuvre de l'érotisme tombent rarement sous le coup de cette critique. Stroheim lui-même me paraît y échapper... Sternberg également.

Mais ce qui me gêne le plus dans la belle logique de mon raisonnement, c'est l'impression de ses limites. Pourquoi m'arrêter aux acteurs et ne pas mettre en cause le spectateur ? Si la transmutation esthétique est parfaite, ce dernier ne devrait pas rester moins impassible que les artistes. Le « Baiser » de Rodin, en dépit de son réalisme, ne suggère aucune pensée libidineuse.

Surtout la distinction entre l'image littéraire et l'image cinématographique n'est-elle pas fallacieuse ? Considérer cette dernière comme d'une essence différente parce que réalisée photographiquement, impliquerait bien des conséquences esthétiques vers lesquelles je n'entends pas me laisser entraîner. Si le postulat domarchien est exact, il est applicable, après adaptation, au roman. Domarchi devrait

Cyd Charisse et Gene Kelly dans *Chantons sous la pluie :* « A la différence du théâtre — lieu concret d'un jeu fondé sur la conscience et l'opposition — le cinéma se déroule dans un espace imaginaire qui appelle la participation et l'identification. »

être gêné chaque fois qu'un romancier décrit des actes qu'il ne saurait imaginer la « tête » parfaitement froide. L'écrivain est-il ici dans une situation tellement différente du cinéaste et de ses acteurs ? C'est qu'en ces matières la séparation de l'imagination et de l'acte est passablement incertaine, sinon arbitraire. Accorder au roman le privilège de tout évoquer et refuser au cinéma, qui en est si proche, le droit de tout montrer, est une contradiction critique que je constate sans la surmonter... Je laisserai au lecteur le soin d'y parvenir.

XX

LE RÉALISME CINÉMATOGRAPHIQUE ET L'ÉCOLE ITALIENNE DE LA LIBÉRATION [1]

On a, à juste titre, comparé l'importance historique du film de Rossellini *Païsa* à celle de plusieurs chefs-d'œuvre classiques du cinéma. Georges Sadoul n'a pas hésité à évoquer *Nosferatu*, les *Niebelungen* ou *Les Rapaces*. Je souscris entièrement pour ma part à cet éloge, encore que la référence à l'expressionnisme allemand ne corresponde naturellement qu'à un ordre de grandeur et non à la nature profonde des esthétiques en cause. On évoquerait bien plus justement l'apparition du *Cuirassé Potemkine* en 1925. On a fréquemment opposé du reste le réalisme des films italiens actuels à l'esthétisme de la production américaine et partiellement de la française. N'est-ce pas d'abord par leur volonté de réalisme que les films russes d'Eisenstein, de Poudovkine ou de Dovjenko furent révolutionnaires en art comme en politique, s'opposant à la fois à l'esthétisme expressionniste allemand et à la fade idolâtrie de la vedette hollywoodienne ? Comme le *Potemkine*, *Païsa*, *Sciuscia*, *Rome ville ouverte* réalisent une phase nouvelle de l'opposition déjà traditionnelle du réalisme et de l'esthétisme à l'écran. Mais l'histoire ne se répète pas ; ce qu'il importe de dégager, c'est la forme particulière prise aujourd'hui par ce conflit esthétique, les solutions nouvelles auxquelles le réalisme italien doit, en 1947, sa victoire.

Les précurseurs.

Devant l'originalité de la production italienne et dans l'enthousiasme de la surprise, peut-être a-t-on négligé

1. *Esprit*, janvier 1948.

d'approfondir les causes de cette renaissance, préférant y voir quelque génération spontanée issue, comme un essaim d'abeilles, des cadavres pourris du fascisme et de la guerre. Il n'est pas douteux que la Libération et les formes sociales, morales et économiques qu'elle a prises en Italie ont joué un rôle déterminant dans la production cinématographique. Nous aurons l'occasion d'y revenir. Mais seule l'ignorance où nous sommes du cinéma italien a pu nous faire donner dans la séduisante illusion du miracle qui n'était pas préparé.

Il se pourrait que l'Italie fût aujourd'hui le pays où l'intelligence cinématographique est la plus aiguë si l'on en juge par l'importance et la qualité de l'édition cinématographique. Le Centre Expérimental du Cinéma de Rome a précédé de plusieurs années notre Institut des Hautes Études Cinématographiques ; surtout, les spéculations intellectuelles ne restent pas comme chez nous sans effet sur la réalisation. La séparation radicale entre la critique et la mise en scène n'existe pas plus dans le cinéma italien qu'elle n'existe ici en littérature.

D'ailleurs le fascisme qui, à la différence du nazisme, laissa subsister un certain pluralisme artistique, s'intéressa tout spécialement au cinéma. On peut faire toutes les réserves qu'on voudra sur les rapports du Festival de Venise avec les intérêts politiques du Duce, on ne saurait contester que cette idée de Festival international ait fait, depuis, son chemin et l'on en mesure aujourd'hui le prestige à voir quatre ou cinq nations d'Europe tenter de s'en annexer les dépouilles. Le capitalisme et le dirigisme fascistes ont du moins équipé l'Italie en studios modernes. S'ils lui ont valu la production de films ineptes, mélodramatiques et munificents, ils n'ont pourtant pas empêché quelques hommes intelligents (et assez habiles pour tourner des scénarios d'actualité sans donner des gages au régime), de réaliser des œuvres de valeur qui préfigurent leurs œuvres actuelles. Si nous n'avions pas, durant la guerre, été, et pour cause, de parti pris, des films comme *S.O.S. 103* ou *Le Navire blanc* de Rossellini eussent un peu mieux retenu notre attention. D'ailleurs, même quand la bêtise capitaliste ou politicienne contraignait au maximum la production commerciale, l'intelligence, la culture et la recherche expérimentale se réfugiaient dans l'édition, les congrès de cinémathèque et la réalisation de courts métrages. Lattuada, metteur en scène de *Il Bandito*, alors directeur de la ciné-

La Couronne de fer (Alessandro Blasetti, 1940) : « Goût et mauvais goût du décor, idolâtrie de la vedette, puérile emphase du jeu, hypertrophie de la mise en scène, intrusion de l'appareil traditionnel du bel canto et de l'opéra, scénarios conventionnels influencés par le drame, le mélo romantique et la chanson de geste pour roman feuilleton. »

mathèque de Milan, faillit aller en prison pour avoir osé présenter la version intégrale de *La Grande illusion* en 1941 [1].

L'histoire du cinéma italien est au demeurant mal connue.

---

1. L'influence de Jean Renoir sur le cinéma italien est capitale et décisive. Elle n'a d'égale que celle de René Clair.

Nous en restons à *Cabiria* et à *Quo Vadis*, trouvant dans la récente et mémorable *Couronne de fer* une suffisante confirmation de la pérennité des prétendues caractéristiques nationales du film transalpin : goût et mauvais goût du décor, idolâtrie de la vedette, puérile emphase du jeu, hypertrophie de la mise en scène, intrusion de l'appareil traditionnel du bel canto et de l'opéra, scénarios conventionnels influencés par le drame, le mélo romantique et la chanson de geste pour roman feuilleton. Il est vrai que trop de productions italiennes s'ingénient à confirmer cette caricature, que trop de metteurs en scène parmi les meilleurs ont sacrifié (non toujours sans auto-ironie) à ces exigences commerciales. Mais les grandes machines, à cent millions de lires, du genre *Scipion l'Africain*, étaient assurément les premières exportées. Il existait pourtant une autre veine artistique pratiquement réservée au marché national. Aujourd'hui que la charge des éléphants de Scipion n'est plus qu'un roulement lointain, nous pouvons un peu mieux prêter l'oreille au bruit discret mais délicieux que font *Quatre pas dans les nuages.*

Le lecteur, du moins celui qui a vu ce dernier film, sera sans doute aussi surpris que nous-mêmes d'apprendre que cette comédie, d'une sensibilité déliée, pleine de poésie et dont le réalisme social sans lourdeur s'apparente directement au cinéma italien récent, a été réalisée en 1942, deux ans après la fameuse *Couronne de fer* et par le même metteur en scène : Blasetti, auquel on doit également vers la même époque, *Les Aventures de Salvator Rosa*, et, tout récemment, *Un jour dans la vie.* Des réalisateurs comme Vittorio de Sica, l'auteur de l'admirable *Sciuscia*, se sont toujours attachés à faire des comédies très humaines, pleines de sensibilité et de réalisme, parmi lesquelles, en 1942 : *Prico (Les Enfants nous regardent).* Un Camerini produisait dès 1932 *Les Hommes, quels mufles !* dont l'action se passe, comme celle de *Rome ville ouverte*, dans les rues de la capitale, et *Piccolo mondo antico* n'était pas moins typiquement italien.

Il n'y a du reste pas tant de noms nouveaux dans la mise en scène italienne actuelle. Les plus jeunes, comme Rossellini, ont commencé à tourner au début de la guerre. Des anciens, comme Blasetti ou Mario Soldati, étaient déjà connus dès les premières années du parlant.

Mais, d'un excès dans l'autre, il n'en faudrait pas conclure que la « nouvelle » école italienne n'existe pas. La tendance

« Aujourd'hui que la charge des éléphants de Scipion n'est plus qu'un roulement lointain, nous pouvons un peu mieux prêter l'oreille au bruit discret mais délicieux que font *Quatre pas dans les nuages* » (Alessandro Blasetti, 1942).

réaliste, l'intimisme satirique et social, le vérisme sensible et poétique, n'ont été jusqu'au début de la guerre que des qualités mineures, de modestes violettes au pied des séquoias de la mise en scène. Il semble que, dès le début de la guerre pourtant, cette forêt de carton-pâte commençait à s'éclaircir. Déjà, dans la *Couronne de fer*, le genre semble se parodier lui-même. Rossellini, Lattuada, Blasetti s'efforcent déjà à un réalisme de classe internationale. C'est pourtant bien à la Libération qu'il appartiendra de libérer, aussi pleinement, ces volontés esthétiques, de leur permettre de s'épanouir dans des conditions nouvelles qui ne seront pas sans en modifier sensiblement le sens et la portée.

La Libération, rupture et renaissance.

Plusieurs des éléments de la jeune école italienne préexistaient donc à la Libération : hommes, techniques et tendances esthétiques. Mais la conjoncture historique, sociale et économique a brusquement précipité une synthèse où s'introduisent d'ailleurs des éléments originaux.

La Résistance et la Libération ont fourni les principaux thèmes de ces deux dernières années. Mais, à la différence des films français, pour ne pas dire européens, les films italiens ne se bornent pas à peindre des actions de résistance proprement dite. Chez nous la Résistance est entrée tout de suite dans la légende ; si proche qu'elle fût dans le temps, elle n'était plus, le lendemain de la Libération, que de l'histoire. Avec le départ des Allemands la vie recommençait. En Italie, au contraire, la Libération ne signifiait pas retour à une liberté antérieure toute proche, mais révolution politique, occupation alliée, bouleversement économique et social. Enfin la Libération s'est faite lentement, au long de mois interminables. Elle a très profondément affecté la vie économique, sociale et morale du pays. En sorte qu'en Italie, Résistance et Libération ne sont point, comme la révolte de Paris, des sortes de mots historiques. Rossellini a tourné *Païsa* à une époque où son scénario était encore actuel. *Il Bandito* montre comment la prostitution et le marché noir se sont développés sur les arrières de l'armée, comment la déception et le chômage conduisent un prisonnier libéré au gangstérisme. A part quelques films qui sont incontestablement des films de « Résistance » comme *Vivere in pace* ou *Il sole sorge ancora*, le cinéma italien se caractérise surtout par son adhésion à l'actualité. La critique française n'a pas manqué de souligner, pour l'en féliciter ou l'en blâmer, mais toujours avec un étonnement solennel, les quelques allusions précises à l'après-guerre dont Carné a voulu marquer son dernier film. Si le metteur en scène et le scénariste se sont donné tant de mal pour nous le faire comprendre, c'est que dix-neuf sur vingt des films français ne peuvent se situer à dix ans près. Au contraire, même quand l'essentiel du scénario est indépendant de l'actualité, les films italiens sont d'abord des reportages reconstitués. L'action ne saurait se dérouler dans un quelconque contexte social historiquement neutre, quasi abstrait comme les décors de tragédie, tels que le sont souvent, à divers degrés, ceux du cinéma américain, français ou anglais.

Il s'ensuit que les films italiens présentent une valeur documentaire exceptionnelle, qu'il est impossible d'en arracher le scénario sans entraîner avec lui tout le terrain social dans lequel il plonge ses racines.

Cette adhérence parfaite et naturelle à l'actualité s'explique et se justifie intérieurement par une adhésion spirituelle à l'époque. Sans doute l'histoire italienne récente est-elle irréversible. La guerre n'y est pas ressentie comme une parenthèse, mais comme une conclusion : la fin d'une époque. En un certain sens l'Italie n'a que trois ans. Mais la même cause pouvait produire d'autres effets. Ce qui ne laisse pas d'être admirable et d'assurer au cinéma italien une audience morale très large dans les nations occidentales, c'est le sens qu'y prend la peinture de l'actualité. Dans un monde encore et déjà obsédé par la terreur et par la haine, où la réalité n'est presque plus jamais aimée pour elle-même mais seulement refusée ou défendue comme signe politique, *le cinéma italien est certainement le seul qui sauve, au sein même de l'époque qu'il dépeint, un humanisme révolutionnaire.*

Amour et refus du réel.

Les films italiens récents sont à tout le moins pré-révolutionnaires ; tous refusent, implicitement ou explicitement, par l'humour, par la satire ou par la poésie, la réalité sociale dont ils se servent, mais ils savent, jusque dans les prises de position les plus claires, ne jamais traiter cette réalité comme un moyen. La condamner n'oblige pas à la mauvaise foi. Ils n'oublient pas qu'avant d'être condamnable le monde *est*, tout simplement. C'est bête et c'est peut-être aussi naïf que l'éloge que faisait Beaumarchais des larmes du mélodrame, mais dites-moi si, en sortant de voir un film italien, vous ne vous sentez pas meilleur, si vous n'avez pas envie de changer l'ordre des choses, mais de préférence en persuadant les hommes, du moins ceux qui peuvent l'être et que seuls l'aveuglement, le préjugé ou la malchance ont conduit à faire du mal à leurs semblables.

C'est pourquoi lorsqu'on en lit le résumé, les scénarios de beaucoup de films italiens ne résistent pas au ridicule. Réduits à l'intrigue, bien souvent, ce ne sont que mélodrames moralisants. Mais dans le film tous les personnages existent avec une vérité bouleversante. Aucun n'est réduit à l'état de chose ou de symbole, ce qui permettrait de les haïr confortablement sans avoir à dépasser au préalable l'équivoque de leur humanité.

Je verrais volontiers dans l'humanisme des films italiens actuels leur principal mérite quant au fond [1].

---

1. Je ne me dissimule pas la part d'habileté politique plus ou moins consciente qui se cache sans doute sous cette générosité communicative. Il se peut que demain le curé de *Rome ville ouverte* ne s'entende plus si bien avec l'ex-résistant communiste. Il se peut que le cinéma italien devienne bientôt, lui aussi, politique et partisan. Il se peut qu'il y ait dans tout cela quelques demi-mensonges. Très habilement pro-américain, *Païsa* a été réalisé par des démocrates-chrétiens et des communistes. Mais ce n'est pas être dupe, c'est seulement être sage que de prendre dans une œuvre ce qui s'y trouve. Pour l'heure, le cinéma italien est beaucoup moins politique que sociologique. Je veux dire que des réalités sociales aussi concrètes que la misère, le marché noir, l'administration, la prostitution, le chômage ne semblent pas avoir encore cédé la place dans la conscience du public aux valeurs à priori de la politique. Les films italiens ne nous renseignent presque pas sur le parti auquel appartient le metteur en scène, ni même sur celui qu'il veut flatter. Cet état de fait tient sans doute au tempérament ethnique, mais aussi à la situation politique italienne et au style du parti communiste dans la péninsule.

Indépendamment de la conjonction politique, cet humanisme révolutionnaire trouve également ses sources dans une certaine prise en considération de l'individu, la masse n'est que très rarement considérée comme une force sociale positive. Quand elle est évoquée, c'est d'ordinaire pour montrer son caractère destructeur et négatif par rapport au héros : le thème de l'homme dans la foule. A ce point de vue, le dernier grand film italien : *Caccia tragica (Chasse tragique)* et *Le Soleil se lève encore* sont deux exceptions significatives qui marquent peut-être une tendance nouvelle.

Le metteur en scène G. de Santis (qui a fait beaucoup comme assistant de Vergano dans *Le Soleil se lève encore)* est le seul à faire d'un groupe d'hommes, d'une collectivité, l'un des protagonistes du drame.

Ils nous permettent de savourer pendant qu'il n'en est peut-être déjà plus temps un certain ton révolutionnaire d'où la terreur semble encore exclue.

L'amalgame des interprètes.

Ce qui a naturellement d'abord frappé le public, c'est l'excellence des interprètes. Avec *Rome ville ouverte* le cinéma mondial s'est enrichi d'une actrice de premier plan. Anna Magnani, l'inoubliable jeune femme enceinte, Fabrizzi, le curé, Pagliero, le résistant, et d'autres n'ont pas de peine à égaler dans notre mémoire les plus émouvantes créations du cinéma. Les reportages et les informations de la grande presse se sont naturellement attachés à nous apprendre que *Sciuscia* avait été réalisé avec d'authentiques gosses de la rue, que Rossellini tournait avec une figuration occasionnelle prise sur les lieux mêmes de l'action, que l'héroïne de la première histoire de *Païsa* était une fille illettrée trouvée sur les quais. Quant à Anna Magnani, c'était sans doute une professionnelle mais qui venait du café-concert ; Maria Michi, elle, n'était qu'une petite ouvreuse de cinéma.

Si ce recrutement des interprètes s'oppose aux habitudes du cinéma, il ne constitue pourtant pas une méthode absolument nouvelle. Au contraire, sa constance à travers toutes les formes « réalistes » du cinéma depuis, peut-on dire, Louis Lumière, permet d'y voir une loi proprement cinématographique que l'école italienne confirme seulement et permet de formuler avec assurance. On admira aussi naguère dans le cinéma russe son parti pris de recourir à des acteurs non professionnels auxquels on faisait tenir à l'écran le rôle de leur vie quotidienne. En réalité il s'est créé autour du film russe une légende. L'influence du théâtre a été très grande sur certaines écoles soviétiques et, si les premiers films d'Eisenstein ne comportent pas d'acteurs, une œuvre aussi réaliste que *Le Chemin de la vie* fut jouée par des professionnels du théâtre et, depuis lors, l'interprétation des films soviétiques est redevenue professionnelle comme partout ailleurs. Aucune grande école cinématographique entre 1925 et le cinéma italien actuel ne se réclamera de l'absence d'acteurs, mais de temps à autre un film hors série en rappellera l'intérêt. Ce sera toujours précisément une œuvre proche du reportage social. Citons-en deux :

Sierra de Terruel (L'Espoir) et *La Dernière chance.* Autour d'elles aussi une légende s'est créée. Les héros du film de Malraux ne sont pas tous des acteurs occasionnels provisoirement chargés de jouer le personnage de leur vie quotidienne. C'est le cas pour plusieurs d'entre eux, mais non pas pour les principaux. Le paysan, en particulier, était un acteur comique bien connu à Madrid. Quant à *La Dernière chance*, si les soldats alliés sont d'authentiques aviateurs tombés dans le ciel suisse, la femme juive par exemple est une actrice de théâtre. Il faudrait se référer à des films comme *Tabou* pour ne trouver aucun acteur professionnel, mais il s'agit là, comme dans les films d'enfants, d'un genre très particulier où l'acteur professionnel est à peu près inconcevable. Plus récemment, Rouquier, dans *Farrebique*, s'est appliqué à jouer le jeu à fond. Tout en prenant note de sa réussite, remarquons qu'elle est presque unique et que les problèmes du film paysan ne sont pas, quant à l'interprétation, si différents du film exotique. Plutôt qu'un exemple à imiter, *Farrebique* est un cas limite n'infirmant en rien la règle que j'appellerai : loi de l'amalgame. Ce n'est pas l'absence d'acteurs professionnels qui peut caractériser historiquement le réalisme social au cinéma non plus que l'école italienne actuelle, mais très précisément la négation du principe de la vedette et l'utilisation indifférente d'acteurs de métier et d'acteurs occasionnels. Ce qui importe, c'est de ne pas placer le professionnel dans son emploi habituel : le rapport qu'il entretient avec son personnage ne doit être grevé pour le public d'aucune idée à priori. Il est significatif que le paysan de *L'Espoir* ait été un comique de théâtre, Anna Magnani une chanteuse réaliste et Fabrizzi un pitre de vaudeville. Le métier n'est pas une contre-indication, au contraire ; mais il se réduit à une souplesse utile qui aide l'acteur à obéir aux exigences de la mise en scène et à mieux pénétrer dans son personnage. Les non-professionnels sont naturellement choisis pour leur adéquation au rôle qu'ils doivent tenir : conformité physique ou biographique. Lorsque l'amalgame est réussi — mais l'expérience prouve qu'il ne peut l'être que si certaines conditions, en quelque sorte « morales », du scénario sont réunies — on obtient précisément cette extraordinaire impression de vérité des films italiens actuels. Il semble que leur adhésion commune à un scénario, qu'ils sentent tous profondément, et qui exige d'eux le minimum de mensonge dramatique, soit l'origine d'une sorte d'osmose entre les interprètes. La naïveté technique des uns bénéficie de l'expérience des autres, cependant que ceux-ci profitent de l'authenticité générale.

Mais si une méthode aussi profitable à l'art cinématographique n'a été employée qu'épisodiquement, c'est qu'elle contient malheureusement en elle-même son principe de destruction. L'équilibre chimique de l'amalgame est nécessairement instable, il évolue fatalement jusqu'à reconstituer le dilemme esthétique qu'il avait provisoirement résolu : servitude de la vedette et documentaire sans acteur. Cette désintégration se saisit avec d'autant plus de clarté et de rapidité dans les films d'enfants ou d'indigènes : la petite Rari de *Tabou* a, paraît-il, fini comme prostituée en Pologne, et l'on sait ce qu'il advient des enfants qu'un premier film consacre ensuite vedette. Au mieux deviennent-ils de jeunes acteurs prodiges, mais c'est alors tout autre chose. Dans la mesure où l'inexpérience et la naïveté sont des facteurs indispensables, il est évident qu'ils ne résistent pas à l'usage. On n'imagine pas la « famille Farrebique » dans une demi-douzaine de films et finalement engagée par Hollywood. Quant aux acteurs professionnels, mais non vedettes, le processus de destruction est un peu différent. C'est le public qui en est cause. Si la vedette consacrée transporte avec elle son personnage, le succès d'un film risque aussi de confirmer l'acteur dans le rôle qu'il y tient. Les producteurs sont trop heureux de rééditer un premier succès en allant au devant du goût bien connu du public à retrouver ses acteurs préférés dans des emplois habituels. Et même si l'acteur est assez sage pour éviter de se laisser emprisonner dans un rôle, il reste que son visage, certaines constantes de son jeu, devenant familiers, empêcheront définitivement la prise de l'amalgame avec des interprètes non professionnels.

Esthétisme, réalisme et réalité.

Actualité du scénario, vérité de l'acteur ne sont pourtant encore que la matière première de l'esthétique du film italien.

On doit se méfier d'opposer le raffinement esthétique à je ne sais quelle crudité, quelle efficacité immédiate d'un réalisme qui se contenterait de montrer la réalité. Ce ne sera pas, à mon sens, le moindre mérite du cinéma italien

Rome ville ouverte (Roberto Rossellini) : « Actualité du scénario, vérité de l'acteur ne sont pourtant encore que la matière première de l'esthétique du film italien. »

que d'avoir rappelé une fois de plus qu'il n'était pas de « réalisme » en art qui ne fût d'abord profondément « esthétique ». On s'en doutait, mais dans les échos du procès de sorcellerie que certains font aujourd'hui aux artistes soupçonnés d'un pacte avec le démon de l'art pour l'art, on avait tendance à l'oublier. Le réel comme l'imaginaire n'appartient, en art, qu'au seul artiste, la chair et le sang de la réalité ne sont pas plus aisés à retenir dans les filets de la littérature ou du cinéma que les fantaisies les plus gratuites de l'imagination. En d'autres termes, quand l'invention et la complexité des formes ne portent plus sur le contenu même de l'œuvre, elles ne cessent pas pour autant de s'exercer sur l'efficacité des moyens. C'est pour l'avoir un peu trop oublié que le cinéma soviétique est passé en vingt ans du premier au dernier rang des grandes productions nationales. Si le *Potemkine* a pu bouleverser le cinéma, ce n'est pas seulement à cause de son message politique, pas même parce qu'il remplaçait le staff des studios par les décors réels et la star par la foule anonyme, mais parce qu'Eisenstein était le plus grand théoricien du montage de son temps, parce qu'il travaillait avec Tissé, le meilleur opérateur du monde, parce que la Russie était le centre de la pensée cinématographique, en un mot parce que les films « réalistes » qu'elle produisait recelaient plus de science esthétique que les décors, les éclairages et l'interprétation des œuvres les plus artificielles de l'expressionnisme allemand.

Il en va de même aujourd'hui du cinéma italien. Son réalisme n'entraîne nullement une régression esthétique, mais au contraire un progrès de l'expression, une évolution conquérante du langage cinématographique, une extension de sa stylistique.

Il faut tout d'abord bien voir où en est aujourd'hui le cinéma. Depuis la fin de l'hérésie expressionniste et surtout depuis le parlant, on peut considérer que le cinéma n'a cessé de tendre au réalisme. Entendons en gros qu'il veut donner au spectateur une illusion aussi parfaite que possible de la réalité, compatible avec les exigences logiques du récit cinématographique et les limites actuelles de la technique. Par là le cinéma s'oppose nettement à la poésie, à la peinture, au théâtre pour se rapprocher de plus en plus du roman. Je ne me propose pas ici de justifier par ses causes techniques, psychologiques, économiques, ce projet esthétique fondamental du cinéma moderne. On m'excusera de l'affirmer pour cette fois comme un fait acquis, sans préjuger pour autant de la valeur intrinsèque de cette évolution non plus que de son caractère définitif. Mais le réalisme en art ne saurait évidemment ne procéder que d'artifices. Toute esthétique choisit forcément entre ce qui vaut d'être sauvé, perdu ou refusé, mais quand elle se propose essentiellement, comme le fait le cinéma, de créer l'illusion du réel, ce choix constitue sa contradiction fondamentale à la fois inacceptable et nécessaire. Nécessaire puisque l'art n'existe que par ce choix. Sans lui, à supposer que le cinéma total fût dès aujourd'hui techniquement possible, nous retournerions purement et simplement à la réalité. Inacceptable puisqu'il se fait en définitive aux dépens de cette réalité que le cinéma se propose de restituer intégralement. C'est pourquoi il serait vain de s'élever contre tout progrès technique nouveau ayant pour objet d'accroître le réalisme du cinéma : son, couleur, relief. En fait « l'art » cinématographique se nourrit de cette contradiction, il utilise au mieux les possibilités d'abstraction et de symbole que lui offrent les limites temporaires de l'écran. Mais cette utilisation du résidu de conventions abandonné par la technique peut être faite au service ou aux dépens du réalisme, elle peut accroître ou neutraliser l'efficacité des éléments de réalité capturés par la caméra. On peut classer, sinon hiérarchiser, les styles cinématographiques en fonction du gain de réalité qu'ils représentent. Nous appelerons donc *réaliste* tout système d'expression, tout procédé de récit tendant à faire apparaître plus de réalité sur l'écran. « Réalité » ne doit naturellement pas être entendue quantitativement. Un même événement, un même objet est passible de plusieurs représentations différentes. Chacune d'elles abandonne et sauve quelques-unes des qualités qui font que nous reconnaissons l'objet sur l'écran, chacune d'elles introduit à des fins didactiques ou esthétiques des abstractions plus ou moins corrosives qui ne laissent pas tout subsister de l'original. Au terme de cette chimie inévitable et nécessaire, on a substitué à la réalité initiale une illusion de réalité faite d'un complexe d'abstraction (le noir et blanc, la surface plane), de conventions (les lois du montage par exemple) et de réalité authentique. C'est une illusion nécessaire, mais elle entraîne rapidement la perte de conscience de la réalité elle-même qui s'identifie dans l'esprit du spectateur à sa représentation cinématographique. Quant au cinéaste, dès lors qu'il a obtenu cette complicité inconsciente du public, sa tentation est grande de négliger de plus en plus la réalité. L'habitude et la paresse aidant, il en vient à ne plus distinguer clairement lui-même où commencent et finissent ses mensonges. Il ne saurait être question de lui reprocher de mentir puisque c'est le mensonge qui constitue son art, mais seulement de ne plus le dominer, d'en être sa propre dupe et d'empêcher ainsi toute conquête nouvelle sur la réalité.

De « Citizen Kane » à « Farrebique »

Les toutes dernières années auront fait grandement évoluer l'esthétique du cinéma vers le réalisme. De ce point de vue les deux événements qui marquent incontestablement l'histoire du cinéma depuis 1940 sont : *Citizen Kane* et *Païsa.* Tous deux font faire un progrès décisif au réalisme, mais par des voies très différentes. Si j'évoque le film d'Orson Welles avant que d'analyser la stylistique des films italiens, c'est qu'il permettra de mieux situer le sens de celle-ci. Orson Welles a restitué à l'illusion cinématographique une qualité fondamentale du réel : sa continuité. Le découpage classique, découlant de Griffith, décomposait la réalité en plans successifs qui n'étaient qu'une suite de points de vue, logiques ou subjectifs, sur l'événement. Un personnage, enfermé dans une chambre, attend que son bourreau vienne l'y trouver. Il fixe avec angoisse la porte. Au moment où le bourreau va entrer, le metteur en scène ne manquera pas de faire un gros plan du bouton de la porte tournant lentement ; ce gros plan est psychologiquement justifié par l'extrême attention de la victime à ce signe de sa détresse. C'est la suite des plans, analyse conventionnelle d'une réalité continue, qui constitue proprement le langage cinématographique actuel.

Le découpage introduit donc une abstraction évidente dans la réalité. Comme nous y sommes parfaitement habitués, l'abstraction n'est plus sentie comme telle. Toute la révolution introduite par Orson Welles part de l'utilisation systématique d'une profondeur de champ inusitée. Alors que l'objectif de la caméra classique met au point successivement sur différents lieux de la scène, celle d'Orson Welles embrasse avec une égale netteté tout le champ visuel qui se trouve du même coup dans le champ dramatique. Ce n'est plus le découpage qui choisit pour nous la chose à voir, lui conférant par là une *signification* à priori, c'est l'esprit du spectateur qui se trouve contraint à discerner, dans l'espèce de parallélépipède de réalité continue ayant l'écran pour section, le spectre dramatique particulier à la scène. C'est donc à l'utilisation intelligente d'un progrès précis que *Citizen Kane* doit son réalisme. Grâce à la profondeur du champ de l'objectif, Orson Welles a restitué à la réalité sa continuité sensible.

Nous voyons bien de quels éléments de la réalité le cinéma s'est enrichi, mais à d'autres points de vue il est évident qu'il s'est éloigné de la réalité ou qu'à tout le moins il ne s'en approche pas plus que l'esthétique classique. En s'interdisant, par la complexité de sa technique, de recourir en particulier à la réalité brute : au décor naturel, à la prise de vue en extérieur [1], à l'éclairage solaire, à l'interprétation non professionnelle, Orson Welles renonce du même coup aux qualités absolument inimitables du document authentique et qui, faisant aussi partie de la réalité, peuvent, elles aussi, fonder un « réalisme ». Si l'on veut, à l'opposé de *Citizen Kane*, nous situerions *Farrebique* où la volonté systématique de n'utiliser qu'une matière première naturelle a précisément conduit Rouquier à perdre du terrain dans le domaine de la perfection technique.

Ainsi le plus réaliste de tous les arts partage cependant le sort commun. Il ne peut saisir la réalité tout entière, elle lui échappe nécessairement de quelque côté. Sans doute un progrès technique peut, quand l'usage en est bon, resserrer les mailles du filet, mais il faut toujours plus ou moins choisir entre telle ou telle réalité. Il en est un peu de la caméra comme de la sensibilité de la rétine. Ce ne sont point les mêmes terminaisons nerveuses qui enregistrent la couleur et l'intensité lumineuse, la densité des unes étant d'ordinaire en fonction inverse de celle des autres ; les animaux qui distinguent parfaitement, la nuit, la forme de leur proie, sont presque aveugles à la couleur.

Entre les réalismes opposés, mais également purs, de *Farrebique* et de *Citizen Kane*, de nombreux alliages restent possibles. Du reste la marge de perte du réel impliqué dans

1. Les choses se compliquent quand il s'agit d'un décor urbain. Les Italiens ont là-dessus un incontestable avantage : la ville italienne, qu'elle soit ancienne ou moderne, est prodigieusement photogénique. Depuis l'antiquité l'urbanisme italien n'a pas cessé d'être théâtral et décoratif. La vie urbaine est un spectacle, une *commedia dell'arte* que les Italiens se donnent à eux-mêmes. Et même dans les quartiers les plus misérables l'espèce d'agrégation coralienne des maisons ménage, grâce aux terrasses et aux balcons, d'éminentes possibilités spectaculaires. La cour est un décor élisabéthain où le spectacle se voit d'en bas, où ce sont les spectateurs des balcons qui jouent la comédie. On a présenté à Venise un documentaire poétique constitué exclusivement d'un montage de prises de vue de cours. Que dire alors quand les façades théâtrales des palais combinent leurs effets d'opéra avec l'architecture de comédie des maisons misérables ? Ajoutez par là-dessus le soleil et l'absence de nuages (ennemi N° 1 des extérieurs) et vous aurez l'explication de la supériorité du film italien pour les extérieurs urbains.

tout parti pris « réaliste » permet souvent à l'artiste de mulplier, par les conventions esthétiques qu'il peut introduire dans la place laissée libre, l'efficacité de la réalité choisie. Nous en avons précisément un remarquable exemple avec le cinéma italien récent. Faute d'équipement technique, les metteurs en scène ont été obligés d'enregistrer après coup son et dialogue : perte de réalisme. Mais libres de jouer de la caméra sans rapport avec le micro, ils en ont profité pour étendre son champ d'action et sa mobilité, d'où accroissement immédiat du coefficient de réalité.

Les perfectionnements techniques qui permettront de conquérir d'autres propriétés du réel : couleur et relief par exemple, ne pourront, du reste, qu'augmenter l'écartement des deux pôles réalistes qui se situent assez bien aujourd'hui aux environs de *Farrebique* et de *Citizen Kane*. Les qualités des prises de vue en studio seront en effet de plus en plus tributaires d'un appareil complexe, délicat et encombrant. Il faudra toujours sacrifier quelque chose de la réalité à la réalité.

« *Païsa* ».

Comment situer le film italien sur le spectre du réalisme ? Après avoir essayé de délimiter la géographie de ce cinéma si pénétrant dans la description sociale, si minutieux et si perspicace dans le choix du détail vrai et significatif, il nous reste encore à en comprendre la géologie esthétique.

Il serait évidemment illusoire de prétendre réduire toute la production italienne récente à quelques traits communs bien caractéristiques et indifféremment applicables à tous les metteurs en scène. Nous essayerons seulement d'en dégager les caractéristiques les plus généralement applicables, mais en nous réservant, le cas échéant, de borner notre ambition aux œuvres les plus significatives. Puisqu'il nous faudra aussi faire un choix, disons tout de suite que nous disposerons implicitement les principaux films italiens en cercle concentrique d'intérêt décroissant autour de *Païsa*, car c'est ce film de Rossellini qui recèle le plus de secrets esthétiques.

La technique du récit.

Comme dans le roman, c'est surtout à partir de la technique du récit que l'esthétique implicite de l'œuvre cinématographique se peut révéler. Le film se présente toujours comme une succession de fragments de réalité dans l'image, sur un plan rectangulaire de proportions données, l'ordre et la durée de vision déterminant le « sens ». L'objectivisme du roman moderne, en .réduisant au minimum l'aspect proprement grammatical de la stylistique [1], a révélé l'essence la plus secrète du style. Certaines qualités de la langue de Faulkner, d'Hemingway ou de Malraux ne sauraient assurément passer dans une traduction, mais l'essentiel de leur style n'en souffre guère parce que « le style » s'identifie presque totalement chez eux avec la technique du récit. Il n'est que la mise en place dans le temps des fragments de réalité. Le style devient la dynamique interne du récit, il est un peu comme l'énergie à la matière, ou si l'on veut comme la physique spécifique de l'œuvre ; c'est lui qui dispose une réalité morcelée sur le spectre esthétique du récit, qui polarise la limaille des faits sans en modifier la composition chimique. Un Faulkner, un Malraux, un Dos Passos ont leur univers personnel qui se définit évidemment par la nature des faits rapportés, mais aussi par la loi de gravitation qui les tient suspendus hors du chaos. Il y aura donc quelque profit à définir le style italien à partir du scénario, de sa genèse et des formes d'exposition qu'il détermine.

La vision de quelques films italiens suffirait, si nous n'avions par ailleurs le témoignage de leurs auteurs, à nous convaincre de la part qu'y tient l'improvisation. Depuis le parlant surtout, un film exige un travail trop complexe, engage trop d'argent pour admettre le moindre flottement en cours de route. On peut dire que le premier jour de tournage, le film est déjà virtuellement réalisé sur le découpage qui prévoit tout. Les conditions matérielles de la réalisation en Italie, immédiatement après la Libération, la nature des sujets traités et sans doute aussi quelque génie ethnique ont libéré

1. Dans le cas de *L'Étranger* de Camus, par exemple, Sartre a bien montré les rapports de la métaphysique de l'auteur avec l'emploi répété du passé composé, temps d'une éminente pauvreté modale.

les metteurs en scène de ces servitudes. Rossellini est parti avec sa caméra, de la pellicule et des canevas de scénarios qu'il a modifiés au gré de son inspiration, des moyens matériels ou humains, de la nature, des paysages... C'était déjà ainsi que procédait Feuillade en quête dans les rues de Paris d'une suite aux *Vampires* ou à *Fantômas*, suite sur laquelle il n'était guère plus fixé que les spectateurs laissés pantelants d'inquiétude la semaine précédente. Assurément la marge d'improvisation est plus ou moins grande. Réduite le plus souvent aux détails, elle suffit cependant à donner au récit une allure et un ton très différents de ce que nous connaissons d'ordinaire à l'écran. Bien sûr, le scénario de *Quatre pas dans les nuages* est aussi bien charpenté que celui d'une comédie américaine, mais je parierais volontiers qu'un tiers des plans n'était pas rigoureusement prévu. Le scénario de *Sciuscia* ne semble pas soumis à une nécessité dramatique bien rigoureuse et le film se termine sur une situation qui eût pu aussi bien n'être pas la dernière. Le charmant petit film de Pagliero, *La Nuit porte conseil*, s'amuse à nouer et à dénouer des malentendus qu'on pouvait sans doute emmêler tout autrement. Malheureusement le démon du mélodrame, auquel ne savent jamais résister tout à fait les cinéastes italiens, gagne çà et là la partie, introduisant alors une nécessité dramatique aux effets rigoureusement prévisibles. Mais ceci est une autre histoire. Ce qui compte, c'est le mouvement créateur, la genèse très particulière des situations. La nécessité du récit est plus biologique que dramatique. Il bourgeonne et pousse avec la vraisemblance et la liberté de la vie [1]. Il n'en faudrait pas déduire qu'une telle méthode est à priori moins esthétique que la prévision lente et méticuleuse. Mais le préjugé que le temps, l'argent et

1. Presque tous les génériques des films italiens portent à la rubrique « scénario » une bonne dizaine de noms. Il ne faut pas prendre cette imposante collaboration trop au sérieux. Elle a d'abord pour but de donner au producteur des cautions assez naïvement politiques : on y trouve régulièrement les noms d'un démocrate chrétien et d'un communiste (comme dans le film un marxiste et un curé). Le 3e co-scénariste est réputé pour savoir construire une histoire, le 4e pour trouver des gags, le 5e parce qu'il fait de bons dialogues, le 6e « parce qu'il a le sens de la vie », etc., etc. Le résultat n'est ni meilleur ni pire que s'il n'y avait qu'un scénariste. Mais la conception du scénario italien s'accommode bien de cette paternité collective où chacun apporte une idée sans que le metteur en scène se sente finalement tenu de la suivre. Plutôt que du travail à la chaîne des scénaristes américains, il faudrait rapprocher cette interdépendance de l'improvisation de la *commedia dell'arte* ou même du jazz hot.

les moyens valent par eux-mêmes est si tenace qu'on oublie de les rapporter à l'œuvre et à l'artiste... Van Gogh refaisait dix fois le même tableau, très vite, tandis que Cézanne y revenait pendant des années. Certains genres exigent de travailler dans la vitesse, d'opérer à chaud. Mais le chirurgien n'en doit avoir que plus de sûreté et de précision. Ce n'est qu'à ce prix que le film italien possède cette allure de reportage, ce naturel plus proche du récit oral que de l'écriture, du croquis que de la peinture. Il y fallait l'aisance et la sûreté d'œil de Rossellini, de Lattuada, de Vergano et de de Santis. Leur caméra possède un tact cinématographique très délié, des antennes merveilleusement sensibles, qui lui permettent de saisir d'un trait ce qu'il faut, comme il faut. Dans *Il Bandito*, le prisonnier rentrant d'Allemagne découvre que sa maison est détruite. Il ne reste plus du pâté d'immeubles qu'un amas de pierres entouré de murs en ruines. La caméra nous montre le visage de l'homme, puis, suivant le mouvement de ses yeux, elle fait un long panoramique de 360 degrés qui nous révèle le spectacle. L'originalité de ce panoramique est double : 1° au départ, nous sommes extérieurs à l'acteur puisque nous le regardons par le truchement de la caméra, mais durant le panoramique nous nous identifions naturellement à lui, au point d'être surpris quand les 360 degrés bouclés, nous redécouvrons un visage saisi par l'horreur ; 2° la vitesse de ce panoramique subjectif est variable. Il débute par un long « filé » puis s'arrête presque, contemple lentement les murs délabrés et brûlés au rythme même du regard de l'homme comme mû directement par son attention.

Il m'a fallu m'étendre sur ce très petit exemple pour ne pas me borner à affirmer dans l'abstrait ce que j'appelle presque au sens physiologique du mot : le « tact » cinématographique. Un tel plan s'apparente dans son dynamisme au mouvement de la main qui dessine un croquis ; laissant des blancs, esquissant ici, là cernant et fouillant l'objet. Je pense au ralenti dans le documentaire sur Matisse qui nous révèle, au-dessous de l'arabesque continue et uniforme du trait, les hésitations variables de la main. Dans un tel découpage le mouvement de l'appareil est très important. La caméra doit être aussi prompte à se mouvoir qu'à s'immobiliser. Travellings et panoramiques n'ont pas le caractère quasi divin que leur prête à Hollywood la grue américaine. Presque tout se fait à hauteur d'œil ou à partir de points de vue concrets comme sont un toit ou une fenêtre. Toute l'inoubliable poésie de la promenade des enfants sur le cheval blanc dans *Sciuscia* se réduit techniquement à un angle de prise de vue en contre-plongée qui donne aux cavaliers et à la monture la perspective d'une statue équestre. Christian Jaque s'était donné beaucoup plus de mal pour son cheval fantôme dans *Sortilège*. Tant de virtuosité cinématographique n'empêchait pas sa cavale d'avoir le prosaïsme d'une rosse de fiacre. La caméra italienne conserve quelque chose de l'humanité de la Bel-Howell de reportage, inséparable de la main et de l'œil, presque identifiée avec l'homme, promptement accordée à son attention.

Quant à la photo, il va de soi que l'éclairage n'y jouera qu'un très faible rôle expressif. D'abord parce qu'il exige le studio et que la plupart des prises de vues se font en extérieur ou en décor réel, ensuite parce que le style reportage s'identifie pour nous avec la grisaille des actualités. Ce serait un contresens que de soigner ou d'améliorer à l'excès la qualité plastique du style.

Tel que nous avons tenté de le décrire jusqu'à présent, le style des films italiens semblerait apparenté, avec plus ou moins d'adresse, de maîtrise et de sensibilité, à un journalisme à demi littéraire, à un art adroit, vivant, sympathique, émouvant même, mais, dans son principe, mineur. C'est parfois le cas, encore qu'on puisse placer le genre assez haut dans la hiérarchie esthétique. Il serait injuste et faux d'y voir l'aboutissement ultime d'une telle technique. De même qu'en littérature le reportage, et son éthique de l'objectivité (mais peut-être vaudrait-il mieux dire de l'extériorité) ont seulement posé les bases d'une nouvelle esthétique du roman [1], la technique des cinéastes italiens aboutit dans les meilleurs films, et tout particulièrement dans *Païsa*, à une esthétique du récit également complexe et originale.

Païsa est d'abord sans doute le premier film qui soit l'équivalent rigoureux d'un recueil de nouvelles. Nous ne connaissions que le film à sketches, genre bâtard et faux s'il en est.

1. Je ne m'engagerai pas ici dans une querelle historique sur les sources ou les préfigurations du roman de reportage au XIXe siècle. Chez Stendhal ou chez les naturalistes, il s'agissait encore, plutôt que d'objectivité proprement dite, de franchise, d'audace, de perspicacité dans l'observation. Les faits en eux-mêmes n'avaient pas encore cette espèce d'autonomie ontologique qui en fait une succession de monades closes, strictement limitées par leurs apparences.

« *Païsa* est d'abord sans doute le premier film qui soit l'équivalent rigoureux d'un recueil de nouvelles. »

Rossellini nous raconte successivement six histoires de la Libération italienne. Elles n'ont de commun que cet élément historique. Trois d'entre elles, la première, la quatrième et la dernière se rattachent à la Résistance, les autres sont des épisodes cocasses, pathétiques ou tragiques en marge de l'avance alliée. La prostitution, le marché noir, la vie d'un couvent franciscain, en fournissent indifféremment la matière. Pas d'autre progression qu'une certaine ordonnance des histoires selon un ordre chronologique à partir d'un débarquement de commando allié en Sicile. Mais le fond social, historique et humain des six histoires leur confère une unité très suffisante pour en faire une œuvre parfaitement homogène dans sa diversité. Mais surtout la longueur de chaque histoire, la structure, sa matière, sa durée esthétique nous donnent pour la première fois l'exacte impression d'une nouvelle. L'épisode de Naples où nous voyons un gamin spécialiste du marché noir vendre les vêtements d'un nègre saoul, est une admirable nouvelle « de » Saroyan. Tel autre évoque Steinbeck, tel autre Hemingway, tel autre (le premier) Faulkner. Je ne veux pas dire seulement par le ton ou par le sujet, mais très profondément : dans le style. On ne peut malheureusement pas citer entre guillemets une séquence de film comme un paragraphe, et la description littéraire en est forcément incomplète. Voici pourtant un épisode de la dernière nouvelle (qui m'évoque tantôt Hemingway, tantôt Faulkner) : 1° Un groupe de quelques partisans italiens et soldats alliés a été ravitaillé en vivres par une famille de pêcheurs vivant dans une sorte de ferme isolée en plein marais du delta du Pô. On leur donne un panier d'anguilles, ils s'en vont ; une patrouille allemande s'en aperçoit après coup et exécute tous les habitants de la ferme; 2° au crépuscule, l'officier américain et un partisan marchent quelque part dans le marais. Au loin une fusillade. Un dialogue très elliptique laisse entendre que les Allemands ont fusillé les pêcheurs ; 3° des hommes et des femmes étendus morts devant la cabane, un bébé à demi nu crie inlassablement dans le crépuscule. Même aussi succinctement décrit, ce fragment de récit laisse suffisamment apparaître d'immenses ellipses, mieux vaudrait dire des lacunes. Une action assez complexe est réduite à trois ou quatre courts fragments, en eux-mêmes déjà elliptiques par rapport à la réalité qu'ils révèlent. Passons sur le premier, purement descriptif. Dans le second l'événement ne nous est signifié que par ce qu'en peuvent connaître les partisans : des coups de feu au loin. Le troisième est présenté indépendamment de la présence des partisans. Il n'est même pas certain que cette scène ait un témoin. Un enfant pleure au milieu de ses parents morts : voilà, c'est un fait. Comment s'y sont pris les Allemands pour connaître la culpabilité des paysans ? Pourquoi l'enfant est-il encore vivant ? Ce n'est pas l'affaire du film. Pourtant toute une série d'événements se sont enchaînés jusqu'à ce résultat. D'ordinaire, sans doute, le cinéaste ne montre pas tout — aussi bien est-ce impossible —, mais son choix et ses omissions tendent cependant à reconstituer un processus logique où l'esprit passe sans peine des causes aux effets. La technique de Rossellini conserve assurément une certaine intelligibilité à la succession des faits, mais ceux-ci n'engrènent pas l'un sur l'autre comme une chaîne sur un pignon. L'esprit doit enjamber d'un fait à l'autre, comme on saute de pierre en pierre pour traverser une rivière. Il arrive que le pied hésite à choisir entre deux rochers, ou qu'il manque la pierre ou qu'il glisse sur l'une d'elles. Ainsi fait notre esprit. C'est que l'essence des pierres n'est pas de permettre aux voyageurs de traverser les rivières sans se mouiller les pieds, non plus que celle des côtes du melon de faciliter le partage équitable par le *pater familias*. Les faits sont les faits, notre imagination les utilise, mais ils n'ont pas pour fonction *a priori* de la servir. Dans le découpage cinématographique habituel (selon un processus semblable à celui du récit romanesque classique) le fait est attaqué par la caméra, morcelé, analysé, reconstitué ; il ne perd sans doute pas tout de sa nature de fait, mais celle-ci est enrobée d'abstraction comme l'argile d'une brique par le mur encore absent qui multipliera son parallélépipède. Les faits, chez Rossellini, prennent un sens, mais non pas à la manière d'un outil dont la fonction a, d'avance, déterminé la forme. Les faits se suivent et l'esprit est bien forcé de s'apercevoir qu'ils se ressemblent, et que, se ressemblant, ils finissent par signifier quelque chose qui était en chacun d'eux et qui est, si l'on veut, la morale de l'histoire. Une morale à laquelle l'esprit ne peut précisément pas échapper parce qu'elle lui vient de la réalité même. Dans l'épisode « de Florence », une femme traverse la ville encore occupée par quelques Allemands et des groupes fascistes pour essayer de rejoindre un chef du maquis, son fiancé. Un homme l'accompagne qui cherche lui aussi sa femme et son enfant. La caméra les suit pas à pas, elle nous fait participer à toutes les difficultés qu'ils rencontrent, à tous les périls, mais avec une parfaite impartialité dans l'attention qu'elle prête aux héros de l'aventure et aux situations qu'il leur faut traverser. En effet, tout ce qui arrive dans Florence travaillée par la Libération est également important, l'aventure personnelle de ces deux êtres s'insinue tant bien que mal dans un grouillement d'autres aventures, comme l'on essaie de jouer des coudes à travers une foule pour retrouver celui qu'on a perdu. Au passage, on entrevoit dans les yeux de ceux qui vous livrent passage d'autres soucis, d'autres passions, d'autres périls, auprès desquels les vôtres ne sont peut-être que dérisoires. A la fin et par hasard, la femme apprendra de la bouche d'un partisan blessé que celui qu'elle cherchait est mort. Mais la phrase qui le lui révèle ne lui est pas proprement destinée, elle vient la frapper comme une balle perdue. La pureté de ligne de ce récit ne doit rien aux procédés de composition classiques pour une narration de ce genre. L'intérêt n'est jamais artificiellement amené sur l'héroïne. La caméra ne se veut pas psychologiquement subjective. Nous n'en participons que mieux aux sentiments des protagonistes, parce qu'il est facile de les déduire et que le pathétique ne vient pas ici de ce qu'une femme a perdu l'homme qu'elle aime, mais de la situation de ce drame particulier dans mille autres drames, de sa solitude solidaire du drame de la libération de Florence. La caméra s'est bornée à suivre comme pour un reportage impartial une femme à la recherche d'un homme, elle laisse à notre esprit le soin d'être avec cette femme, de la comprendre et d'en souffrir.

Dans l'admirable épisode final des partisans cernés dans le marais, l'eau limoneuse du delta du Pô, les roseaux à perte d'horizon juste assez hauts pour cacher les hommes accroupis sur les petites barques plates, le clapotis des vagues contre le bois tiennent une place en quelque sorte équivalente à celle des hommes. A ce sujet, signalons que cette participation dramatique du marais est due en grande partie à certaines qualités très intentionnelles de la prise de vue. C'est ainsi que la ligne d'horizon est toujours à la même hauteur. Cette permanence des proportions de l'eau et du ciel à travers tous les plans du film dégage l'un des caractères essentiels de ce paysage. Elle est l'exact équivalent, dans les conditions posées par l'écran, de l'impression subjective que peuvent éprouver des hommes vivant entre ciel et eau et dont la vie dépend constamment d'un infime déplacement angulaire par rapport à l'horizon. On voit par cet exemple combien la caméra en extérieur dispose encore de subtilités d'expression quand elle est maniée par un opérateur comme celui de *Païsa*.

L'unité du récit cinématographique dans *Païsa* n'est pas le « plan », point de vue abstrait sur la réalité qu'on analyse, mais le « fait ». Fragment de réalité brute, en lui-même multiple et équivoque, dont le « sens » se dégage seulement *a posteriori* grâce à d'autres « faits » entre lesquels l'esprit établit des rapports. Sans doute le metteur en scène a bien choisi ces « faits », mais en respectant leur intégrité de « fait ». Le gros plan du bouton de porte auquel je faisais allusion tout à l'heure était moins un fait qu'un signe dégagé *a priori* et par la caméra, et qui n'avait pas plus d'indépendance sémantique qu'une préposition dans la phrase. C'est le contraire du marais ou de la mort des paysans.

Mais la nature de « l'image-fait » n'est pas seulement d'entretenir avec d'autres « images-faits » les rapports inventés par l'esprit. Ce sont là en quelque sorte les propriétés centrifuges de l'image, celles qui permettent de constituer le récit. Considérée en elle-même, chaque image n'étant qu'un fragment de réalité antérieur au sens, toute la surface de l'écran doit présenter une égale densité concrète. C'est encore le contraire de la mise en scène genre « bouton de porte » où la couleur du ripolin, l'épaisseur de la crasse sur le bois à hauteur de main, le brillant du métal, l'usure du pène sont autant de faits parfaitement inutiles, des parasites concrets de l'abstraction qu'il siéra d'éliminer.

Dans *Païsa* (et je rappelle que j'entends par là, à des degrés divers, la plupart des films italiens), le gros plan du bouton de porte serait remplacé par « l'image-fait » d'une porte dont toutes les caractéristiques concrètes seraient également apparentes. Pour cette même raison la conduite des acteurs veillera à ne jamais dissocier leur jeu du décor ou de celui des autres personnages. L'homme lui-même n'est qu'un fait parmi d'autres auquel aucune importance privilégiée ne saurait être donnée *a priori*. C'est pourquoi les cinéastes italiens sont les seuls à réussir les scènes d'autobus, de camion ou de wagon, précisément parce qu'elles rassemblent une particulière densité de décors et d'hommes, et qu'ils savent y décrire une action sans la dissocier de son contexte matériel et sans estomper la singularité humaine dans laquelle elle est imbriquée ; la subtilité et la souplesse des mouvements de leur caméra dans ces espaces étroits et encombrés, le naturel du comportement de tous les personnages entrant dans le champ, font de ces scènes le morceau de bravoure par excellence du cinéma italien.

Le réalisme du cinéma italien et la technique du roman américain.

Je crains que l'absence des documents cinématographiques n'ait nui à la clarté de ces lignes. Si pourtant j'ai pu me faire suivre jusqu'ici, le lecteur aura-t-il remarqué que j'ai été amené à caractériser presque dans les mêmes termes le style de Rossellini dans *Païsa* et celui d'Orson Welles dans *Citizen*

Kane. Par des voies techniques diamétralement opposées, l'un et l'autre aboutissent cependant à un « découpage » respectant à peu près d'égale façon la réalité. La profondeur de champ d'Orson Welles comme le parti pris réaliste de Rossellini. Chez l'un comme chez l'autre nous retrouvons la même dépendance de l'acteur par rapport au décor, le même réalisme de l'interprétation imposée à tous les personnages dans le champ, quelle que soit leur « importance » dramatique. Mieux : avec des modalités de style évidemment très différentes, le récit lui-même s'ordonne au fond de la même façon dans *Citizen Kane* et dans *Païsa*. C'est que, dans une totale indépendance technique, en l'absence évidente de toute influence directe, à travers des tempéraments qu'on ne saurait imaginer moins compatibles, Rossellini et Orson Welles ont, au fond, poursuivi le même propos esthétique essentiel, ils ont la même conception esthétique du « réalisme ».

J'ai eu le loisir de comparer au passage le récit de *Païsa* à celui de certains romanciers et nouvellistes modernes. Les rapports de la technique d'Orson Welles avec celle du roman américain (et singulièrement de Dos Passos) sont d'autre part assez évidents pour que je me permette maintenant de dévoiler ma thèse. L'esthétique du cinéma italien, tout au moins dans ses parties les plus élaborées et chez des metteurs en scène aussi conscients de leurs moyens qu'un Rossellini, n'est que l'équivalent cinématographique du roman américain.

Qu'on entende bien qu'il s'agit ici de tout autre chose que d'une banale adaptation. Hollywood ne cesse précisément « d'adapter » les romanciers américains à l'écran. On sait ce que M. Sam Wood a fait de *Pour qui sonne le glas*. C'est qu'il ne cherche au fond qu'à restituer une intrigue. Y serait-il fidèle phrase par phrase qu'il n'aurait encore strictement rien transcrit du livre à l'écran. On compterait sur les doigts des deux mains les films américains qui ont su faire passer en image quelque chose du style des romanciers, c'est-à-dire de la structure même du récit, de la loi de gravitation qui régit l'ordonnance des faits chez Faulkner, Hemingway ou Dos Passos. Il aura fallu attendre Orson Welles pour entrevoir ce que pouvait être le cinéma du roman américain [1].

1. Le cinéma a pourtant plusieurs fois passé très près de ces vérités, chez

Or donc, alors qu'Hollywood multiplie les adaptations de *best-sellers* en s'éloignant toujours davantage du sens de cette littérature, c'est en Italie que se réalise, tout naturellement, et avec une aisance qui exclut toute idée de copie consciente et volontaire, sur des scénarios totalement originaux, le cinéma de la littérature américaine. Sans doute ne faut-il pas compter pour rien dans la conjoncture la popularité des romanciers américains en Italie où leurs œuvres ont été traduites et assimilées bien avant de l'être en France, où l'influence d'un Saroyan sur un Vittorini par exemple est notoire. Mais plutôt que ces rapports douteux de cause à effet, j'aime mieux invoquer l'exceptionnelle affinité des deux civilisations telle qu'elle a été révélée par l'occupation alliée. Le « G. I. » s'est tout de suite senti chez lui en Italie et le *Païsa* s'est reconnu avec le G. I., blanc ou noir, une immédiate familiarité. La prolifération du marché noir et de la prostitution sur l'armée américaine n'est pas le moins probant exemple de symbiose des deux civilisations. Ce n'est pas pour rien non plus que les soldats américains sont des personnages importants de la plupart des films italiens récents et qu'ils y tiennent leur place avec un naturel qui en dit long.

Quoi qu'il en soit pourtant et si certaines voies d'influence ont été ouvertes par la littérature ou l'occupation, il s'agit d'un phénomène inexplicable à ce seul niveau. Le cinéma américain se fait aujourd'hui en Italie, mais jamais le cinéma de la péninsule n'a été plus typiquement italien. Le système de référence que j'ai adopté m'a éloigné d'autres rapprochements moins contestables encore, par exemple avec la tradition du conte italien, la *commedia dell'arte* et la technique de la fresque. Plutôt qu'une « influence », c'est un accord du cinéma et de la littérature, sur de mêmes données esthétiques profondes, sur une commune conception des rapports de l'art et de la réalité. Il y a beau temps que le roman moderne a accompli sa révolution « réaliste », qu'il a intégré le behaviorisme, la technique du reportage et l'éthique de la violence. Loin que le cinéma ait exercé la moindre influence

Feuillade par exemple ou avec Stroheim. Plus près de nous, Malraux a très clairement compris les équivalences d'un certain style de roman avec le récit cinématographique. Enfin, d'instinct, et de génie, Renoir a déjà appliqué dans *La Règle du jeu* l'essentiel des principes de la profondeur de champ et de la mise en scène simultanée sur tous les acteurs. Il s'en est expliqué dans un article prophétique de la revue *Point*, en 1938.

sur cette évolution, ainsi qu'on le croit encore couramment, un film comme *Païsa* prouve au contraire qu'il restait de quelque vingt ans en arrière sur le roman contemporain. Ce n'est pas le moindre mérite du cinéma italien récent que d'avoir su trouver pour l'écran les équivalents proprement cinématographiques de la plus importante révolution littéraire moderne.

XXI

« LA TERRE TREMBLE[1] »

Le sujet de *La Terre tremble* ne doit rien à la guerre. Il s'agit d'une tentative de révolte des pêcheurs d'un petit village sicilien contre le joug économique de l'armateur local. J'en donnerai une idée assez exacte en le définissant comme une sorte de « super-*Farrebique* » du cabotage. Les analogies avec le film de Rouquier sont nombreuses : d'abord le réalisme quasi documentaire et, si l'on peut dire, l'exotisme interne du sujet, le côté géographie humaine implicite (l'espoir de se libérer de l'armateur équivaut pour la famille sicilienne à « l'électricité » de la famille Farrebique). Bien que dans *La Terre tremble* (film communiste), le village tout entier soit en cause, c'est à travers une famille, du grand-père aux petits-enfants que l'aventure nous est contée. Cette famille, au cours de la luxueuse réception d' « Universalia » à l'hôtel « Excelsior » de Venise, n'était pas tellement différente de la famille Farrebique déplacée pour les cocktails parisiens. Visconti n'a pas voulu, lui non plus, recourir à l'interprétation professionnelle, pas même à « l'amalgame » de Rossellini. Ses pêcheurs sont de vrais pêcheurs pris sur les lieux mêmes de l'action. Action, si l'on peut dire, car celle-ci, comme dans *Farrebique*, renonce volontairement aux séductions dramatiques : l'histoire se déroule indifférente aux règles du suspense ; pas d'autres ressources que de s'intéresser aux choses elles-mêmes, comme dans la vie. Mais à ces aspects, plus négatifs que positifs, se bornent les ressemblances avec *Farrebique* dont *La Terre tremble* est aussi éloigné que possible par le style.

Visconti a cherché et inconstestablement obtenu une syn-

1. *Esprit*, décembre 1948.

thèse paradoxale du réalisme et de l'esthétisme. Rouquier aussi, mais la transposition poétique de *Farrebique* était due essentiellement au montage (souvenez-vous des séquences sur l'hiver et le printemps) ; celle de Visconti au contraire n'a aucunement recours aux effets de rapprochement des images. Chacune d'elles recèle son sens et l'exprime tout entier. C'est aussi par quoi *La Terre tremble* ne peut être que très partiellement rapproché du cinéma soviétique des années 25-30 dans lequel le montage était essentiel. Ajoutons que ce n'est pas non plus par le symbolisme de l'image que le sens se découvre ici, ce symbolisme auquel Eisenstein (et Rouquier) a constamment recours. L'esthétique de l'image est toujours rigoureusement plastique ; elle se garde de toute transposition épique. La flotille de bateaux qui sortent du port peut être d'une beauté bouleversante : elle n'est pourtant que la flotille du village, non, comme dans *Le Cuirassé Potemkine*, *l'enthousiasme* et *l'adhésion* de la population d'Odessa qui envoie ses bateaux de pêche porter des vivres aux révoltés. Mais, dira-t-on, où peut se réfugier l'art après un postulat aussi ascétiquement réaliste ? Partout ailleurs. Dans la qualité photographique d'abord. Notre compatriote Aldo, qui ne fit avant ceci rien d'important et n'était guère connu que, comme photographe de studio, a réalisé un style d'image profondément original, et dont je ne vois guère d'équivalent que dans les courts métrages suédois de Arne Sucksdorf. Je me permets de rappeler, pour abréger mon explication, que dans l'article sur l'école italienne de la Libération [1], j'avais étudié quelques-uns des aspects du réalisme cinématographique actuel et que j'avais été amené à voir dans *Farrebique* et *Citizen Kane* les deux pôles des techniques réalistes. Le premier atteint la réalité dans l'objet, l'autre dans les structures de sa représentation. Dans *Farrebique* tout est vrai ; dans *Kane* tout est reconstitué en studio, mais c'est parce que la profondeur de champ et la rigoureuse composition de l'image ne sauraient être obtenues en extérieur. Entre les deux, *Païsa* s'apparenterait plutôt à *Farrebique* pour l'image, l'esthétique réaliste s'introduisant *entre* les blocs de réalité, grâce à une conception particulière du récit. Les images de *La Terre tremble* réalisent le paradoxe et le tour de force d'intégrer au réalisme documentaire de *Farre-*

1. Voir chapitre I, pp. 24-25.

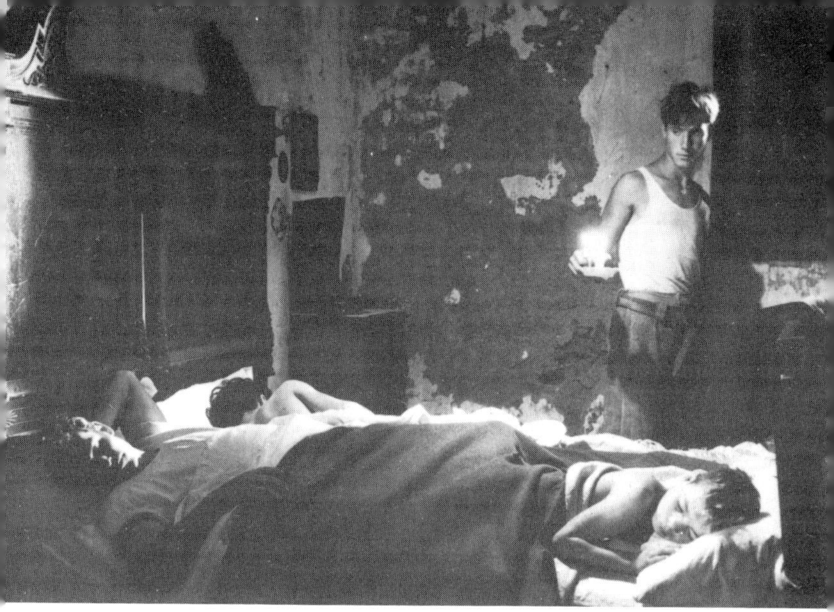

« Les images de *La Terre tremble* réalisent le paradoxe et le tour de force d'intégrer au réalisme documentaire de *Farrebique* le réalisme esthétique de *Citizen Kane.* »

bique le réalisme esthétique de *Citizen Kane*. Sinon absolument pour la première fois, du moins avec cette conscience systématique, la profondeur de champ est utilisée en dehors du studio, dans les extérieurs en plein air, sous la pluie et même en pleine nuit, aussi bien qu'en intérieur, dans les décors *réels* des maisons des pêcheurs. Je ne puis insister sur le tout de force technique que cela représente, mais je voudrais souligner que la profondeur de champ a naturellement amené Visconti (comme Welles) non seulement à renoncer au montage, mais littéralement à réinventer le découpage. Ses « plans », si l'on peut encore parler de plans, sont d'une longueur démesurée, souvent trois ou quatre minutes ; il s'y déroule naturellement plusieurs actions à la fois. Visconti semble avoir aussi voulu systématiquement construire son image sur l'événement. Un pêcheur roule-t-il une cigarette ? Aucune ellipse ne nous sera accordée, nous verrons toute l'opération. Celle-ci ne sera pas réduite à sa signification dramatique ou symbolique comme le montage le fait d'ordinaire. Les plans sont souvent fixes, laissant hommes et choses rentrer dans le cadre et s'y placer, mais Visconti pratique aussi un panoramique très particulier, se déplaçant très lentement sur un large secteur. C'est le seul mouvement d'appareil qu'il se permette à l'exclusion de tout travelling et, naturellement, d'angles anormaux.

La sobriété invraisemblable de ce découpage ne se supporte que par l'extraordinaire équilibre plastique qui s'y maintient et dont seule une reproduction photographique pourrait donner ici l'idée. Mais c'est aussi qu'au-delà de la pure composition mouvante de l'image, les réalisateurs témoignent d'une science intime de leur matière. Les intérieurs surtout, qui ont jusqu'à présent échappé au cinéma. Je m'explique. Les difficultés de l'éclairage et de la prise de vue rendent le décor naturel presque inutilisable en intérieur. On y est bien parfois parvenu, mais généralement avec un rendement esthétique très inférieur à celui qu'on pouvait obtenir à l'extérieur. Pour la première fois ici, tout un film, devant le style du découpage, du jeu des acteurs et du rendu photographique, est égal *intra* et *extra muros*. Visconti a été digne de la nouveauté de cette conquête. En dépit de la pauvreté ou même à cause de la banalité de ce foyer de pêcheurs, une extraordinaire poésie à la fois intime et sociale s'en dégage.

Mais ce qui mérite peut-être le plus d'admiration, c'est la maîtrise avec laquelle Visconti a dirigé ses interprètes. Ce n'est certes pas la première fois que le cinéma utilise des acteurs non professionnels, mais jamais encore, sauf peut-être dans les films exotiques où le problème est assez particulicr, ils n'avaient été aussi parfaitement intégrés aux éléments les plus esthétiques du film. Rouquier n'est pas parvenu à diriger sa famille sans que la présence de la caméra soit sensible. La gêne, le rire contenu, la gaucherie sont habilement camouflés par le montage qui coupe à temps la réplique. Ici, c'est pendant plusieurs minutes parfois que l'acteur reste dans le champ, parle, se déplace, agit avec un naturel, plus, avec une grâce inimaginable. Visconti vient du théâtre ; il a su communiquer à ses interprètes, au-delà même du naturel, la stylisation du geste qui est l'achèvement du métier d'acteur. On reste confondu. Si les jurys de festivals n'étaient pas ce qu'ils sont, le prix de la meilleure inter-

« Si les jurys de festivals n'étaient pas ce qu'ils sont, le prix de la meilleure interprétation aurait dû être attribué, à Venise, anonymement, aux pêcheurs de *La Terre tremble.* »

prétation aurait dû être attribué, à Venise, anonymement, aux pêcheurs de *La Terre tremble.*

On voit qu'avec Visconti le néo-réalisme italien de 1946 est, sur plus d'un point, dépassé. Les hiérarchies en art sont assez vaines, mais le cinéma est trop jeune, trop inséparable de son évolution, pour se permettre de se répéter bien longtemps : cinq ans valent pour le cinéma une génération littéraire. Visconti a le mérite d'intégrer dialectiquement les acquisitions du cinéma italien récent à une esthétique plus large, plus élaborée, où le terme même de réalisme n'a plus grand sens.

Nous ne disons pas que *La Terre tremble* est supérieur à *Païsa* ou à *Chasse tragique*, mais seulement qu'il a du moins le mérite de les dépasser historiquement. A voir les meilleurs des films italiens de 1948, on avait le sentiment d'une répétition qui devait fatalement aller s'épuisant.

La Terre tremble est la seule ouverture esthétique originale, et par là chargée, hypothétiquement au moins, d'espoir.

Est-ce à dire que cet espoir s'accomplira ? Je n'en suis malheureusement pas assuré, car *La Terre tremble* contredit tout de même quelques principes cinématographiques dont il faudra que par la suite Visconti triomphe de manière plus probante. En particulier, cette volonté de ne rien sacrifier aux catégories dramatiques a pour manifeste et massive conséquence... d'ennuyer le public. Le film dure plus de trois heures pour une action extrêmement réduite. Si l'on ajoute qu'il est parlé en dialecte sicilien sans sous-titrage possible en raison du style photographique de l'image, et que les Italiens eux-mêmes n'en comprennent pas un mot, on voit qu'il s'agit d'un spectacle à tout le moins austère, n'ayant que fort peu de valeur commerciale. Je veux bien qu'un semi-mécénat de la firme « Universalia », complété par l'énorme fortune personnelle de Luchino Visconti, permette de finir la trilogie projetée (dont *La Terre tremble* n'est que le premier épisode) : nous aurons au mieux une sorte de monstre cinématographique, dont le sujet éminemment social et politique sera pourtant inaccessible au grand public. L'assentiment universel n'est pas en cinéma un critère nécessaire à toute œuvre, à condition que la cause de l'incompréhension du public puisse être finalement compensée par d'autres. En d'autres termes l'obscurité ou l'ésotérisme n'y doivent pas être essentiels. Il faut nécessairement que l'esthétique de *La Terre tremble* puisse être utilisée à des fins dramatiques pour qu'elle serve à l'évolution du cinéma. Sinon ce n'est qu'une splendide voie de garage.

Reste aussi, et ceci m'inquiète un peu plus quant à ce qu'on doit attendre de Visconti lui-même, un penchant dangereux à l'esthétisme. Ce grand aristocrate, artiste jusqu'au bout des ongles, fait tout de même du communisme, si j'ose dire, synthétique.

La Terre tremble manque de feu intérieur. On songe à ces grands peintres de la Renaissance capables d'exécuter, sans se faire violence, les plus admirables fresques religieuses en dépit de leur indifférence profonde au christianisme. Je ne préjuge pas du tout de la sincérité du communisme de Visconti. Mais qu'est-ce que la sincérité ? Il ne s'agit, bien entendu, point de paternalisme à l'égard du prolétariat. Le paternalisme relève d'une sociologie bourgeoise et Visconti est un aristocrate, mais peut-être d'une sorte de participation esthétique à l'histoire. Quoi qu'il en soit, nous sommes bien loin de la conviction communicative du *Cuirassé Potemkine* ou de *La Fin de Saint-Pétersbourg* ou même, dans un sujet identique, de *Piscator*. Le film possède bien une valeur de propagande, mais objective, avec une vigueur documentaire que ne vient soutenir aucune éloquence affective. Nous voyons bien que Visconti l'a voulu ainsi et son parti pris n'est pas, en principe, sans nous séduire. Mais c'est là une gageure dont il n'est pas certain qu'elle puisse être tenue, du moins en cinéma. Nous espérons que la suite de cette œuvre viendra nous le démontrer. Elle ne le pourra qu'à condition de ne pas tomber du côté où il nous semble qu'elle penche déjà dangereusement.

XXII

« VOLEUR DE BICYCLETTE[1] »

Ce qui me paraît aujourd'hui le plus étonnant dans la production italienne, c'est qu'elle paraisse devoir sortir de l'impasse esthétique où l'on pouvait croire que l'engageait le « néo-réalisme ». L'éblouissement des années 46 et 47 passé, on a pu craindre que cette utile et intelligente réaction contre l'esthétique italienne de la grande mise en scène et, d'ailleurs, plus généralement, contre l'esthétisme technique dont souffrait le cinéma du monde entier, ne puisse dépasser l'intérêt d'une sorte de super-documentaires, ou de reportages romancés. On s'est pris à constater que le succès de *Rome ville ouverte*, de *Païsa* ou de *Sciuscia* était inséparable d'une certaine conjoncture historique, qu'il participait du sens même de la Libération et que leur technique était en quelque façon magnifiée par la valeur révolutionnaire du sujet. Comme certains livres de Malraux ou de Hemingway trouvent dans une sorte de cristallisation du style journalistique la forme de récit la plus appropriée à la tragédie de l'actualité, les films de Rossellini ou de Sica ne devaient qu'à un accord accidentel de la forme à la matière, d'être des œuvres majeures, des « chefs-d'œuvre ». Mais la nouveauté et surtout le piment de cette crudité technique ayant épuisé leur effet de surprise, que reste-t-il du « néo-réalisme » italien, dès lors que par la force des choses il lui faut revenir à des sujets traditionnels : policiers, psychologiques ou même de mœurs ? Passe encore pour la caméra dans la rue, mais cette admirable interprétation non professionnelle ne se condamne-t-elle pas d'elle-même

1. *Esprit*, novembre 1949.

au fur et à mesure que les révélations viennent grossir les rangs des vedettes internationales ? Et de généraliser ce pessimisme esthétique : le « réalisme » ne peut avoir en art qu'une position dialectique, il est plus une réaction qu'une vérité. Reste à l'intégrer ensuite à l'esthétique qu'il sera, ainsi, venu vérifier. Les italiens n'étaient d'ailleurs pas les derniers à médire de leur « néo-réalisme ». Je crois qu'il n'est pas un metteur en scène italien, y compris les plus « néo-réalistes », qui n'assure avec force qu'il faut en sortir.

Aussi le critique français se sent-il saisi de scrupules — d'autant que le fameux néo-réalisme a très vite donné des signes visibles d'essoufflement. Des comédies, du reste assez plaisantes, sont venues monnayer avec une visible facilité la formule de *Quatre pas dans les nuages* ou de *Vivere in Pace*. Mais le pire de tout, ce fut l'apparition d'une sorte de super-production « néo-réaliste » où la recherche du décor vrai, de l'action de mœurs, de la peinture du milieu populaire, des arrière-plans « sociaux » devenait un poncif académique, à ce titre beaucoup plus détestable que les éléphants de *Scipion l'Africain*. Car il va de soi qu'un film « néo-réaliste » peut avoir tous les défauts, sauf celui d'être académique. Ainsi cette année, à Venise, *Le Pacte avec le diable* de Luigi Chiarini, sombre mélodrame d'amour campagnard, s'essayait visiblement à trouver dans une histoire de conflit entre pâtres et bûcherons un alibi dans le goût du jour. Quoique réussi à quelques autres points de vue, *Au nom de la loi*, que les Italiens ont tenté de pousser en avant à Knokke-le-Zoute, n'échappe pas tout à fait aux mêmes reproches. On remarquera accessoirement, par ces deux exemples, que le néo-réalisme se porte beaucoup maintenant dans le problème rural, peut-être par prudence à l'égard des succès du néo-réalisme urbain. Aux « villes ouvertes » succèdent les campagnes fermées.

Quoi qu'il en soit, les espoirs que nous avions placés dans la nouvelle école italienne commençaient à tourner à l'inquiétude, voire au scepticisme. D'autant plus que l'esthétique même du néo-réalisme lui interdit par essence de se répéter ou de se plagier lui-même comme cela est, à la rigueur, possible et parfois même normal dans certains genres traditionnels (le policier, le western, le film d'atmosphère, etc.). Déjà nous commencions de nous tourner vers l'Angleterre dont la renaissance cinématographique est également en partie le fruit du réalisme : celui de l'école des documentaristes qui, avant et pendant la guerre, ont approfondi les ressources offertes par les réalités sociales et techniques. Il est probable qu'un film comme *Brève rencontre* eût été impossible sans le travail de dix ans de Grierson, Cavalcanti ou Rotha. Mais les Anglais, au lieu de rompre avec la technique et l'histoire du cinéma européen et américain, ont su intégrer à l'esthétisme le plus raffiné les acquisitions d'un certain réalisme. Rien de plus construit, de plus concerté, que *Brève rencontre*, rien de moins concevable sans les ressources les plus modernes du studio, sans acteurs habiles et chevronnés ; imagine-t-on pourtant peinture plus réaliste des mœurs et de la psychologie anglaises ? Certes, David Lean n'a rien gagné à faire cette année une sorte de nouveau *Brève rencontre : Les Amis passionnés* (présenté au festival de Cannes). Mais c'est la répétition du sujet qu'on peut incriminer, non celle de la technique qui pouvait indéfiniment resservir [1].

Me suis-je assez fait l'avocat du diable ? Car, je puis l'avouer maintenant, mes doutes sur le cinéma italien ne sont jamais allés si loin, mais il est vrai que tous les arguments que j'ai invoqués l'ont été par de bons esprits — surtout en Italie — et qu'ils ne sont malheureusement pas sans vraisemblance. Vrai aussi qu'ils m'ont bien souvent troublé moi-même et que je souscris à plusieurs d'entre eux.

Mais il y a *Voleur de bicyclette* et deux autres films dont j'espère que nous les connaîtrons bientôt en France. Car avec *Voleur de bicyclette*, de Sica est parvenu à sortir de l'impasse, à justifier de nouveau toute l'esthétique du néo-réalisme.

Néo-réaliste, *Voleur de bicyclette* l'est selon tous les principes qu'on peut dégager des meilleurs films italiens depuis 1946. Intrigue « populaire » et même populiste : un incident de la vie quotidienne d'un travailleur. Et non point l'un de ces événements extraordinaires comme ceux qui surviennent aux ouvriers prédestinés à la Gabin. Pas de crime passionnel,

---

1. Ce paragraphe, à la gloire du cinéma anglais mais non à celle de l'auteur, est gardé ici comme témoignage des illusions critiques que je ne fus pas le seul à entretenir sur le cinéma anglais d'après-guerre. *Brève rencontre* fit alors presque autant d'impression que *Rome ville ouverte*. Le temps s'est chargé de montrer lequel des deux aurait un avenir cinématographique véritable. Au demeurant, le film de Noël Coward et David Lean ne devait pas grand chose à l'école documentaire de Grierson. [Note d'André Bazin postérieure à l'article, probablement de 1956.]

de coïncidence policière grandiose, qui ne font que transposer dans l'exotisme prolétarien les grands débats tragiques réservés jadis aux familiers de l'Olympe. Vraiment un incident insignifiant, banal même : un ouvrier passe tout un jour à rechercher en vain dans Rome le vélo qu'on lui a volé. Ce vélo était devenu son outil de travail et, faute de le retrouver, il devra sans doute retourner au chômage. Le soir, après des heures de courses inutiles, il essaye lui aussi de voler un vélo, mais rattrapé et, du reste, relâché, il se retrouve aussi pauvre avec seulement, en plus, la honte de s'être ravalé au rang de son voleur.

On voit qu'il n'y a même pas la matière d'un fait divers : toute cette histoire ne mériterait pas deux lignes dans la rubrique des chiens écrasés. Il faut bien se garder de la confondre avec la tragédie réaliste à la Prévert ou à la James Caïn, où le fait divers initial est, en réalité, une véritable machine infernale déposée par les dieux parmi les cailloux de la route. L'événement ne possède en lui-même aucune valence dramatique propre. Il ne prend de sens qu'en fonction de la conjoncture sociale (et non pas psychologique ou esthétique) de la victime. Il ne serait qu'une mésaventure banale sans le spectre du chômage qui le situe dans la société italienne de 1948. De même, le choix du vélo comme objet clef du drame est caractéristique tout à la fois des mœurs urbaines italiennes et d'une époque où les moyens de transports mécaniques sont encore rares et onéreux. N'insistons pas : cent autres détails significatifs multiplient les anastomoses du scénario à l'actualité, le situent comme un événement de l'histoire politique et sociale, en tel lieu, en telle année.

La technique de la mise en scène satisfait, elle aussi, aux exigences les plus rigoureuses du néo-réalisme italien. Pas une scène de studio. Tout a été réalisé dans la rue. Quant aux interprètes, pas un d'entre eux n'avait la moindre expérience du théâtre ou du cinéma. L'ouvrier sort de chez Breda, le gosse a été découvert dans la rue parmi les badauds, la femme est une journaliste.

Voilà donc les données du problème. On voit qu'elles ne paraissent pas renouveler en quoi que ce soit le néo-réalisme de *Quatre pas dans les nuages*, *Vivere in pace* ou *Sciuscia*. A priori même, on avait plutôt des raisons particulières de se méfier. Ce côté sordide de l'histoire allait dans le sens le plus contestable de l'histoire italienne : un certain misérabilisme et la recherche systématique du détail sale.

Si *Voleur de bicyclette* est un pur chef-d'œuvre comparable pour la rigueur à *Païsa*, c'est pour un certain nombre de raisons bien précises qui n'apparaissent pas dans le simple résumé du scénario non plus que dans l'exposé superficiel de la technique de la mise en scène.

Le scénario d'abord est d'une habileté diabolique, car il ménage, à partir de l'alibi de l'actualité sociale, plusieurs systèmes de coordonnées dramatiques l'étayant dans tous les sens. *Voleur de bicyclette* est certainement depuis dix ans le seul film communiste valable, précisément parce qu'il garde un sens, même si l'on fait abstraction de sa signification sociale. Son message social n'est pas dégagé, il reste immanent à l'événement, mais il est si clair que nul ne peut l'ignorer et moins encore le récuser puisqu'il n'est jamais explicité comme message. La thèse impliquée est d'une merveilleuse et atroce simplicité : dans le monde où vit cet ouvrier, les pauvres, pour subsister, *doivent se voler entre eux*. Mais cette thèse n'est jamais posée comme telle, l'enchaînement des événements est toujours d'une vraisemblance à la fois rigoureuse et anecdotique. Au fond, au milieu du film, l'ouvrier pourrait retrouver son vélo ; simplement il n'y aurait pas de film. (Faites excuse pour le dérangement, dirait le metteur en scène, nous aurions pourtant bien cru qu'il ne le retrouverait pas, mais puisqu'il l'a retrouvé, tout va bien, tant mieux pour lui, la soirée est finie, on peut rallumer la salle.) En d'autres termes un film de propagande chercherait à nous *démontrer* que l'ouvrier *ne peut pas* retrouver son vélo et qu'il est nécessairement pris dans le cercle infernal de sa pauvreté. De Sica se borne à nous *montrer* que l'ouvrier *peut* ne *pas* retrouver son vélo et qu'il va sans doute à cause de cela retourner au chômage. Mais qui ne voit que c'est le caractère accidentel du scénario qui fait la nécessité de la thèse au lieu que le moindre doute sur la nécessité des événements dans le scénario de propagande rendrait la thèse hypothétique.

Mais si nous ne pouvons faire autrement que déduire de la mésaventure de l'ouvrier la condamnation d'un certain mode de rapports entre l'homme et son travail, le film ne réduit jamais les événements et les êtres à un manichéisme économique ou politique. Il se garde de tricher avec la réalité, non seulement en ménageant à la succession des faits une chronologie accidentelle et comme anecdotique, mais en traitant chacun d'eux dans son intégrité phénoménale.

Que le gosse, au beau milieu d'une poursuite, ait brusquement envie de pisser : il pisse. Qu'une averse contraigne le père et le fils à se cacher sous une porte cochère, et il nous faut, comme eux, renoncer à l'enquête pour attendre la fin de l'orage. Les événements ne sont pas essentiellement des signes de quelque chose, d'une vérité dont il faudrait bien nous convaincre, ils conservent tout leur poids, toute leur singularité, toute leur ambiguïté de fait. En sorte que si vous n'avez pas d'yeux pour voir, il vous est loisible d'attribuer leurs conséquences à la malchance et au hasard. De même pour les êtres. L'ouvrier est aussi dépourvu et isolé au syndicat que dans la rue, ou même dans cette inénarrable scène de « quakers » catholiques où il s'égarera tout à l'heure, parce que le syndicat n'est pas fait pour retrouver les vélos, mais pour modifier le monde où la perte d'un vélo condamne l'homme à la misère. Aussi bien l'ouvrier n'est-il pas venu se plaindre « syndicalement », mais rejoindre des copains qui pourront l'aider à retrouver l'objet volé. Ainsi un rassemblement de prolétaires syndiqués ne se comporte pas autrement qu'une bande de bourgeois paternalistes à l'égard d'un ouvrier malheureux. Dans cette mésaventure privée, le colleur d'affiches est aussi solitaire (les copains mis à part, mais les copains sont affaire privée) au syndicat qu'à l'église. Mais cette similitude est une suprême habileté, car elle fait éclater un contraste. L'indifférence du syndicat est normale et justifiée, car les syndicats travaillent pour la justice et non pour la charité. Mais le paternalisme encombrant des « quakers » catholiques est intolérable, car sa « charité » est aveugle à cette tragédie individuelle, sans rien faire pour changer vraiment le monde qui en est la cause. La scène la plus réussie sous ce rapport est celle de l'orage sous le porche, quand une volée de séminaristes autrichiens s'abat autour de l'ouvrier et de son fils. Nous n'avons aucune raison valable de leur reprocher d'être aussi bavards et, par surcroît, de parler allemand. Mais il était difficile de créer une situation *objectivement* plus anticléricale.

Comme on le voit — et je pourrais trouver vingt autres exemples — les événements et les êtres ne sont jamais sollicités dans le sens d'une thèse sociale. Mais la thèse en sort tout armée et d'autant plus irréfutable qu'elle ne nous est donnée que par surcroît. C'est notre esprit qui la dégage et la construit, non le film. De Sica gagne à tout coup sur le tableau où... il n'a pas misé.

Voleur de bicyclette (Vittorio de Sica) : « C'est l'enfant qui donne à l'aventure de l'ouvrier sa dimension éthique et creuse d'une perspective morale individuelle ce drame qui pourrait n'être que social. »

Cette technique n'est pas absolument nouvelle dans les films italiens et nous avions longuement insisté sur sa valeur, ici-même à propos de *Païsa* et, plus récemment, d'*Allemagne année zéro* [1], mais ces deux derniers films ressortissaient aux thèmes de la résistance ou de la guerre. *Voleur de bicyclette* est le premier exemple décisif de la conversion possible de cet « objectivisme » à des sujets interchangeables. De Sica et Zavattini ont fait passer le néo-réalisme de la Résistance à la Révolution.

Ainsi la thèse du film s'éclipse derrière une réalité sociale parfaitement objective, mais celle-ci, à son tour, passe à l'arrière-plan du drame moral et psychologique qui suffirait à lui seul à justifier le film. La trouvaille de l'enfant est un trait de génie dont on ne sait s'il est en définitive de scénario ou de mise en scène, tant cette distinction perd ici son sens. C'est l'enfant qui donne à l'aventure de l'ouvrier sa dimension éthique et creuse d'une perspective morale individuelle ce drame qui pourrait n'être que social. Supprimez-le et l'histoire reste sensiblement identique ; la preuve : vous la résumeriez de la même façon. Le gosse se borne en fait à suivre le père en trottinant à côté de lui. Mais il est le témoin intime, le chœur particulier attaché à sa tragédie. Il est suprêmement habile d'avoir presque esquivé le rôle de la femme pour incarner le caractère privé du drame dans l'enfant. La complicité qui s'établit entre le père et le fils est d'une subtilité qui pénètre jusqu'aux racines de la vie morale. C'est l'admiration que l'enfant en tant que tel porte au père et la conscience que celui-ci en a, qui confèrent à la fin du film sa grandeur tragique. La honte sociale de l'ouvrier démasqué et giflé en pleine rue n'est rien près de celle d'avoir eu son fils pour témoin. Quand lui vient la tentation de voler la bicyclette, la présence silencieuse du gamin qui devine la pensée de son père est d'une cruauté presque obscène. S'il tente de s'en débarrasser en l'envoyant prendre le tram, c'est comme l'on dit au gosse, dans les appartements trop petits, d'aller attendre une heure sur le palier. Il faut remonter aux meilleurs films de Charlot pour trouver des situations d'une profondeur plus bouleversante dans la concision. On a souvent mal interprété à ce sujet le geste final de l'en-

1. Cf. *Qu'est-ce que le cinéma* ?, tome III : « Cinéma et Sociologie », Éd. du Cerf, Paris, 1961, p. 29.

fant qui redonne la main à son père. Il serait indigne du film d'y voir une concession à la sensibilité du public. Si de Sica offre cette satisfaction aux spectateurs, c'est qu'elle est dans la logique du drame. Cette aventure marquera une étape décisive dans les relations entre le père et l'enfant, quelque chose comme une puberté. L'homme, jusqu'alors, est un dieu pour son fils ; leurs rapports sont sous le signe de l'admiration. Le geste du père les a compromis. Les larmes qu'ils versent en marchant côte à côte, les bras ballants, sont le désespoir d'un paradis perdu. Mais l'enfant retourne au père à travers sa déchéance, il l'aimera maintenant comme un homme, avec sa honte. La main qu'il glisse dans la sienne n'est ni le signe d'un pardon, ni d'une consolation puérile, mais le geste le plus grave qui puisse marquer les rapports d'un père et de son fils : celui qui les fait égaux.

Il serait long sans doute d'énumérer seulement les multiples fonctions secondaires du gosse dans le film, tant en ce qui touche la construction de l'histoire que la mise en scéne elle-même. Il faut pourtant au moins faire remarquer le changement de ton (presque au sens musical du terme) que sa présence introduit au milieu du film. La flânerie entre le gamin et l'ouvrier nous ramène en effet du plan social et économique à celui de la vie privée, et la fausse noyade du gosse, en faisant tout à coup prendre conscience au père de l'insignifiance relative de sa mésaventure, crée, au cœur de l'histoire, une sorte d'oasis dramatique (la scène du restaurant), oasis naturellement illusoire, car la réalité de ce bonheur intime dépend en définitive de ce fameux vélo. Ainsi l'enfant constitue une sorte de réserve dramatique qui, suivant les cas, sert de contrepoint, d'accompagnement ou passe au contraire au premier plan mélodique. Cette fonction intérieure à l'histoire est d'ailleurs parfaitement sensible dans l'orchestration de la marche du gosse et de l'homme. De Sica, avant de se décider pour cet enfant, ne lui a pas fait faire des essais de jeu, mais uniquement de marche. Il voulait, à côté de la démarche de loup de l'homme, le trottinement du gamin, l'harmonie de ce désaccord étant à lui seul d'une importance capitale pour l'intelligence de toute la mise en scène. Il ne serait pas excessif de dire que le *Voleur de bicyclette* est l'histoire de la marche dans les rues de Rome d'un père et de son fils. Que le gosse soit devant, derrière, à côté ou, au contraire, comme dans la bouderie après la gifle, à une distance vengeresse, le fait n'est jamais insignifiant. Il est au contraire la phénoménologie du scénario.

On imagine mal dans cette réussite du couple de l'ouvrier et de son fils que de Sica eût pu avoir recours à des acteurs connus.

L'absence d'acteurs professionnels n'est pas une nouveauté, mais là encore *Voleur de bicyclette* dépasse les films antérieurs. Désormais la virginité cinématographique des interprètes ne relève plus de la prouesse, de la chance ou d'une sorte de conjonction heureuse entre le sujet, l'époque et le peuple. Il est même probable qu'on ait accordé une importance excessive au facteur ethnique. Certes les Italiens sont, avec les Russes, le peuple le plus naturellement théâtral. Le moindre gamin des rues y vaut Jackie Coogan et la vie quotidienne est une perpétuelle *commedia dell'arte* ; mais il me paraît difficilement vraisemblable que ces dons de comédiens soient également partagés entre les Milanais, les Napolitains et les paysans du Pô ou les pêcheurs de Sicile. Outre les différences de races, les contrastes historiques, linguistiques, économiques et sociaux suffiraient à compromettre cette thèse, si l'on voulait attribuer aux seules qualités ethniques le naturel des interprètes italiens. Il est inconcevable que des films aussi différents de sujet, de ton, de style, de technique que *Païsa*, *Voleur de bicyclette*, *La Terre tremble* et même *Cielo sulla palude* aient en commun cette qualité suprême de l'interprétation. Encore pourrait-on admettre que l'Italien de la ville soit plus particulièrement doué pour ce cabotinage spontané, mais les paysans de *Cielo sulla Palude* sont de véritables hommes des cavernes à côté des habitants de *Farrebique*. La seule évocation du film de Rouquier à propos de celui de Genina suffit à reléguer — du moins sous ce rapport — l'expérience du Français au rang d'une touchante tentative de patronage. La moitié des dialogues de *Farrebique* sont en voix « of » parce qu'il ne parvenait pas à empêcher les paysans de rire pendant une réplique un peu longue. Genina dans *Cielo sulla Palude*, Visconti dans *La Terre tremble*, manœuvrant des dizaines de paysans ou de pêcheurs, leur confient des rôles d'une complexité psychologique extrême, leur font dire des textes très longs au cours de scènes où la caméra scrute aussi impitoyablement les visages que dans un studio américain. Or, c'est peu dire que ces acteurs improvisés sont bons ou même parfaits :

ils effacent jusqu'à l'idée même d'acteurs, de jeu, de personnage. Cinéma sans acteurs ? Sans doute ! Mais le sens premier de la formule est dépassé, c'est d'un cinéma sans interprétation qu'il faudrait parler, d'un cinéma où il ne peut même plus être question qu'un figurant joue plus ou moins bien, tant l'homme est identifié à son personnage.

Nous ne nous sommes pas éloignés, en dépit des apparences, du *Voleur de bicyclette*. De Sica a très longtemps cherché ses interprètes et il les a choisis en fonction de caractères précis. La noblesse naturelle, cette pureté populaire du visage et de la démarche... Des mois il a hésité entre l'un ou l'autre, procédé à des centaines d'essais pour finalement se décider, en une seconde, par intuition, devant une silhouette rencontrée au tournant d'une rue. Mais il n'y a là aucun miracle. Ce n'est pas l'excellence singulière de cet ouvrier et de ce gosse qui nous vaut la qualité de leur interprétation, mais tout le système esthétique dans lequel ils sont venus s'insérer. De Sica, en quête d'un producteur, avait fini par le trouver à condition que le personnage de l'ouvrier soit tenu par Cary Grant. Il suffit de poser le problème en ces termes pour en faire apparaître l'absurdité. Cary Grant, en effet, est excellent dans ce genre de rôle, mais on voit bien qu'il ne s'agissait précisément pas ici de tenir un rôle, mais d'en effacer jusqu'à l'idée. Il fallait que cet ouvrier fût à la fois aussi parfait, anonyme et objectif que sa bicyclette.

Un telle conception de l'acteur n'est pas moins « artistique » que l'autre. L'interprétation de cet ouvrier implique autant de dons physiques, d'intelligence, de compréhension des directives du metteur en scène que celle d'un acteur chevronné. Jusqu'à présent les films totalement ou partiellement sans acteurs (par exemple *Tabou*, *Tonnerre sur le Mexique*, *La Mère*) se présentaient plutôt comme des réussites exceptionnelles ou limitées à quelque genre précis. Rien n'empêche au contraire de Sica (sinon une sage prudence) de faire cinquante films comme le *Voleur de bicyclette*. On sait désormais que l'absence d'acteurs professionnels peut n'apporter aucune limitation au choix des sujets. Le cinéma anonyme a définitivement conquis son existence esthétique. Ce qui ne veut en aucune façon dire que le cinéma de l'avenir doit être sans acteurs — de Sica en premier s'en défend, lui qui, du reste, est un des plus grands acteurs du monde — simplement que certains sujets traités dans un certain style ne peuvent plus l'être avec des acteurs profes-

Voleur de bicyclette : « Il fallait que cet ouvrier fût à la fois aussi parfait, anonyme et objectif que sa bicyclette. »

sionnels et que le cinéma italien a définitivement imposé ces conditions de travail tout aussi simplement que le décor vrai. C'est ce passage du tour de force admirable, mais peut-être précaire, à une technique précise et infaillible, qui marque un stade de croissance décisif du « néo-réalisme » italien.

A la disparition de la notion d'acteur dans la transparence d'une perfection apparemment naturelle comme la vie elle-même, répond la disparition de la mise en scène. Entendons-nous : le film de de Sica a été très long à préparer et tout y fut aussi minutieusement prévu que dans une super-production de studio (ce qui permit du reste les improvisations de dernier moment), mais je ne me souviens pas d'un seul plan où un effet dramatique naisse du « découpage » proprement dit. Celui-ci y semble aussi neutre que dans un film de Charlot. Pourtant, si l'on analyse le film, on y découvre un nombre et une nomenclature de plans qui ne distinguent pas sensiblement *Voleur de bicyclette* d'un film ordinaire. Mais leur choix ne tend qu'à une mise en valeur la plus limpide de l'événement avec le minimum d'indice de réfringence par le style. Cette objectivité est assez différente de celle de Rossellini dans *Païsa*, mais elle s'inscrit dans la même esthétique. On la pourrait rapprocher ici de ce que Gide et surtout Martin du Gard disent de la prose romanesque, qu'elle doit tendre à la transparence la plus neutre. Comme la disparition de l'acteur est le résultat d'un dépassement du style de l'interprétation, la disparition de la mise en scène est également le fruit d'un progrès dialectique dans le style du récit. Si l'événement se suffit à lui-même sans que le metteur en scène ait besoin de l'éclairer par les angles ou les partis pris de la caméra, c'est qu'il est précisément parvenu à cette luminosité parfaite qui permet à l'art de démasquer une nature qui lui ressemble enfin. C'est pourquoi l'impression que nous laisse *Voleur de bicyclette* est constamment celle de la vérité.

Si le naturel suprême, ce sentiment d'événements observés par hasard au fil des heures, est le résultat de tout un système esthétique présent (quoique invisible), c'est en définitive la conception préalable du scénario qui l'autorise. Disparition de l'acteur, disparition de la mise en scène ? Sans doute, mais parce qu'au principe de *Voleur de bicyclette* il y a d'abord la disparition de l'histoire.

Le mot est équivoque. J'entends bien qu'il y a une histoire, mais sa nature est différente de celles que nous voyons d'ordinaire sur les écrans ; c'est même pourquoi de Sica n'a trouvé aucun producteur. Quand Roger Leenhardt, dans une formule critique prophétique, demandait jadis « si le cinéma était un spectacle ? », il voulait opposer le cinéma dramatique à une structure romanesque du récit cinématographique. Le premier emprunte au théâtre ses ressorts cachés ; son intrigue, aussi spécifiquement conçue qu'elle soit pour l'écran, reste l'alibi d'une action dans son essence identique à l'action théâtrale classique. A ce titre le film est un spectacle, comme la représentation sur la scène. Mais d'un autre côté, par son réalisme et l'égalité qu'il accorde à l'homme et à la nature, le cinéma s'apparente esthétiquement au roman.

Sans nous étendre sur une théorie, du reste toujours contestable, du roman, disons en gros que le récit romanesque, ou ce qui s'y apparente, s'oppose au théâtre par la primauté de l'événement sur l'action, de la succession sur la causalité, de l'intelligence sur la volonté. Si l'on veut, la conjonction théâtrale est le « donc », la particule romanesque « alors ». Cette définition scandaleusement approximative a peut-être ceci de juste qu'elle caractérise assez bien les deux mouvements de pensée du lecteur et du spectateur. Proust peut nous anéantir dans une madeleine, mais l'auteur dramatique manque à sa tâche si chacune de ses répliques ne bande pas notre intérêt vers la réplique suivante. C'est pourquoi le roman peut se fermer et se rouvrir, tandis que la pièce est insécable. L'unité temporelle du spectacle fait partie de son essence. En tant qu'il réalise les conditions physiques du spectacle, le cinéma ne semble pas pouvoir échapper à ses lois psychologiques, mais il dispose aussi de toutes les ressources du roman. Par là sans doute, le cinéma est congénitalement hybride : il recèle une contradiction. Or il est évident que la voie progressive du cinéma va dans le sens de l'approfondissement de ses virtualités romanesques. Non que nous soyons contre le théâtre filmé, mais il faut convenir que si l'écran peut, dans certaines conditions, développer et comme déployer le théâtre, c'est nécessairement aux dépens de certaines valeurs spécifiquement scéniques et d'abord de la présence physique de l'acteur. Au contraire le roman n'a rien (idéalement du moins) à perdre au cinéma. On peut concevoir le film comme un super-roman dont la forme écrite ne serait qu'une version infirme et provisoire.

Ceci trop brièvement posé, qu'en peut-il être dans les conditions actuelles du spectacle cinématographique ? Il est pratiquement impossible d'ignorer à l'écran les exigences spectaculaires et théâtrales. Reste à savoir comment résoudre la contradiction.

Constatons d'abord que le cinéma italien actuel est le seul au monde à avoir le courage d'abandonner délibérément les impératifs spectaculaires. *La Terre tremble* et *Cielo sulla Palude* sont des films sans « action », dont le déroulement (d'un romanesque quelque peu épique) ne concède rien à la tension dramatique. Les événements y surgissent à leur heure, les uns après les autres, mais chacun d'eux y pèse le même poids. Si certains sont plus chargés de sens c'est seulement à posteriori. Libre à nous de substituer mentalement le « donc » au « alors ». *La Terre tremble* surtout est, de ce fait, un film « maudit » à peu près inexploitable dans le circuit commercial, sinon après des mutilations qui le rendent méconnaissable.

C'est le mérite de de Sica et de Zavattini. Leur *Voleur de bicyclette* est construit comme une tragédie, à chaux et à sable. Pas une image qui ne soit chargée d'une force dramatique extrême, mais pas une non plus à laquelle nous ne puissions nous intéresser indépendamment de sa suite dramatique. Le film se déroule sur le plan de l'accidentel pur : la pluie, les séminaristes, les quakers catholiques, le restaurant... Tous ces événements, semble-t-il, sont interchangeables, aucune volonté ne paraît les organiser selon un spectre dramatique. La scène dans le quartier des voleurs est significative. Nous ne sommes même plus très sûrs que le type poursuivi par l'ouvrier soit bien le voleur du vélo et nous ne saurons jamais si sa crise d'épilepsie était simulée ou véridique. En tant qu' « action » cet épisode serait un non-sens, puisqu'il ne mène nulle part, si son intérêt romanesque, sa valeur de fait ne lui restituait *par surcroît* un sens dramatique.

C'est en effet au-delà et parallèlement que l'action se constitue, moins comme une tension que par « sommation » des événements. Spectacle si l'on veut, et quel spectacle !, *Voleur de bicyclette* ne dépend pourtant plus en rien des mathématiques élémentaires du drame, l'action n'y préexiste pas comme une essence, elle découle de l'existence préalable du récit, elle est l' « intégrale » de la réalité. La réussite suprême de de Sica dont d'autres n'ont fait jusqu'à présent que s'approcher de plus ou moins près, c'est d'avoir su trouver la dialectique cinématographique capable de dépasser la contradiction de l'action spectaculaire et de l'événement. Par là, *Voleur de bicyclette* est un des premiers exemples de cinéma pur. Plus d'acteurs, plus d'histoire, plus de mise en scène, c'est-à-dire enfin dans l'illusion esthétique parfaite de la réalité : plus de cinéma.

XXIII

DE SICA METTEUR EN SCÈNE [1]

Il me faut l'avouer au lecteur, le scrupule paralyse ma plume tant les raisons me paraissent impératives qui devraient m'interdire de lui présenter de Sica.

D'abord parce qu'il y a beaucoup de présomption pour un français à vouloir apprendre aux Italiens quelque chose sur leur cinéma en général, et sur celui qui est peut-être leur plus grand metteur en scène en particulier, mais surtout parce qu'à cette inquiétude théorique préalable s'ajoute dans ce cas présent quelques autres objections particulières. Quand j'ai imprudemment accepté l'honneur de présenter ici de Sica, j'avais surtout présent à l'esprit mon admiration pour *Voleur de bicyclette* et je ne connaissais pas encore *Miracle à Milan.* Sans doute avions-nous vu en France *Sciuscia* et *Les enfants nous regardent,* mais si beau que soit *Sciuscia,* qui nous révéla le talent de de Sica, il y demeure, à côté de trouvailles sublimes, quelques tâtonnements d'apprentissage. Le scénario n'est pas sans céder parfois à la tentation du mélodrame et la mise en scène a une éloquence poétique, un lyrisme dont il semble que de Sica veuille aujourd'hui se garder. Bref, le style personnel du metteur en scène s'y cherchait encore. La maîtrise totale et définitive s'affirme dans *Voleur de bicyclette,* si bien que ce film nous paraît résumer tous les efforts de ceux qui le précédèrent.

Mais peut-on juger d'un metteur en scène sur un film ? Il nous prouve suffisamment le génie de de Sica, mais non

1. Ce texte de 1952 a paru en italien aux Éditions GUANDA (Parme, 1953). Nous en donnons ici la traduction française.

point nécessairement les formes qu'il prendra dans l'avenir. Comme acteur de Sica n'est pas un nouveau venu au cinéma, mais on doit pourtant le tenir pour « un jeune » metteur en scène, un réalisateur d'avenir. A travers des similitudes profondes que nous nous efforcerons de comprendre, *Miracle à Milan* est un film bien différent par l'inspiration et la structure du *Voleur de bicyclette.* Quel sera le prochain film ? Et ne nous révélera-t-il pas l'importance de filons restés mineurs dans les deux œuvres antérieures ? Bref, nous entreprenons en fait de parler du style d'un réalisateur de premier plan sur deux œuvres seulement dont l'une semble au surplus démentir l'orientation de l'autre. C'est peu pour qui ne confond point l'activité du critique et celle du prophète. Il m'est aisé d'expliquer mon admiration pour le *Voleur* et le *Miracle*, mais c'est autre chose que de prétendre extrapoler de ces deux œuvres les traits permanents et définitifs du talent de leur auteur.

Pourtant nous l'eussions fait volontiers à propos de Rossellini à partir de *Rome ville ouverte* et de *Païsa.* Ce que nous en aurions pu dire (et ce que nous en avons effectivement écrit en France) risquait fatalement de devoir être nuancé et corrigé par les films suivants, mais non point démenti. C'est que le style de Rossellini est d'une famille esthétique toute différente. Il livre aisément ses lois. Il correspond à une vision du monde immédiatement traduite en structure de mise en scène. Si l'on veut, le style de Rossellini est d'abord un regard, quand celui de de Sica est d'abord une sensibilité. La mise en scène du premier investit son objet de l'extérieur. Je ne veux point dire bien entendu sans le comprendre ni le sentir, mais parce que cette extériorité traduit un aspect éthique et métaphysique essentiel de nos relations avec le monde. Il n'est pour comprendre ce propos que de comparer le traitement de l'enfant dans *Allemagne année zéro* et dans *Sciuscia* ou *Voleur de bicyclette.* L'amour de Rossellini pour ses personnages les enveloppe avec une conscience désespérée de l'incommunicabilité des êtres, celui de de Sica rayonne au contraire des personnages eux-mêmes. Ils sont ce qu'ils sont, mais éclairés de l'intérieur par la tendresse qu'il leur porte. Il s'ensuit que la mise en scène de Rossellini s'interpose entre sa matière et nous, non certes comme un obstacle artificiel, mais comme une distance ontologique infranchissable, une infirmité congénitale de l'être qui se traduit esthétiquement en termes d'espace, en formes et en structures de mise en scène. De ce qu'elle est ressentie comme un manque, comme un refus, une dérobade des choses, et donc en définitive comme une douleur, vient qu'il soit plus aisé d'en prendre conscience, plus facile de la réduire à une méthode formelle. Rossellini n'en peut changer, sans procéder d'abord à une révolution morale personnelle.

Au contraire de Sica est de ces metteurs en scène qui semblent n'avoir d'autre propos que de traduire fidèlement leur scénario, dont tout le talent procède de l'amour qu'ils portent à leur sujet et de sa compréhension intime. La mise en scène paraît se modeler d'elle-même comme la forme naturelle d'une matière vivante. Quoique à partir d'une sensibilité très différente, et avec un souci formel très visible, un Jacques Feyder en France appartenait aussi à cette famille de réalisateurs dont la seule méthode paraît être de servir honnêtement leur sujet. Certes, et nous y reviendrons, cette neutralité est illusoire, mais son existence apparente ne facilite pas la tâche du critique, elle divise la production du cinéaste en autant de cas particuliers qu'un film supplémentaire peut tout remettre en question. La tentation est grande alors de ne voir que du métier là où l'on cherche un style, la généreuse humilité d'un technicien habile devant les exigences du sujet au lieu de l'empreinte créatrice d'un véritable auteur.

La mise en scène d'un film de Rossellini se *déduit* aisément des images, tandis que de Sica nous contraint à l'induire d'un récit visuel qui paraît n'en point comporter.

Enfin et surtout le cas de de Sica est jusqu'ici inséparable de la collaboration de Zavattini, plus encore sans doute que ne l'est en France celui de Marcel Carné par rapport à Jacques Prévert. L'histoire du cinéma ne comporte peut-être pas d'exemple plus parfait de symbiose entre le scénariste et le metteur en scène. Le fait que Zavattini collabore à beaucoup d'autres films (tandis que Prévert n'a écrit que peu de scénarios pour d'autres que Carné) n'arrange nullement les choses, au contraire ; tout au plus permettra-t-il de déduire que de Sica est le réalisateur idéal de Zavattini, celui qui le comprend le mieux et le plus intimement. Nous avons des exemples de Zavattini sans de Sica, mais non point de de Sica sans Zavattini. C'est donc bien arbitrairement que nous entreprenons de distinguer ce qui appartient en propre à de Sica, d'autant plus que nous venons de constater son humilité au moins apparente devant les exigences du scénario.

Aussi bien devons-nous renoncer à séparer contre nature ce que le talent a si étroitement uni. Que de Sica et Zavattini nous pardonnent, et d'avance aussi le lecteur que mes cas de conscience n'intéressent pas et qui attend qu'enfin je me jette à l'eau. Qu'il soit pourtant entendu pour le repos de ma conscience que je ne prétends à rien de plus qu'à des approches critiques que l'avenir remettra sans doute en question et qui ne sont que le témoignage personnel d'un critique français en 1951 sur une œuvre pleine de promesses et dont les qualités sont particulièrement rebelles à l'analyse esthétique. Cette profession d'humilité n'est point une précaution oratoire ou une formule rhétorique. Je supplie de croire qu'elle est d'abord la mesure de mon admiration.

C'est par la poésie que le réalisme de de Sica prend son sens ; car il y a en art, au principe de tout réalisme, un paradoxe esthétique à résoudre. La reproduction fidèle de la réalité n'est pas l'art. On nous répète que celui-ci est choix et interprétation. C'est pourquoi jusqu'à présent les tendances « réalistes » au cinéma, comme dans les autres arts, consistaient seulement à introduire plus de réalité dans l'œuvre ; mais ce supplément de réalité n'était encore qu'un moyen — plus ou moins efficace — de servir un propos parfaitement abstrait : dramatique, moral ou idéologique. En France, le « naturalisme » correspond précisément à la multiplication des romans et des pièces à thèse. L'originalité du néo-réalisme italien par rapport aux principales écoles réalistes antérieures et à l'école soviétique, c'est de ne point subordonner la réalité à quelque point de vue à priori. Même la théorie du Kino-glass de Dziga-Vertov n'utilisait la réalité brute des actualités que pour l'ordonner sur le spectre dialectique du montage. D'un autre point de vue, le théâtre, même réaliste, dispose de la réalité en fonction des structures dramatiques et spectaculaires. Que ce soit pour servir les intérêts de la thèse idéologique, de l'idée morale ou de l'action dramatique, le réalisme subordonne ses emprunts à la réalité, à des exigences transcendantes. Le néo-réalisme ne connaît que l'immanence. C'est du seul aspect, de la pure apparence des êtres et du monde, qu'il entend à posteriori déduire les enseignements qu'ils recèlent. Il est une phénoménologie.

Sur le plan des moyens d'expression, le néo-réalisme va donc à l'encontre des catégories traditionnelles du spectacle, quant à l'interprétation d'abord. Dans sa conception classique procédant du théâtre, l'acteur exprime quelque chose, un sentiment, une passion, un désir, une idée. Par son attitude et sa mimique, il permet aux spectateurs de lire sur son visage comme dans un livre ouvert. Dans cette perspective, il est convenu implicitement entre le spectateur et l'acteur que les mêmes causes psychologiques produisent le même effet physique et qu'on peut sans ambiguïté remonter de l'une à l'autre. C'est proprement ce qu'on appelle « le jeu ».

Les structures de la mise en scène en découlent : le décor, la lumière, l'angle et le cadrage de la prise de vue seront, à l'image du comportement de l'acteur, plus ou moins expressionnistes. Elles contribuent pour leur part à confirmer le sens de l'action. Enfin la décomposition de la scène en plans et le montage de ceux-ci équivaut à un expressionnisme dans le temps, à une recomposition de l'événement selon une durée artificielle et abstraite : la durée dramatique. Il n'est guère de ces données générales du spectacle cinématographique que le néo-réalisme ne vienne remettre en cause.

Celles du jeu d'abord. Il demande à l'interprète *d'être* avant d'exprimer. Cette exigence n'implique point nécessairement le renoncement à l'acteur professionnel, mais il est normal qu'elle tende à lui substituer l'homme de la rue, choisi uniquement pour son comportement général, son ignorance de la technique théâtrale étant moins une condition positivement nécessaire qu'une garantie contre l'expressionnisme du « jeu ». Pour de Sica, Bruno était une silhouette, un visage, une démarche.

Celles du décor et de la prise de vue. Le décor naturel est au décor construit ce que l'acteur amateur est au professionnel. Il a d'autre part pour conséquence de supprimer partiellement au moins les possibilités de composition plastique par la lumière artificielle qu'autorisent les studios.

Mais c'est peut-être surtout la structure du récit qui est le plus radicalement bouleversée. Elle se doit de respecter la durée vraie de l'événement. Les coupures que la logique exige ne sauraient être tout au plus que descriptives ; le découpage ne doit en aucune façon ajouter quelque chose à la réalité qui subsiste. S'il participe au sens du film comme chez Rossellini, c'est alors que les vides, les blancs, les parties de l'événement qu'on nous laisse ignorer sont eux-mêmes d'une nature concrète : des pierres, qui manquent à l'édifice. Ainsi dans la vie ne savons-nous pas tout de ce qu'il advient aux autres. L'ellipse dans le montage classique est un effet de style ; chez Rossellini elle est une lacune de la réalité ou plutôt de la connaissance que nous en avons et qui est par nature limitée.

Ainsi le néo-réalisme est-il une position ontologique avant qu'esthétique. C'est pourquoi l'application de ses attributs techniques comme une recette ne le reconstitue-t-elle pas nécessairement. Ainsi que le prouve la rapide décadence du néo-réalisme américain. Et en Italie même, il s'en faut que tous les films sans acteurs, inspirés d'un fait divers et tournés en extérieurs, vaillent mieux que les mélos traditionnels et spectaculaires. Au contraire il est permis d'appeler néo-réalisme un film comme *Cronaca di Amore* de Michelangelo Antonioni, parce que, en dépit des acteurs professionnels, de l'arbitraire policier de l'intrigue, de certains décors luxueux et des costumes baroques de l'héroïne, le réalisateur n'a point recours à un expressionnisme extérieur aux personnages, il fonde tous ses effets sur leur façon d'exister, de pleurer, de marcher et de rire. Ils sont pris dans le dédale de l'intrigue comme ces rats de laboratoire qu'on contraint à passer par un labyrinthe.

Je m'attends à ce qu'on m'oppose la diversité des styles chez les meilleurs cinéastes italiens. Et je sais combien le terme de néo-réalisme leur déplaît. Je ne connais que Zavattini qui ose sans honte s'avouer tel. La plupart protestent de l'existence d'une nouvelle école réaliste italienne qui les engloberait tous. Mais c'est là un réflexe de créateur par rapport aux critiques. En tant qu'artiste le metteur en scène a conscience de ses différences plus que de ses traits communs. Le terme de néo-réalisme a été jeté comme un filet sur le cinéma italien d'après-guerre, chacun cherche à briser pour son compte les rets où l'on prétend le prendre. Mais en dépit de cette réaction normale, et qui a l'avantage de nous forcer à réfléchir chaque fois sur une classification critique trop commode, je crois qu'il y a de bonnes raisons de la maintenir, fût-ce contre les intéressés eux-mêmes.

Certes la définition succincte que je viens de donner du néo-réalisme peut paraître superficiellement démentie par l'œuvre d'un Lattuada à la vision calculatrice, subtilement architecturale, par l'exubérance baroque, l'éloquence romantique d'un de Santis, le sens théâtral raffiné d'un Visconti qui compose la réalité la plus vulgaire comme une mise en scène d'opéra ou de tragédie classique. Ces épithètes sont sommaires et contestables, mais au nom d'autres épithètes possibles qui confirmeraient par conséquent l'existence des différences formelles, d'oppositions de style. Ces trois metteurs en scène sont aussi différents l'un de l'autre que de de Sica. Et pourtant leur parenté commune est évidente si l'on y regarde d'un peu haut et surtout si, cessant de comparer ces cinéastes entre eux, on se réfère aux cinémas américain, français ou soviétique.

C'est seulement que le néo-réalisme n'existe pas fatalement à l'état pur et qu'on en peut concevoir la combinaison avec d'autres tendances esthétiques. Mais les biologistes distinguent dans les caractères héréditaires issus de parents dissemblables certains facteurs dits dominants. Ainsi en va-t-il du néo-réalisme. La théâtralité exacerbée d'un Malaparte dans *Christ interdit* peut beaucoup devoir à l'expressionnisme allemand, le film n'en est pas moins néo-réaliste, radicalement différent de ce que fut l'expressionnisme réaliste d'un Fritz Lang par exemple.

Mais je me suis apparemment bien éloigné de de Sica. C'était seulement pour le pouvoir mieux situer dans la production italienne contemporaine. Il se pourrait en effet que la difficulté de la prise critique sur le réalisateur de *Miracle à Milan* fût justement l'indice le plus significatif de son style. L'impossibilité où nous sommes d'en analyser les caractéristiques formelles ne procède-t-elle pas de ce qu'il représente l'expression la plus pure du néo-réalisme, de ce que *Voleur de bicyclette* en est comme le point zéro de référence, le centre idéal autour duquel gravitent sur leur orbite particulière les œuvres des autres grands metteurs en scène. Ce serait cette pureté même qui le rendrait indéfinissable puisqu'elle a pour propos paradoxal non point de faire un spectacle qui semble réel, mais inversement d'instituer la réalité en spectacle : un homme marche dans la rue et le spectateur s'étonne de la beauté d'un homme qui marche. Jusqu'à plus ample informé, jusqu'à ce que soit réalisé le rêve de Zavattini de filmer sans montage quatre-vingt-dix-minutes de la vie d'un homme, *Voleur de bicyclette* est sans conteste l'expression extrême du néo-réalisme [1].

1. Cf. note sur *Umberto D.*, en fin de chapitre.

De ce que cette mise en scène a précisément pour objet de se nier elle-même, d'être parfaitement transparente à la réalité qu'elle révèle, il serait pourtant naïf de conclure à son inexistence. Il est inutile de dire que peu de films ont été plus minutieusement concertés, plus médités, plus soigneusement élaborés, mais tout le travail de de Sica y tend à donner l'illusion du hasard, à faire que la nécessité dramatique ait le caractère de la contingence. Mieux, il est parvenu à faire de la contingence la matière du drame. Rien ne se produit dans *Voleur de bicyclette* qui n'eût pu ne pas se produire : l'ouvrier pourrait par chance, au milieu du film, retrouver son vélo, on rallumerait la salle et de Sica viendrait s'excuser de nous avoir dérangés, mais après tout nous serions bien contents quand même pour l'ouvrier. C'est le merveilleux paradoxe esthétique de ce film qu'il ait la rigueur de la tragédie et que rien n'y arrive pourtant que par hasard. Mais c'est justement de la synthèse dialectique des valeurs contraires de l'ordre artistique et du désordre amorphe de la réalité qu'il tire son originalité. Il n'est pas une image qui ne soit chargée de sens, qui n'enfonce dans l'esprit la pointe aiguë d'une vérité morale inoubliable, pas une non plus qui trahisse pour ce faire l'ambiguïté ontologique de la réalité. Pas un geste, pas un incident, pas un objet n'y sont déterminés à priori par l'idéologie du metteur en scène. S'ils s'ordonnent avec une clarté irréfutable sur le spectre de la tragédie sociale, c'est comme les grains de limaille sur le spectre de l'aimant : séparément. Mais le résultat de cet art où rien n'est nécessaire, n'a perdu le caractère fortuit du hasard, c'est justement d'être doublement convaincant et démonstratif. Car enfin il n'est pas étonnant que le romancier, le dramaturge ou le cinéaste nous fassent trouver telle ou telle idée : c'est qu'ils les y ont mises au préalable, qu'ils en ont imprégné leur matière. Mettez du sel dans l'eau, faites évaporer l'eau au feu de la réflexion et vous y retrouverez le sel. Mais si l'eau est puisée directement à la source, c'est alors qu'il est de la nature de cette eau d'être salée. Bruno l'ouvrier peut retrouver son vélo comme il peut gagner à la loterie (même les pauvres gagnent à la loterie), mais ce pouvoir virtuel n'en souligne que mieux l'atroce impuissance de l'homme pauvre. S'il retrouvait son vélo, alors l'énormité de sa chance condamnerait mieux encore la société, puisqu'elle ferait du retour à l'ordre humain, au bonheur le plus naturel, une sorte de miracle sans prix, une faveur exorbitante, qu'elle signifierait la chance de n'être pas encore plus pauvre.

On voit combien ce néo-réalisme est loin de la conception formelle qui consiste à habiller une histoire avec de la réalité. Quant à la technique proprement dite, *Voleur de bicyclette* est, comme beaucoup d'autres films, tourné dans la rue avec des acteurs non professionnels, mais son vrai mérite est tout autre : c'est de ne pas trahir l'essence des choses, de les laisser d'abord exister pour elles-mêmes librement, de les aimer dans leur singularité particulière. Ma sœur la réalité, dit de Sica, et la réalité fait cercle autour de lui comme les oiseaux autour du Poverello. D'autres la mettent en cage et lui apprennent à parler, mais de Sica converse avec elle, et c'est le vrai langage de la réalité que nous percevons, la parole irréfutable que seul l'amour pouvait exprimer.

Pour définir de Sica, il faut donc remonter à la source même de son art, qui est la tendresse et l'amour. Ce qu'ont en commun *Miracle à Milan* et *Voleur de bicyclette*, malgré des divergences plus apparentes que réelles (et qu'il serait trop facile d'énumérer), c'est l'affection inépuisable que porte l'auteur à ses personnages. Il est significatif que, dans *Miracle à Milan*, aucun des méchants, et même des orgueilleux et des traîtres, ne soit antipathique. Le Judas de terrains vagues qui vend les taudis de ses compagnons au vulgaire Mobbi ne suscite guère la colère du spectateur. Il nous amuserait plutôt dans ses oripeaux de « vilain » de mélodrame, qu'il porte avec gaucherie et maladresse : c'est un « bon » traître. De même les nouveaux pauvres qui conservent dans la déchéance la superbe des beaux quartiers ne sont qu'une variété particulière de cette faune humaine, et ne sont donc pas exclus de la communauté des vagabonds, même s'ils font payer une lire le coucher de soleil. Et il faut aimer d'un même cœur le coucher de soleil pour avoir l'idée d'en faire payer le spectacle comme pour accepter ce marché de dupes. On peut remarquer que dans *Voleur de bicyclette*, aucun des personnages principaux n'est antipathique. Pas même le voleur. Quand Bruno parvient enfin à mettre la main dessus, le public serait moralement disposé à le lyncher (comme la foule l'aurait fait peu avant de Bruno). Mais la trouvaille de génie de cette scène, c'est de nous obliger justement à ravaler cette haine aussitôt née, et à renoncer à juger comme Bruno renoncera à porter plainte. Les seuls personnages antipathiques de *Miracle à Milan* sont Mobbi et ses acolytes, mais au fond ils n'existent pas vraiment, et ne sont que des symboles conventionnels. Dès que de Sica nous les montre d'un peu plus près, il s'en faut de peu que nous ne sentions naître à leur égard une curiosité attendrie. « Pauvres riches, sommes-nous tentés de dire, comme ils sont déçus. » Il y a bien des façons d'aimer, et y compris l'Inquisition. Les éthiques et les politiques de l'amour sont menacées par les pires hérésies. De ce point de vue, la haine est souvent plus tendre. Mais l'affection que porte de Sica à ses créatures ne leur fait courir aucun risque, elle n'a rien de menaçant ou d'abusif, c'est une gentillesse courtoise et discrète, une générosité libérale, et qui n'exige rien en échange. La pitié ne s'y mêle jamais, fût-ce pour le plus pauvre ou le plus misérable, car la pitié fait violence à la dignité de qui en est l'objet. Elle est emprise sur sa conscience.

La tendresse de de Sica est d'une qualité toute particulière, qui de ce fait se prête difficilement à toute généralisation morale, religieuse ou politique. Les ambiguïtés de *Miracle à Milan* et de *Voleur de bicyclette* ont été largement utilisées par les démocrates-chrétiens ou les communistes. Tant mieux : le propre des vraies paraboles est d'apporter sa part à chacun. Il ne me semble pas que de Sica et Zavattini essaient de dissuader qui que ce soit. Je n'oserai affirmer que la gentillesse de de Sica a plus de valeur « en soi » que la troisième vertu théologale ou la conscience de classe, mais je vois dans la modestie de sa position un avantage artistique certain. Elle en garantit l'authenticité, et en même temps lui assure l'universalité. Ce penchant à l'amour est moins question de morale que de tempérament personnel et ethnique. Une heureuse disposition naturelle qui s'est développée dans un certain climat napolitain, voilà pour ce qui concerne l'authenticité. Mais ces racines psychologiques sont enfouies plus profond que les couches de notre conscience cultivées par les idéologies partisanes. Paradoxalement, et en raison de leur qualité singulière, de leur saveur inimitable, puisqu'elles n'ont pas été cataloguées dans les herbiers des moralistes et des politiques, elles échappent à leur censure, et la gentillesse napolitaine de de Sica devient, grâce au cinéma, le plus vaste message d'amour que notre temps ait eu la chance d'entendre depuis celui de Chaplin. Si l'on doutait de son importance, il suffirait de souligner l'empressement avec lequel la critique partisane cherchait à l'annexer à son domaine : quel est en effet le parti qui pourrait laisser l'amour à l'autre ? Notre époque ne tolère plus l'amour libre. Mais puisque chacun peut revendiquer avec une égale vraisemblance la propriété de celui-ci, c'est autant d'amour authentique, d'amour naïf qui franchit les murs des citadelles idéologiques et sociales.

Rendons grâces à Zavattini et à de Sica pour l'ambiguïté de leur position, et gardons-nous d'y voir une habileté intellectuelle, au pays de Don Camillo, la préoccupation toute négative de donner des gages à chacun pour obtenir tous les visas de censure. Il s'agit au contraire d'une volonté positive de poésie, le stratagème d'un amoureux qui s'exprime à travers les métaphores de son temps, mais en prenant soin de les choisir pour ouvrir tous les cœurs. Si on a fait tant de tentatives d'exégèse politique de *Miracle à Milan*, c'est que les allégories sociales de Zavattini ne sont pas la dernière instance de son symbolisme, ces symboles n'étant eux-mêmes que l'allégorie de l'amour. Les psychanalystes nous apprennent que nos rêves sont tout le contraire d'une libre manifestation d'images. S'ils expriment quelque désir fondamental, c'est pour franchir nécessairement le domaine du « sur-moi », en se masquant d'un double symbolisme général et individuel. Mais cette censure n'est pas négative. Sans elle, sans la résistance qu'elle oppose à l'imagination, le rêve n'existerait pas. On ne peut que considérer *Miracle à Milan* comme la traduction, sur un plan d'onirisme cinématographique et à travers le symbolisme social de l'Italie contemporaine, du bon cœur de Vittorio de Sica. Ainsi s'expliquerait ce qu'il y a d'apparemment farfelu et d'inorganique dans ce film étrange, dont on a peine à comprendre autrement les solutions de continuité dramatiques et l'indifférence à toute logique narrative.

Observons en passant ce que le cinéma doit à l'amour des créatures. On ne parviendrait pas à comprendre entièrement l'art d'un Flaherty, d'un Renoir, d'un Vigo et surtout d'un Chaplin si on ne cherchait auparavant de quelle variété particulière de tendresse, de quelle affection sensuelle ou sentimentale leurs films sont le miroir. Je crois que plus que tout autre art, le cinéma est l'art propre de l'amour. Le romancier lui-même, dans ses rapports avec ses personnages, a besoin de plus d'intelligence que d'amour ; sa manière d'aimer est surtout de comprendre. L'art d'un Chaplin, transposé dans la littérature, ne saurait éviter une certaine sentimentalité ; c'est ce qui a permis à un André Suarès, homme de lettres par excellence, évidemment imperméable à la poésie cinématographique, de parler du « cœur ignoble » de Charlot ; mais ce cœur rejoint au cinéma la noblesse du mythe. Chaque art, et chaque stade de l'évolution de chacun d'eux, a son échelle de valeurs spécifique. La sensualité tendre et amusée d'un Renoir, celle plus déchirante d'un Vigo trouvent à l'écran un ton et un accent qu'aucun autre moyen d'expression n'aurait pu leur donner. Il existe entre de tels sentiments et le cinéma une affinité mystérieuse qui est refusée parfois aux plus grands. Personne mieux que de Sica ne peut aujourd'hui prétendre à l'héritage de Chaplin. Nous avons déjà remarqué comme, en tant qu'acteur, il y a chez lui une qualité de présence, une lumière qui métamorphosent sournoisement le scénario et les autres interprètes, au point que l'on ne peut prétendre jouer devant de Sica comme si quelque autre jouait le même rôle. Nous n'avons pas connu en France le brillant interprète des films de Camerini. Il fallut qu'il devienne célèbre comme metteur en scène pour que son nom soit remarqué par le public. Il n'avait plus alors un physique de jeune premier, mais son charme demeurait, d'autant plus sensible que moins explicable. Simple acteur dans les films d'autres cinéastes, de Sica est déjà metteur en scène, car sa présence modifie le film, en influence le style. Un Chaplin concentre sur lui-même, en lui-même, l'irradiation de sa tendresse, ce qui fait que la cruauté n'est pas toujours exclue de son univers ; bien au contraire, elle a, avec l'amour, un rapport nécessaire et dialectique, comme on peut le remarquer dans *Monsieur Verdoux*. Charlot est la bonté même projetée dans le monde. Il est prêt à tout aimer, mais le monde ne lui répond pas toujours. En revanche, il semble que de Sica metteur en scène diffuse en ses interprètes l'amour potentiel qu'il possède comme acteur. Chaplin aussi choisit ses interprètes avec soin, mais on sait qu'il le fait toujours par rapport à lui-même, et pour mettre son personnage dans une meilleure lumière. L'humanité de Chaplin, nous la retrouvons en de Sica, mais universellement répartie. De Sica a le don de communiquer une intensité de présence humaine, une grâce déconcertante du visage et du geste qui, dans leur singularité, témoignent irrésistiblement en faveur de l'homme. Ricci *(Voleur de bicyclette)*, Toto *(Miracle à Milan)* et Umberto D, si éloignés soient-ils physiquement de Chaplin et de de Sica, nous font néanmoins penser à ceux-ci.

On se tromperait si l'on croyait que l'amour que de Sica porte à l'homme et nous oblige à lui témoigner, soit l'équivalent d'un optimisme. Si personne n'est vraiment méchant, si devant chaque homme singulier, nous sommes obligés d'abandonner l'accusation comme Ricci devant son voleur, il faut dire alors que le mal, qui existe pourtant dans le monde, est ailleurs que dans le cœur de l'homme, quelque part dans l'ordre des choses. On pourrait dire : dans la société, et on aurait en partie raison. D'une certaine façon, le *Voleur de bicyclette*, *Miracle à Milan* et *Umberto D* sont des réquisitoires à caractère révolutionnaire. Sans le chômage, la perte d'une bicyclette ne serait pas une tragédie. Mais il est évident que cette explication politique ne rend pas compte de *tout* le drame. De Sica proteste contre la comparaison de *Voleur de bicyclette* avec l'œuvre de Kafka, sous le prétexte que l'aliénation de son héros est sociale et non métaphysique. C'est vrai, mais les mythes de Kafka ne sont en rien moins valables si on les considère comme allégories d'une certaine aliénation sociale. Il n'est pas nécessaire de croire en un Dieu cruel pour éprouver la culpabilité de Monsieur K. Le drame, au contraire, consiste en ceci : Dieu n'existe pas, le dernier bureau du château est vide. Voilà peut-être la tragédie spécifique du monde moderne, le passage à la transcendance d'une réalité sociale qui enfante d'elle-même sa propre déification. Les peines de Bruno et d'Umberto D. ont des causes immédiates et visibles, mais nous nous apercevons qu'il y a aussi un résidu insoluble, fait de la complexité psychologique et matérielle des rapports sociaux, et que l'excellence des institutions aussi bien que la bonne volonté de notre prochain ne peuvent suffire à faire disparaître. La nature de celui-ci n'en est pas moins positive et sociale, mais son action naît toutefois d'une fatalité absurde et impérative. Voilà ce qui fait, à mon avis, la grandeur et la richesse de ce film. Il satisfait deux fois à la justice : à travers une description irrécusable de la misère du prolétariat, mais aussi à travers l'appel implicite et constant d'une exigence humaine que la société, quelle qu'elle soit, a le devoir de respecter. Il condamne ce monde où, pour survivre, les pauvres sont obligés de se voler entre eux (la police défend trop bien les riches), mais cette condamnation nécessaire n'est pas suffisante, car ce n'est pas seulement une organisation historique donnée qui est en cause, ou une conjoncture économique particulière, mais l'indifférence congénitale de l'organisme social, en tant que tel, à l'aventure du bonheur individuel. Autrement, le paradis terrestre serait situé en Suède, où les bicyclettes restent jour et nuit le long des trottoirs. De Sica aime trop les hommes ses frères pour ne pas souhaiter que toutes les causes possibles de leur misère disparaissent, mais il nous rappelle aussi que le bonheur de chaque homme est un miracle de l'amour, à Milan ou ailleurs. Une société qui ne multiplie pas les occasions de l'étouffer est déjà meilleure que celle qui sème la haine, mais la plus parfaite n'engendrerait pas encore l'amour, qui demeure une affaire privée, d'homme à homme. Dans quel pays conserverait-on des cabanes à lapins sur un champ de pétrole ? Dans quel autre la perte d'un papier administratif ne serait aussi angoissante que le vol d'une bicyclette ? Il est dans l'ordre de la politique de concevoir et promouvoir les conditions objectives du bonheur individuel, mais il n'est pas dans sa nature d'en respecter les conditions subjectives. Et c'est ici que l'univers de de Sica cache un certain pessimisme, pessimisme nécessaire et dont nous ne lui serons jamais assez reconnaissants, parce qu'en celui-ci réside l'appel des possibles de l'homme, le témoignage de son ultime et irréfutable humanité.

J'ai parlé d'amour, j'aurais pu dire poésie. Ces deux mots sont synonymes ou, du moins, complémentaires. La poésie n'est que forme active et créatrice de l'amour, sa projection sur l'univers. Bien que tarée et dévastée par le désordre social, l'enfance des sciuscias a gardé le pouvoir de transformer sa misère en songe. Dans les écoles primaires françaises, on enseigne aux élèves : « Qui vole un œuf vole un bœuf. » De Sica nous dit : « Qui vole un œuf rêve d'un cheval. » Le pouvoir miraculeux de Toto, qui lui a été transmis par sa grand-mère adoptive, c'est d'avoir conservé de l'enfance une inépuisable capacité de défense poétique ; le gag de *Miracle à Milan* que je trouve le plus significatif est celui où l'on voit Emma Gramatica se précipiter vers le lait renversé. N'importe qui d'autre reprocherait à Toto son manque d'initiative et épongerait le lait avec un torchon, tandis que la précipitation de la bonne vieille n'a pour but que de transformer la petite catastrophe en un jeu merveilleux, un ruisseau au milieu d'un paysage à ses dimensions. Jusqu'à la table de multiplications, autre terreur intime de l'enfance, qui devient, par la grâce de la petite vieille, un rêve. Toto urbaniste baptise les rues et les places « 4 fois 4 font 16 » ou « 9 fois 9 font 81 », car ces froids symboles mathématiques sont pour lui plus beaux que des noms mythologiques. Ici encore il nous arrive de penser à Charlot ; lui aussi doit à l'esprit d'enfance son extraordinaire pouvoir de transformer le monde pour un meilleur usage. Quand la réalité lui résiste, et qu'il ne peut la changer matériellement, il en dévie le sens. Ainsi, dans *La Ruée vers l'or*, la danse des petits pains, ou bien les souliers dans la marmite, à ceci près que Charlot, toujours sur la défensive, réserve ce pouvoir de métamorphose à son seul avantage, ou tout au plus au seul bénéfice de la femme qu'il aime. Chez Toto, au contraire, il irradie vers autrui. Toto ne pense pas un instant aux avantages que la colombe pourrait lui procurer, sa joie s'identifie à celle qu'il peut répandre autour de lui. Quand il ne peut plus rien faire pour son prochain, il lui appartient encore de se transformer suivant des images diverses, tantôt claudicant pour le boîteux, petit pour le nain, aveugle pour le borgne. La colombe n'est rien que la possibilité superfétatoire de réaliser matériellement la poésie, parce que la plus grande part des hommes a besoin d'un auxiliaire à son imagination, mais Toto lui-même ne sait qu'en faire, si ce n'est pour le bien d'autrui.

Zavattini m'a dit : « Je suis comme un peintre devant une prairie et qui se demande par quel brin d'herbe il doit commencer. » De Sica est le metteur en scène idéal de cette profession de foi. Il y a l'art de peindre la prairie comme des rectangles de couleur. Et aussi celui des auteurs dramatiques qui divisent le temps de la vie en épisodes qui, au regard de l'instant vécu, sont ce qu'est le brin d'herbe à la prairie. Pour peindre chaque brin d'herbe, il faut être le douanier Rousseau. Dans le cinéma, il faut avoir pour la création l'amour d'un de Sica.

Note sur « Umberto D ».

Jusqu'au jour où je vis *Umberto D*, je considérais *Voleur de bicyclette* comme l'extrême limite du néo-réalisme en ce qui concerne la conception du récit. Aujourd'hui il me semble que

Voleur de bicyclette est encore loin de l'idéal du sujet zavattinien. Non que je considère *Umberto D* comme « supérieur ». L'inégalable supériorité de *Voleur de bicyclette* demeure la réconciliation paradoxale de valeurs radicalement contradictoires : la liberté du fait et la rigueur du récit. Mais à cette réconciliation les auteurs n'ont atteint qu'au sacrifice de la continuité même de la réalité. Dans *Umberto D* on entrevoit à plusieurs reprises ce que serait un cinéma véritablement réaliste quant au temps. Un cinéma de la « durée ».

Il faut préciser que ces expériences de « temps continu » ne sont pas absolument originales au cinéma. Dans *La Corde* par exemple, Alfred Hitchcock a réalisé un film de quatre-vingt-dix minutes sans interruption. Mais il s'agissait justement d'une « action », comme au théâtre. Le vrai problème ne se pose pas par rapport à la continuité de la pellicule impressionnée, mais à la structure temporelle de l'événement. Si *La Corde* a pu être tournée sans changements de plans, sans arrêt des prises de vues, et offrir pourtant un spectacle dramatique, c'est que les événements étaient déjà ordonnés dans l'œuvre théâtrale selon un temps artificiel : le temps du théâtre (comme il y a celui de la musique ou de la danse).

Dans deux scènes au moins d'*Umberto D*, les problèmes du sujet et du scénario se posent tout à fait différemment. Il s'agit là de rendre spectaculaire et dramatique le temps même de la vie, la durée naturelle d'un être auquel n'arrive rien de particulier. Je pense notamment au coucher d'Umberto D, qui rentre dans sa chambre et croit avoir la fièvre, et, surtout, au réveil de la petite bonne. Ces deux séquences constituent sans doute la « performance » limite d'un certain cinéma, sur le plan de ce que l'on pourrait appeler « le sujet invisible », je veux dire, totalement dissous dans le fait qu'il a suscité, tandis que lorsqu'un film est tiré d'une « histoire », celle-ci reste distincte comme le squelette sans les muscles ; on peut toujours « raconter le film ».

La fonction du sujet n'est pas ici moins essentielle, mais sa nature est d'être totalement réabsorbée par le scénario. Si l'on veut, le sujet existe *avant*, il n'existe plus *après*. Après, il n'y a plus que le fait qu'il a lui-même prévu. Si je prétends raconter le film à quelqu'un qui ne l'a pas vu, ce que fait par exemple Umberto D dans sa chambre ou Maria, la petite bonne, à la cuisine, que me reste-t-il à dire ? Une poussière impalpable de gestes sans signification, où mon interlocuteur ne pourra prendre la moindre idée de

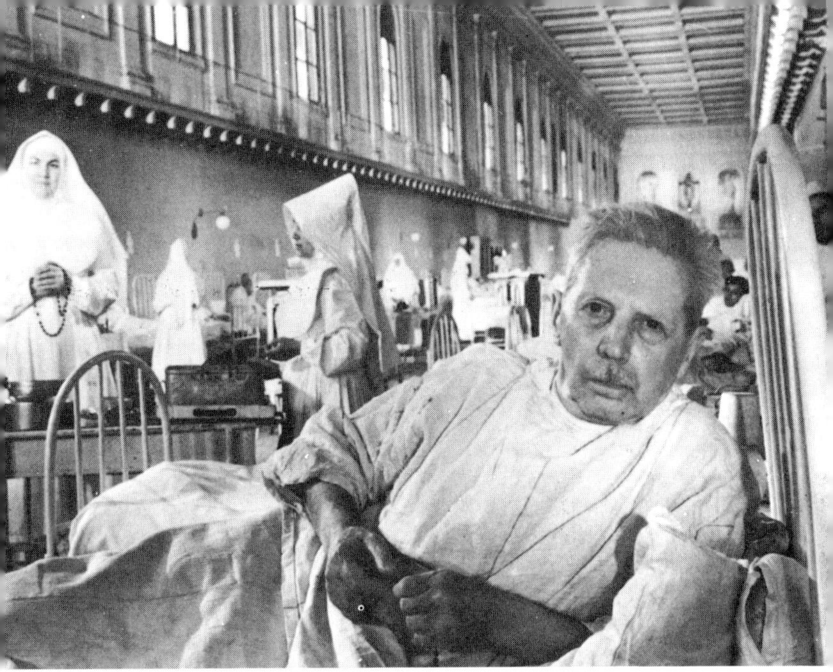

« Dans *Umberto D* on entrevoit à plusieurs reprises ce que serait un cinéma véritablement réaliste quant au temps. Un cinéma de la durée. »

l'émotion qui saisit le spectateur. Le sujet est ici sacrifié à l'avance, comme la cire perdue dans la fonte du bronze.

Sur le plan du scénario, ce type de sujet correspond réciproquement à un scénario entièrement fondé sur le comportement de l'acteur. Puisque le temps véritable du récit n'est pas celui du drame, mais la durée concrète du personnage, cette objectivité ne peut se traduire en mise en scène (scénario et action) qu'à travers une subjectivité absolue. Je veux dire que le film s'identifie absolument avec ce que fait l'acteur, et seulement avec ceci. Le monde extérieur se trouve réduit au rôle d'accessoire de cette action pure et qui se suffit à elle-même, comme ces algues qui, privées d'air,

Umberto D : « Je n'hésiterai pas à affirmer que le cinéma a rarement été aussi loin dans la prise de conscience du fait d'être homme. (Et aussi, après tout, du fait d'être chien.) »

produisent l'oxygène dont elles ont besoin. L'acteur qui représente une certaine action, qui « interprète un rôle », se dirige toujours en partie lui-même, parce qu'il se réfère plus ou moins à un système de conventions dramatiques généralement admises et apprises dans les conservatoires. Ces conventions mêmes ne lui sont plus ici d'aucune aide ; il est entièrement entre les mains du metteur en scène dans cette totale imitation de la vie.

Certes, *Umberto D* n'est pas un film parfait comme *Voleur de bicyclette*. Mais il y a, à cette différence, une justification : son ambition était supérieure. Moins parfait dans son ensemble, mais certainement plus parfait et plus pur dans certains de ses fragments : ceux où de Sica et Zavattini se montrent entièrement fidèles à l'esthétique néo-réaliste. C'est pour cela qu'il ne faut pas reprocher à *Umberto D* je ne sais quelle sentimentalité facile, quel pudique appel à la pitié sociale. Les qualités et jusqu'aux défauts du film sont bien au-delà des catégories morales ou politiques. Il s'agit d'un « rapport » cinématographique, d'un constat déconcertant et irréfutable sur la condition humaine. On peut goûter ou non que ce rapport soit fait sur la vie d'un petit fonctionnaire vivant en pension de famille, ou celle d'une petite bonne enceinte, mais il est certain, en tout cas, que ce que nous venons d'apprendre de ce vieil homme ou de cette fille, à travers leurs infortunes accidentelles, concerne avant tout la condition humaine. Je n'hésiterai pas à affirmer que le cinéma a rarement été aussi loin dans la prise de conscience du fait d'être homme. (Et aussi, après tout, du fait d'être chien.)

La littérature dramatique nous a donné, jusqu'à présent, de l'âme humaine, une connaissance exacte sans doute, mais qui, en regard de l'homme, est un peu dans le même rapport que la physique classique à la matière : ce que les savants appellent une macrophysique, qui ne vaut que pour les phénomènes d'une certaine échelle. Et certes le roman a divisé à l'extrême cette connaissance. La physique sentimentale d'un Proust est microscopique. Mais la matière de cette microphysique du roman est intérieure : c'est la mémoire. Le cinéma ne se substitue pas nécessairement au roman dans cette recherche de l'homme, mais il a au moins sur lui une supériorité : celle de saisir l'homme seulement au présent. Au « temps perdu et retrouvé » de Marcel Proust correspond dans une certaine mesure le « temps découvert » de Zavattini ; celui-ci est, dans le cinéma contemporain, quelque chose comme le Proust de l'indicatif présent.

XXIV

UNE GRANDE ŒUVRE : « UMBERTO D[1] »

Miracle à Milan n'avait provoqué que la discorde ; l'originalité du scénario, le mélange du fantastique et du quotidien, le goût de notre temps pour la cryptographie politique avaient suscité autour de cette œuvre insolite, à défaut de l'enthousiasme général qui accueillit *Voleur de bicyclette*, une manière de succès de scandale (dont Micheline Vian, avec un humour implacable, avait parfaitement démonté les rouages dans un excellent article des *Temps Modernes*). Autour d'*Umberto D* s'organise une conspiration du silence, une réticence boudeuse et têtue, qui font que le bien même que l'on a pu écrire semble condamner le film à une estime sans écho, cependant qu'une espèce de hargne sourde, de mépris (inavoués en raison du passé glorieux des auteurs) animent secrètement l'hostilité de plus d'une critique. Il n'y aura même pas de bataille d'*Umberto D*.

Il s'agit pourtant d'un des films les plus révolutionnaires et les plus courageux non seulement du cinéma italien, mais de la production européenne de ces deux dernières années, d'un pur chef-d'œuvre que l'histoire du cinéma consacrera à coup sûr, si je ne sais quelle distraction ou quel aveuglement de ceux qui aiment le cinéma le laissent sombrer pour l'instant dans la médiocrité d'une estime réticente et inefficace. Que le public aille faire la queue à *Adorables créatures* ou au *Fruit défendu*, la fermeture des maisons closes y est peut-être pour quelque chose, mais il doit tout de même bien se trouver à Paris quelques dizaines de milliers de spectateurs pour attendre du cinéma d'autres plaisirs. Faudra-t-il

1. *France-Observateur*, octobre 1952.

qu'*Umberto D* quitte l'affiche avant le juste terme pour la honte du public parisien ?

La principale cause des malentendus à propos d'*Umberto D* réside dans la comparaison avec *Voleur de bicyclette.* On dira, avec quelque apparence de raison, qu'après la parenthèse poético-réaliste de *Miracle à Milan*, de Sica « revient au néo-réalisme ». Il est vrai, mais à condition d'ajouter que la perfection de *Voleur de bicyclette* n'était qu'un point de départ quand on y voyait un achèvement. Il fallait *Umberto D* pour comprendre ce qui, dans le réalisme du *Voleur de bicyclette*, constituait encore une concession à la dramaturgie classique. En sorte que ce qui déroute dans *Umberto D*, c'est d'abord l'abandon de toutes références au spectacle cinématographique traditionnel.

Certes, si l'on ne retient que le thème du film, on peut le réduire aux apparences d'un mélo populiste à prétentions sociales, un plaidoyer sur la condition des classes moyennes : un retraité réduit à la misère renonce au suicide, faute de pouvoir placer son chien ou d'avoir le courage de le tuer avec lui. Mais cet épisode final n'est pas la conclusion pathétique d'un enchaînement dramatique d'événements. Si l'idée classique de « construction » a encore un sens ici, la succession des faits rapportés par de Sica répond pourtant à une nécessité qui n'a rien de dramatique. Quel rapport causal établir entre une angine bénigne qu'*Umberto D* va soigner à l'hôpital, sa mise à la rue par sa logeuse et son idée de suicide ?

Avec ou sans angine, le congé était signifié. Un « auteur dramatique » aurait fait de l'angine une maladie grave afin d'établir un rapport logique et pathétique entre les deux événements. Ici, au contraire, le séjour à l'hôpital n'est pratiquement pas justifié objectivement par la santé d'*Umberto D* et, loin de contribuer à nous apitoyer sur son sort, il constitue plutôt un épisode gai. Et d'ailleurs, la question n'est pas là. Ce n'est pas la pauvreté matérielle qui désespère *Umberto D*, elle y contribue, certes, et de manière décisive, mais seulement dans la mesure où elle lui révèle sa solitude. Le peu de services dont *Umberto D* a besoin suffit à détacher de lui ses rares relations. S'il s'agit des classes moyennes, c'est bien autant que sur leur misère secrète, sur leur égoïsme et leur manque de solidarité que le film porte témoignage. Le héros avance pas à pas dans la solitude : l'être le plus proche de lui, le seul qui lui porte une certaine tendresse efficace est la petite bonne de sa logeuse, mais sa gentillesse et sa bonne volonté ne peuvent prévaloir contre ses propres soucis de future fille-mère. Du côté de cette unique amitié il n'y a encore qu'un motif de désespoir.

Mais voici que déjà je retombe dans les concepts critiques traditionnels à propos d'un film dont je veux prouver l'originalité. Si, prenant quelque hauteur sur l'histoire, on y peut encore distinguer une géographie dramatique, une évolution générale des personnages, une certaine convergence des événements, ce n'est qu'à posteriori. Mais l'unité de récit du film n'est pas l'épisode, l'événement, le coup de théâtre, le caractère des protagonistes, elle est la succession des instants concrets de la vie, dont aucun ne peut être dit plus important que l'autre : leur égalité ontologique détruisant à son principe même la catégorie dramatique. Une séquence prodigieuse, et qui demeurera comme l'un des sommets du cinéma, illustre parfaitement cette conception du récit, et donc de la mise en scène : c'est le lever matinal de la petite bonne que la caméra se borne à regarder dans ses menues occupations matinales : tournant, encore ensommeillée, dans la cuisine, noyant les fourmis qui envahissent l'évier, moulant le café... Le cinéma se fait ici tout le contraire de cet « art de l'ellipse » auquel on se plaît trop facilement à le croire voué.

L'ellipse est un processus de récit logique et donc abstrait, elle suppose l'analyse et le choix, elle organise les faits selon le sens dramatique auquel ils doivent se soumettre. De Sica et Zavattini cherchent au contraire à diviser l'événement en événements plus petits et ceux-ci en événements plus petits encore, jusqu'à la limite de notre sensibilité à la durée. Ainsi, l'unité-événement dans un film classique serait le « lever de la bonne » : deux ou trois plans brefs suffiraient à le signifier. A cette unité de récit, de Sica substitue une suite d'événements plus petits : le réveil, la traversée du couloir, l'inondation des fourmis, etc. Mais observons encore l'un d'eux. Le fait de moudre le café, nous le voyons se diviser à son tour en une série de moments autonomes comme par exemple la fermeture de la porte du bout du pied tendu. La caméra suivant, en se rapprochant, le mouvement de la jambe, c'est le tâtonnement des orteils contre le bois qui devient finalement l'objet de l'image.

Ai-je déjà dit ici que le rêve de Zavattini est de faire un film continu avec quatre-vingt-dix minutes de la vie

Umberto D : « Le fait de moudre le café, nous le voyons se diviser à son tour en une série de moments autonomes... »

d'un homme à qui il n'arriverait rien ? C'est cela même pour lui le « néo-réalisme ». Deux ou trois séquences de *Umberto D* font mieux que de laisser entrevoir ce que pourrait être un tel film : elles en sont déjà des fragments réalisés. Mais ne nous trompons plus sur le sens et la portée, ici, de la notion de réalisme. Il s'agit sans doute pour de Sica et Zavattini de faire du cinéma l'asymptote de la réalité. Mais pour qu'à la limite ce soit la vie elle-même qui se mue en spectacle, pour qu'elle nous soit enfin, dans ce pur miroir, donnée à voir comme poésie. Telle qu'en elle-même, enfin, le cinéma la change.

XXV

« CABIRIA » OU LE VOYAGE AU BOUT DU NÉO-RÉALISME [1]

Je ne sais, à l'heure où j'écris cet article, quel sera l'accueil réservé au dernier film de Fellini. Je le lui souhaite à la mesure de mon enthousiasme, mais je ne me dissimule pas qu'il peut trouver deux catégories de spectateurs réticents. La première serait dans la partie populaire du public, ceux que cette histoire déroutera, tout simplement, par son mélange d'insolite et d'apparente naïveté quasi mélodramatique. La prostituée au grand cœur ne leur paraissant acceptable qu'assaisonnée de série noire. L'autre appartiendrait à l' « élite », fellinienne un peu à son corps défendant. Contrainte d'admirer *La Strada* et plus encore *Il Bidone*, à cause de son austérité et de son côté film maudit ; j'attends qu'elle reproche aux *Nuits de Cabiria* d'être un film trop bien fait où presque plus rien n'est laissé au hasard, un film malin et adroit. Laissons la première objection qui ne tire à conséquence que du point de vue des recettes. La seconde mérite d'être réfutée de plus près.

Il est vrai que la moindre surprise éprouvée aux *Nuits de Cabiria* n'est pas que, pour la première fois, Fellini a su ficeler un scénario de main de maître, une action sans failles, sans redites et sans lacunes, où il ne pourrait opérer les coupes sombres et les rectifications de montage auxquelles furent soumis *La Strada* et *Il Bidone* [2]. Certes,

1. *Cahiers du Cinéma*, n° 76, novembre 1957.

2. Hélas, les faits me démentent : la version originale projetée à Paris présente au moins une longue coupure par rapport à celle de Cannes, celle justement du « visiteur de Saint Vincent de Paul » évoquée un peu plus loin. Mais on a vu Fellini — s'il est responsable de cette coupure — prêt à se laisser convaincre facilement de l' « inutilité » de séquences souvent remarquables.

Le Sheik blanc et même *Les Vitelloni* n'étaient pas maladroitement construits, mais surtout dans la mesure où la thématique spécifiquement fellinienne s'y exprimait encore dans le cadre de scénarios relativement traditionnels. Avec *La Strada*, ces dernières béquilles sont rejetées, l'histoire n'y est plus déterminée que par les thèmes et les personnages, elle n'a plus rien à voir avec ce qu'on appelle une intrigue, si même le mot d' « action » lui est encore applicable ! Il en va de même dans *Il Bidone*.

Ce n'est pas que Fellini ait voulu revenir aux alibis dramatiques de ses premiers films, tout au contraire. *Les Nuits de Cabiria* se situe au-delà d'*Il Bidone*, mais les contradictions entre ce que j'appellerai la thématique verticale de l'auteur et les exigences « horizontales » du récit sont, cette fois, parfaitement résolues. C'est à l'intérieur du système fellinien, et en lui seul, que les solutions ont été trouvées. Mais il n'empêche qu'on peut s'y tromper et prendre cette perfection brillante pour une facilité, si ce n'est pour une trahison. Je ne soutiendrai pas au demeurant que, sur un point au moins, Fellini n'ait pas un peu triché avec lui-même : ne fait-il pas jouer la surprise avec le personnage de François Périer, dont la distribution me semble au reste une erreur ? Or, il est évident que tout effet de « suspense », ou seulement tout effet « dramatique », est essentiellement hétérogène au système fellinien dans quoi le temps ne saurait servir de support abstrait et dynamique, de cadre *a priori* à la structure du récit. Dans *La Strada*, comme dans *Il Bidone*, le temps existe seulement comme milieu amorphe des accidents qui modifient, sans nécessité externe, le destin des héros. Les événements n'y « arrivent » pas, ils y tombent, ou ils en surgissent, c'est-à-dire toujours selon une gravitation verticale et non point pour obéir aux lois d'une causalité horizontale. Quant aux personnages, ils n'existent et ne changent qu'en référence à une pure durée intérieure, que je ne qualifierai même pas de bergsonienne dans la mesure où celle des « Données immédiates de la conscience » demeure imprégnée de psychologisme. Évitons, je veux bien, les termes vagues du vocabulaire spiritualiste. Ne disons pas que la transformation des héros s'effectue au niveau de l'âme. Il faut alors du moins que ce soit à cette profondeur de l'être où la conscience n'envoie plus que de rares racines. Non point pour autant celle de l'inconscient ou du subconscient, mais plutôt là où se joue ce que Jean-Paul Sartre appelle le « projet fondamental », au niveau de l'ontologie. Aussi, le personnage fellinien n'évolue-t-il pas : il mûrit ou, à la limite, se métamorphose (d'où la métaphore des ailes de l'ange, sur laquelle je reviendrai tout à l'heure).

Un faux mélodrame.

Mais bornons-nous, pour l'instant, à la facture du scénario. J'abandonne donc et répudie le coup de théâtre d'Oscar, bidoniste attardé dans *Les Nuits de Cabiria*. Fellini, du reste, a dû s'en apercevoir, car, pour consommer jusqu'au bout son péché, il n'a même pas hésité à faire porter des lunettes noires à François Périer, quand il va devenir « méchant ». Mais quoi ! c'est une bien mince concession, et je la pardonne volontiers au réalisateur, soucieux d'éviter cette fois-ci les extrêmes périls où l'avait mené le découpage sinueux et trop libéral d'*Il Bidone*.

D'autant qu'elle est la seule et que, pour tout le reste, Fellini a su donner à son film la tension et la rigueur d'une tragédie, sans recourir à des catégories étrangères à son univers. Cabiria, la petite prostituée à l'âme simple enracinée d'espérance, n'est pas un personnage du répertoire mélodramatique, parce que les motivations de son désir d' « en sortir » n'ont rien à voir avec les idéaux de la morale ou de la sociologie bourgeoise, du moins en tant que tels. Elle ne méprise nullement son métier. Et s'il existait des maquereaux au cœur pur capables de vous comprendre et d'incarner non pas même l'amour, mais la confiance dans la vie, elle ne verrait sans doute aucune incompatibilité entre ses espérances secrètes et ses activités nocturnes. L'une de ses grandes joies, suivie d'une d'autant plus amère déception, ne la doit-elle pas à la rencontre fortuite d'une célèbre vedette de cinéma qui, par ivresse et dépit amoureux, va l'emmener dans son somptueux appartement ? De quoi faire mourir de jalousie toutes les copines. Mais l'aventure finira piteusement et c'est, au fond, parce qu'à l'usage le métier de prostituée ne réserve que des déceptions, qu'elle souhaite, plus ou moins consciemment, d'en sortir par l'impossible amour d'un brave garçon qui ne lui demandera rien. Si donc nous aboutissons apparemment à la conclusion du mélodrame bourgeois, c'est en tout cas par de tout autres cheminements.

Les Nuits de Cabiria, comme *La Strada*, comme *Il Bidone* (et au fond comme *Les Vitelloni*) sont l'histoire d'une ascèse, d'un dépouillement et, qu'on l'entende dans n'importe quel sens, d'un salut. La beauté et la rigueur de sa construction procèdent cette fois-ci de la parfaite économie des épisodes. Chacun d'eux, comme je l'ai affirmé plus haut, existe par et pour lui-même, dans sa singularité et dans son pittoresque d'événement, mais il participe cette fois-ci d'un ordre qui fait toujours apparaître, après coup, son absolue nécessité. De l'espoir à l'espérance, en touchant le fond de la trahison, de la dérision et du dénuement, Cabiria suit un chemin dont toutes les haltes la préparent à l'étape qui l'attend. Il n'est pas même, quand on y réfléchit, jusqu'à la rencontre du bienfaiteur des clochards, dont l'intrusion ne semble à première vue qu'un admirable morceau de bravoure fellinien, qui ne se révèle nécessaire pour prendre tout à l'heure Cabiria au piège de la confiance : car, si de tels hommes existent, tous les miracles sont possibles et nous serons avec elle sans méfiance à l'apparition de Périer.

Je ne veux pas répéter une fois de plus tout ce qu'on a pu écrire du message fellinien. Aussi bien est-il sensiblement le même depuis *Les Vitelloni*, sans que cette répétition soit, naturellement, le signe d'une stérilité. Tout au contraire, c'est la variété qui est le propre des « metteurs en scène », l'unité d'inspiration étant le signe des vrais « auteurs ». Mais je puis peut-être essayer, à la lumière de ce nouveau chef-d'œuvre, d'élucider un peu plus l'essence du style de Fellini.

Un réalisme des apparences.

D'abord, il est absurde et dérisoire de prétendre l'exclure du néo-réalisme. On ne saurait en effet prononcer cette condamnation qu'au nom de critères purement idéologiques. Il est vrai que le réalisme fellinien, s'il est social dans son point de départ, ne l'est pas dans son objet, lequel est toujours aussi individuel que chez Tchekov ou Dostoïevsky. Le réalisme, encore une fois, ne se définit pas par les fins, mais par les moyens, et le néo-réalisme par un certain rapport de ces moyens à leur fin. Ce que de Sica a de commun avec Rossellini et Fellini, ce n'est assurément pas la signification profonde de ses films — même s'il arrive que ces significations coïncident plus ou moins — mais la primauté donnée chez les uns et les autres à la représentation de la réalité sur les structures dramatiques. Plus précisément, à un « réalisme » procédant à la fois du naturalisme romanesque, pour le contenu, et du théâtre, pour les structures, le cinéma italien a substitué un réalisme, disons, pour être bref, « phénoménologique », où la réalité n'est pas corrigée en fonction de la psychologie et des exigences du drame. Le rapport se trouvant en quelque sorte inversé entre le sens et l'apparence : celle-ci nous est toujours proposée comme une découverte singulière, une révélation quasi documentaire conservant son poids de pittoresque et de détails. L'art du metteur en scène réside alors dans son adresse à faire surgir le sens de cet événement, du moins celui qu'il lui prête, sans pour autant effacer ses ambiguïtés. Le néo-réalisme ainsi défini n'est donc nullement la propriété de telle idéologie, ni même de tel idéal, non plus qu'il n'exclut tel autre, pas plus justement que la réalité n'est exclusive de quoi que ce soit.

Ce que je ne suis même pas loin de penser, c'est que Fellini est le réalisateur qui va le plus loin à ce jour dans l'esthétique néo-réaliste, si loin qu'il la traverse et se retrouve de l'autre côté.

Considérons d'abord à quel point la mise en scène fellinienne est débarrassée de toute séquelle psychologique. Ses personnages ne se définissent jamais par leur « caractère », mais exclusivement par leur apparence. J'évite volontairement le terme devenu trop étroit de « comportement », car la manière d'agir des personnages n'est qu'un élément de notre connaissance. Nous les appréhendons à bien d'autres signes, non seulement, bien entendu, au visage, à la démarche, à tout ce qui fait du corps l'écorce de l'être, mais plus encore peut-être par des indices plus extérieurs, à la frontière de l'individu et du monde, comme le cheveu, la moustache, le vêtement, les lunettes (le seul accessoire dont il arrive à Fellini d'abuser comme d'un truc). Puis, au-delà encore, c'est alors le décor qui joue, non point assurément dans un sens expressionniste, mais par les accords ou les désaccords qui s'établissent entre le milieu et le personnage. Je songe notamment aux extraordinaires rapports de Cabiria avec le cadre inhabituel où Nazzari l'a entraînée : cabaret et appartement de luxe...

Les Nuits de Cabiria (Federico Fellini) : « Tout se passe en effet comme si, parvenus à ce degré d'intérêt aux apparences, nous apercevions maintenant les personnages, non plus parmi les objets, mais par transparence, à travers eux. »

De l'autre côté des choses.

Mais c'est ici que nous touchons la frontière du réalisme et que, poussant plus loin encore, Fellini nous entraîne de l'autre côté. Tout se passe en effet comme si, parvenus à ce degré d'intérêt aux apparences, nous apercevions maintenant les personnages, non plus parmi les objets, mais par transparence, à travers eux. Je veux dire qu'insensiblement le monde est passé de la signification à l'analogie, puis de l'analogie à l'identification au surnaturel. Je regrette ce mot équivoque que le lecteur peut remplacer au choix par poésie, surréalisme, magie ou tout autre terme exprimant la concordance secrète des choses avec un double invisible dont elles ne sont en quelque sorte, que l'ébauche.

De ce processus de « surnaturalisation » je prendrai un exemple, parmi d'autres, dans la métaphore de l'ange. Depuis ses premiers films, Fellini est hanté par l'angélisation de ses personnages, un peu comme si l'état angélique était dans l'univers fellinien la référence ultime, la mesure de l'être. On en peut suivre le cheminement explicite au moins à partir des *Vitelloni* : pour le Carnaval, Sordi se déguise en ange gardien ; un peu plus tard, c'est comme par hasard, une statue d'ange en bois sculpté que dérobe Fabrizzi. Mais ces allusions sont directes et concrètes. Plus subtile, et d'autant plus intéressante que probablement inconsciente, est l'image où nous voyons le moine descendu de l'arbre où il travaillait charger sur son dos un long fagot de petites branches. Ce geste n'était rien de plus qu'une jolie notation réaliste, même peut-être pour Fellini, jusqu'à ce que nous ayons vu, à la fin d'*Il Bidone*, Augusto agonisant sur le bord du chemin : il aperçoit dans la blême lumière de l'aube un cortège d'enfants et de paysannes, portant sur leur dos des fagots de bois : des anges passent ! Faut-il rappeler aussi, dans le même film, la façon dont Picasso dévale une rue en faisant de petites ailes avec son imperméable. C'est également le même Richard Basehart qui apparaît à Gelsomina comme une créature sans pesanteur, tout éclatante sur son fil aérien dans la lumière des projecteurs.

Inépuisable est la symbolique fellinienne et l'œuvre tout entière pourrait assurément être étudiée de ce seul point de vue [1]. Il importait seulement de la replacer dans la logique néo-réaliste, car on voit bien que ces associations d'objets et de personnages par quoi se constitue l'univers de Fellini, ne tirent leur valeur et leur prix que du réalisme, ou, pour mieux dire peut-être, de l'objectivisme de la notation. Ce n'est point pour ressembler à un ange que le Frère porte ainsi son fagot, mais il suffirait de voir l'aile dans les branches pour métamorphoser le vieux moine. Aussi est-il possible de dire que Fellini ne contredit pas au réalisme, non plus qu'au néo-réalisme, mais, bien plutôt, qu'il l'accomplit en le dépassant dans une réorganisation poétique du monde.

Révolution du récit.

Cet accomplissement rénovateur, Fellini l'opère également au niveau du récit. Assurément, de ce point de vue, le néo-

1. Cf. l'article de Dominique Aubier, *Cahiers du Cinéma*, n° 49.

réalisme est aussi une révolution de la forme vers le fond. La primauté de l'événement sur l'intrigue a conduit par exemple de Sica et Zavattini à substituer à cette dernière une micro-action, faite d'une attention indéfiniment divisée à la complexité de l'événement le plus banal. Du même coup se trouvait condamnée toute hiérarchie, d'obédience psychologique, dramatique ou idéologique, entre les événements représentés. Non que le metteur en scène doive naturellement renoncer à choisir ce qu'il décide de nous montrer, mais parce que ce choix ne s'opère plus en référence à une organisation dramatique *a priori*. La séquence importante peut aussi bien être, dans cette nouvelle perspective, une longue scène « qui ne sert à rien », selon les critères du scénario traditionnel [1].

Mais néanmoins, même dans *Umberto D* qui représente peut-être l'extrême expérimentation de cette nouvelle dramaturgie, l'évolution du film suit un invisible fil. Fellini me paraît avoir parachevé la révolution néo-réaliste en innovant le scénario sans aucun enchaînement dramatique, fondé exclusivement sur la description phénoménologique des personnages. Chez Fellini, ce sont les scènes de liaison logique, les péripéties « importantes », les grandes articulations dramatiques du scénario qui font office de raccords, et ce sont les longues séquences descriptives, apparemment sans incidence sur le déroulement de l' « action », qui constituent les scènes vraiment importantes et révélatrices. Ce sont, dans *Les Vitelloni*, les déambulations nocturnes, les promenades idiotes sur la plage ; dans *La Strada*, la visite du couvent ; dans *Il Bidone*, la soirée au cabaret ou le réveillon. C'est lorsqu'ils n'*agissent* pas, que les personnages felliniens se révèlent le mieux, par leur *agitation*, au spectateur.

Si pourtant les films de Fellini comportent des tensions et des paroxysmes qui n'ont rien à envier au drame et à la tragédie, c'est que les événements y développent, à défaut de la causalité dramatique traditionnelle, des phénomènes d'analogie et d'écho. Le héros fellinien n'arrive pas à la crise finale, qui le détruit et le sauve, par l'enchaînement progressif du drame, mais parce que les circonstances dont il est en quelque sorte frappé s'accumulent en lui, comme l'énergie des vibrations dans un corps en résonance. Il n'évo-

1. C'est le cas de la séquence coupée.

lue pas, il se convertit, basculant, pour finir, à la manière des icebergs dont le centre de flottaison s'est invisiblement déplacé.

Les yeux dans les yeux.

Je voudrais pour conclure, et concentrer en une remarque l'inquiétante perfection des *Nuits de Cabiria*, analyser la dernière image du film qui me paraît tout ensemble la plus audacieuse et la plus forte de l'œuvre de Fellini. Cabiria, dépouillée de tout, de son argent, de son amour, de sa foi, se retrouve, vidée d'elle-même, sur un chemin sans espoir. Surgit une bande de garçons et de filles qui chantent et dansent en marchant, et Cabiria, du fond de son néant, remonte doucement vers la vie ; elle se reprend à sourire et bientôt à danser. On devine ce que cette issue pourrait avoir d'artificiel et de symbolique si, pulvérisant les objections de la vraisemblance, Fellini ne savait, par une idée de mise en scène absolument géniale, faire passer son film sur un plan supérieur, en nous identifiant d'un coup à son héroïne. On a souvent évoqué Chaplin à propos de *La Strada*, mais je n'ai jamais été très convaincu par la comparaison, forcément accablante, de Gelsomina et de Charlot. La première image, non seulement digne de Chaplin, mais égale à ses plus belles trouvailles, c'est la dernière des *Nuits de Cabiria*, quand Giulietta Massina se tourne vers la caméra et que son regard croise le nôtre. Seul, je crois, dans l'histoire du cinéma, Chaplin a su faire un usage systématique de ce geste que condamnent toutes les grammaires du cinéma. Et, sans doute serait-il déplacé si Cabiria, plantant ses yeux dans les nôtres, s'adressait à nous comme la messagère d'une vérité. Mais le fin du fin de ce trait de mise en scène, et ce qui me fait crier au génie, c'est que le regard de Cabiria passe plusieurs fois sur l'objectif de la caméra sans jamais exactement s'y arrêter. La salle se rallume sur cette merveilleuse ambiguïté. Cabiria est sans doute encore l'héroïne des aventures qu'elle a vécues devant nous, derrière le cache de l'écran, mais c'est aussi, à présent, celle qui nous invite du regard à la suivre sur la route qu'elle reprend. Invite pudique, discrète, suffisamment incertaine pour que nous puissions feindre de croire qu'elle s'adressait ailleurs ; suffisamment certaine et directe aussi pour nous arracher à notre position de spectateur.

XXVI

DÉFENSE DE ROSSELLINI[1]

Lettre à Aristarco, rédacteur en chef de « Cinema Nuovo ».

Mon cher Aristarco,

Il y a déjà longtemps que je veux écrire cet article et que je recule de mois en mois devant l'importance du problème et de ses multiples incidences. C'est aussi que j'ai conscience de mon impréparation théorique par rapport au sérieux et à la persévérance avec lesquelles la critique italienne de gauche étudie et approfondit le néo-réalisme. Encore que j'aie salué, dès son apparition en France, le néo-réalisme italien et que je n'aie cessé, je crois, de lui consacrer depuis et sans défaillance le meilleur de mon attention de critique, je ne puis prétendre à opposer à la vôtre une théorie cohérente et replacer aussi complètement que vous le faites le phénomène néo-réaliste dans l'histoire de la culture italienne. Ajoutez qu'il y a quelque risque de ridicule à paraître vouloir faire aux Italiens la leçon sur leur propre cinéma et vous aurez les principales raisons qui m'ont fait différer de répondre plus tôt à votre proposition de discussion, au sein de *Cinema Nuovo*, des positions critiques de votre équipe et de vous-même sur quelques œuvres récentes.

Je veux encore vous rappeler, avant d'entrer dans le vif du débat, que les divergences internationales, même entre critiques d'une même génération, que tout semble d'autre part rapprocher, sont fréquentes. Nous l'avons expérimenté par exemple aux *Cahiers du Cinéma* avec l'équipe de *Sight*

1. *Cinema Nuovo*.

and Sound, et j'avoue sans honte que c'est en partie la très grande estime où Lindsay Anderson tenait *Casque d'Or* de J. Becker, film qui fut en France un échec, qui m'a amené à reconsidérer ma propre opinion et à découvrir au film des vertus secrètes qui m'avaient échappé. Il est vrai que l'opinion étrangère s'égare aussi quelquefois par méconnaissance du contexte de la production. Par exemple, le succès hors de France de certains films de Duvivier ou de Pagnol est fondé évidemment sur un malentendu. On y admire une certaine interprétation de la France qui paraît à l'étranger merveilleusement exemplaire et l'on confond cet exotisme avec la valeur proprement cinématographique du film. Je reconnais que ces divergences-là ne sont nullement fécondes et je suppose que le succès à l'étranger de certains films italiens que vous méprisez à juste titre procède du même malentendu. Je ne pense pourtant pas que pour l'essentiel ce soit le cas des films qui nous opposent, ni même du néo-réalisme en général. D'abord vous reconnaîtrez que la critique française n'a pas eu tort d'être au début plus enthousiaste que l'italienne à l'égard des films qui sont aujourd'hui votre gloire incontestée des deux côtés des Alpes. Pour ma part, je me flatte d'être l'un des rares critiques français à avoir toujours identifié la renaissance du cinéma italien au « néo-réalisme », même à une époque où il était de bon ton de proclamer que ce vocable ne signifiait rien, et je persiste aujourd'hui à penser que ce mot est toujours le plus approprié à la désignation de l'école italienne dans ce qu'elle a de meilleur et de plus fécond.

Mais c'est aussi pourquoi je m'inquiète de la façon dont vous le défendez. Oserai-je vous dire, cher Aristarco, que la sévérité dont *Cinema Nuovo* fait preuve à l'égard de certaines tendances considérées par vous comme des involutions du néo-réalisme me fait craindre que vous ne tranchiez à votre insu dans la matière la plus vivante et la plus riche de votre cinéma ? Pour ma part j'admire le cinéma italien avec assez d'éclectisme, mais il est des sévérités que j'admets venant de la critique italienne. Que le succès en France de *Pain, Amour et Jalousie* vous irrite, je le comprends, c'est un peu comme celui des films de Duvivier sur Paris pour moi. Par contre quand je vous vois chercher des poux dans la tête ébouriffée de Gelsomina ou traiter comme moins que rien le dernier film de Rossellini, force m'est de trouver que, sous couvert d'intégrité théorique, vous contribuez à stériliser certaines des branches les plus vivaces et les plus prometteuses de ce que je persiste à nommer le néo-réalisme.

Vous me dites votre étonnement devant le succès relatif de *Voyage en Italie* à Paris, et surtout devant l'enthousiasme quasi unanime de la critique française. Quant à *La Strada*, son triomphe est celui que vous savez. Ces deux films viennent de relancer opportunément, non seulement dans l'intérêt du public mais dans l'estime des intellectuels, le cinéma italien en perte de vitesse depuis un an ou deux. Le cas de ces deux films est pour bien des raisons différent. Je pense pourtant que loin d'avoir été ressenti ici comme une rupture avec le néo-réalisme, et encore moins comme une involution, ils nous ont donné le sentiment d'invention créatrice, mais dans le droit fil du génie de l'école italienne. Je vais essayer d'expliquer pourquoi.

Mais d'abord j'avoue répugner à l'idée d'un néo-réalisme défini exclusivement par rapport à l'un seulement de ses aspects présents et limitant à priori les virtualités de ses évolutions futures. Peut-être est-ce faute d'avoir la tête assez théorique. Je crois plutôt que c'est par souci de laisser à l'art sa liberté naturelle. Dans les périodes de stérilité, la théorie est féconde pour analyser les causes de la sécheresse et organiser les conditions de la renaissance, mais quand on a la chance d'assister à l'admirable floraison du cinéma italien depuis dix ans, n'y a-t-il pas plus de danger que d'avantages à jeter des exclusives théoriques ? Non qu'il ne faille être sévère; au contraire, l'exigence et la rigueur critique me paraissent d'autant plus nécessaires, mais elles doivent veiller à dénoncer les compromissions commerciales, la démagogie, l'abaissement du niveau des ambitions plutôt que de vouloir imposer des cadres esthétiques à priori aux créateurs. Il me semble quant à moi qu'un metteur en scène dont l'idéal esthétique est proche de vos conceptions, mais qui admet au principe de son travail de n'en introduire que 10 ou 20 % dans les scénarios commerciaux qu'il peut tourner, a moins de mérite que celui qui tourne tant bien que mal des films rigoureusement conformes à son idéal, même si sa conception du néo-réalisme n'est pas la vôtre. Or, pour le premier, vous vous contentez avec objectivité d'enregistrer la part qui échappe au compromis en ne lui accordant que deux étoiles dans vos critiques, cependant que vous rejetez sans appel le second dans votre enfer esthétique.

Rossellini serait sans doute moins coupable à vos yeux s'il avait tourné l'équivalent de *Stazione Termini* ou de *La Pensionnaire* plutôt que *Jeanne au Bûcher* ou *La Peur*. Mon propos n'est pas de défendre l'auteur d'*Europe 51*, aux dépens de Lattuada ou de de Sica; la politique du compromis se défend jusqu'à un certain point que je n'entreprendrai pas de déterminer ici, mais il me semble que l'indépendance de Rossellini donne à son œuvre, quoi qu'on en pense d'autre part, une intégrité de style, une unité morale qui sont choses trop rares au cinéma et qui forcent, avant même l'admiration, l'estime.

Mais ce n'est pas sur ce terrain méthodologique que j'espère le défendre. Mon plaidoyer portera sur le fond même des débats. Rossellini a-t-il été vraiment et est-il toujours néo-réaliste? Il me semble que vous lui accordez de l'avoir été. Comment contester en effet le rôle joué par *Rome ville ouverte* et *Païsa* dans l'instauration et le développement du néo-réalisme ? Mais vous découvrez son « involution », sensible déjà dans *Allemagne année zéro*, décisive selon vous à partir de *Stromboli* et des *Fioretti*, catastrophique avec *Europe 51* et *Voyage en Italie*. Or que reproche-t-on essentiellement à cet itinéraire esthétique ? D'abandonner de plus en plus apparemment le souci du réalisme social, de la chronique d'actualité au bénéfice, il est vrai, d'un message moral de plus en plus sensible, message moral qu'on peut, suivant le degré de malveillance, solidariser avec l'une des deux grandes tendances politiques italiennes. Je refuse d'emblée de laisser descendre le débat sur ce terrain par trop contingent. Aurait-il des sympathies démocrates chrétiennes (dont je ne connais aucune preuve publique ou privée) que Rossellini n'en serait pas pour autant exclu à priori comme artiste de toute possibilité néo-réaliste. Laissons cela. Il est vrai néanmoins qu'on a le droit de refuser le postulat moral ou spirituel qui se fait jour de plus en plus clairement dans son œuvre, mais ce refus n'impliquerait celui de l'esthétique dans laquelle se réalise le message que si les films de Rossellini étaient des films à thèse, c'est-à-dire se réduisant à la mise en forme dramatique d'idées à priori. Or il n'est pas de metteur en scène italien dont on puisse moins dissocier les intentions de la forme, et c'est justement à partir de là que je voudrais caractériser son néo-réalisme.

Si le mot a un sens et quelles que soient les divergences qui peuvent surgir sur son interprétation, à partir d'un certain accord minimum il me semble que le néo-réalisme s'oppose d'abord essentiellement non seulement aux systèmes dramatiques traditionnels, mais encore aux divers aspects connus du réalisme — tant en littérature qu'au cinéma — par l'affirmation d'une certaine globalité du réel. J'emprunte cette définition qui me paraît juste et commode à l'abbé A. Ayfre (cf. *Cahiers du Cinéma*, n° 17). Le néo-réalisme est une description globale de la réalité par une conscience globale. J'entends par là que le néo-réalisme s'oppose aux esthétiques réalistes qui l'ont précédé, et notamment au naturalisme et au vérisme en ce que son réalisme ne porte pas tant sur le choix de sujets que sur la prise de conscience. Si vous voulez, ce qui est réaliste dans *Païsa*, c'est la résistance italienne, mais ce qui est néo-réaliste, c'est la mise en scène de Rossellini, sa présentation à la fois elliptique et synthétique des événements. En d'autres termes encore, le néo-réalisme se refuse par définition à l'analyse (politique, morale, psychologique, logique, sociale ou tout ce que vous voudrez) des personnages et de leur action. Il considère la réalité comme un bloc, non pas certes incompréhensible mais indissociable. C'est pourquoi notamment le néo-réalisme est sinon nécessairement anti-spectaculaire (encore que la spectacularité lui soit effectivement étrangère), du moins radicalement anti-théâtral, dans la mesure où le jeu de l'acteur théâtral suppose une analyse psychologique des sentiments et un expressionnisme physique, symbole de toute une série de catégories morales.

Ce qui ne signifie pas, tout au contraire, que le néo-réalisme se réduise à je ne sais quel documentarisme objectif. Rossellini aime à dire qu'au principe de sa conception de la mise en scène réside l'amour non seulement de ses personnages, mais du réel comme tel, et c'est justement cet amour qui lui interdit de dissocier ce que la réalité a uni : le personnage et son décor. Le néo-réalisme ne définit donc pas un refus de prendre position à l'égard du monde, non plus que de le juger, mais il suppose en effet une attitude mentale ; c'est toujours la réalité vue à travers un artiste, réfractée par sa conscience, mais par toute sa conscience, et non par sa raison ou sa passion ou ses croyances, et recomposée à partir des éléments dissociés. J'aimerais dire que l'artiste réaliste traditionnel (Zola par exemple) analyse la réalité puis en refait une synthèse conforme à sa conception morale du monde, tandis que la conscience du metteur en

L'Amore (Roberto Rossellini) : « Rossellini aime à dire qu'au principe de sa conception de la mise en scène réside l'amour non seulement de ses personnages, mais du réel comme tel, et c'est justement cet amour qui lui interdit de dissocier ce que la réalité a uni : le personnage et son décor. »

scène néo-réaliste la filtre. Sans doute sa conscience, comme toute conscience, ne laisse-t-elle pas passer tout le réel, mais son choix n'est ni logique ni psychologique : il est ontologique en ce sens que l'image de la réalité qu'on nous restitue demeure globale, de la même façon, si l'on veut une métaphore, qu'une photographie en noir et blanc n'est pas une image de la réalité décomposée et recomposée « sans la couleur », mais une véritable empreinte du réel, une sorte de moulage lumineux où la couleur n'apparaît pas. Il y a identité ontologique entre l'objet et sa photographie. Je me ferais peut-être mieux comprendre par un exemple. Je le prendrai précisément dans *Voyage en Italie*. Le public est volontiers

« Je prétends donc que *Voyage en Italie* est néo-réaliste... »

déçu par le film dans la mesure où Naples n'y apparaît que de façon incomplète et fragmentaire. Cette réalité n'est en effet que le millième de ce qu'on pourrait montrer, mais le peu qu'on en voit, quelques statues dans un musée, des femmes enceintes, une fouille à Pompéï, un bout de procession de Saint-Janvier, possède néanmoins ce caractère global qui me paraît essentiel. C'est Naples « filtrée » par la conscience de l'héroïne, et si le paysage est pauvre et limité, c'est parce que cette conscience de bourgeoise médiocre est elle-même d'une rare pauvreté spirituelle. La Naples du film n'est pas fausse pourtant (ce que pourrait être en revanche un documentaire de 3 heures), mais c'est un paysage mental à la fois objectif comme une pure photographie et subjectif comme une pure conscience. On a compris que l'attitude de Rossellini à l'égard de ses personnages et de leur milieu géographique et social est au second degré celle de son héroïne devant Naples, avec cette différence que sa conscience à lui est celle d'un artiste de grande culture et à mon avis d'une rare vitalité spirituelle.

Je m'excuse de procéder par métaphore, c'est que je ne suis pas philosophe et que je ne puis pas me faire entendre plus directement. J'essaierai donc encore d'une comparaison. Je dirai des formes d'art classique et du réalisme traditionnel qu'ils construisent les œuvres comme on construit les maisons, avec des briques ou des pierres de taille. Il n'est pas question de contester ni l'utilité des maisons, ni leur beauté éventuelle, ni la parfaite appropriation des briques à cet usage, mais on conviendra que la réalité de la brique est bien moins dans sa composition que dans sa forme et sa résistance. Il ne viendrait pas à l'idée de la définir comme un morceau d'argile, son originalité minérale importe peu, ce qui compte c'est la commodité de son volume. La brique est un élément de maison. Cela est inscrit dans ses apparences mêmes. On peut faire le même raisonnement par exemple avec les pierres de taille qui composent un pont. Elles s'emboîtent parfaitement pour former la voûte. Mais des blocs de rochers éparpillés dans un gué sont et demeurent des rochers, leur réalité de pierre n'est pas affectée parce que, sautant de l'un à l'autre, je m'en sers pour franchir la rivière. S'ils m'ont fait provisoirement le même usage, c'est que j'ai su apporter au hasard de leur disposition mon complément d'invention, y ajouter le mouvement qui, sans en modifier la nature et l'apparence, leur a donné provisoirement un sens et une utilité.

De la même façon le film néo-réaliste a un sens, mais à posteriori, dans la mesure où il permet à notre conscience de passer d'un fait à l'autre, d'un fragment de réalité au suivant, tandis que le sens est donné à priori dans la composition artistique classique : la maison déjà est dans la brique.

Si mon analyse est exacte, il s'ensuit que le terme de néo-réalisme ne devrait jamais être employé comme substantif, sinon pour désigner l'ensemble des metteurs en scène néo-réalistes. Le néo-réalisme n'existe pas en soi, il n'y a que des metteurs en scène néo-réalistes, qu'ils soient matérialistes, chrétiens, communistes ou tout ce qu'on voudra. Visconti est néo-réaliste dans *La Terra trema* qui appelle à la révolte sociale, et Rossellini est néo-réaliste dans les *Fioretti* qui illustrent une réalité purement spirituelle. Je ne refuserais l'épithète qu'à celui qui diviserait pour me convaincre ce que la réalité a uni.

Je prétends donc que *Voyage en Italie* est néo-réaliste et bien davantage que *L'Or de Naples* par exemple, que j'admire beaucoup mais qui procède d'un réalisme psychologique et subtilement théâtral, en dépit de toutes les notations réalistes qui cherchent à nous donner le change. Je dirais davantage : c'est Rossellini qui de tous les réalisateurs italiens me paraît avoir poussé le plus loin l'esthétique du néo-réalisme. J'ai dit qu'il n'y avait pas de néo-réalisme pur. L'attitude néo-réaliste est un idéal dont on approche plus ou moins. Dans tous les films dits néo-réalistes, il y a encore des résidus du réalisme traditionnel spectaculaire, dramatique ou psychologique. On pourrait les analyser de la manière suivante : la réalité documentaire plus autre chose, cette autre chose étant suivant les cas la beauté plastique des images, le sentiment social, la poésie, le comique, etc. On chercherait en vain chez Rossellini à dissocier ainsi l'événement de l'effet cherché. Rien chez lui de littéraire ou de poétique, rien même si l'on veut de « beau » au sens plaisant du mot : il ne met en scène que des faits. Ses personnages sont comme hantés par le démon de la mobilité, les petits frères de François d'Assise n'ont d'autre façon de rendre gloire à Dieu que la course à pied. Et l'hallucinante marche à la mort du gamin d'*Allemagne année zéro* ! C'est que le geste, le changement, le mouvement physique constituent pour Rossellini l'essence même du réel humain. C'est aussi traverser des décors dont chacun traverse plus encore au passage le personnage. L'univers rossellinien est un univers d'actes purs, insignifiants en eux-mêmes, mais préparant comme à l'insu même de Dieu la révélation soudain éblouissante de leur sens. Ainsi de ce miracle du *Voyage en Italie* invisible aux deux héros, presque invisible même de la caméra, au demeurant ambigu (car Rossellini ne prétend pas que ce soit un miracle, seulement l'ensemble de cris et de bousculades qu'on nomme tel), mais dont le heurt contre la conscience des personnages provoque inopinément la précipitation de leur amour. Nul, me semble-t-il, plus que l'auteur d'*Europe 51* n'est parvenu à mettre en scène des événements d'une structure esthétique plus dure, plus intègre, d'une transparence plus parfaite dans laquelle il

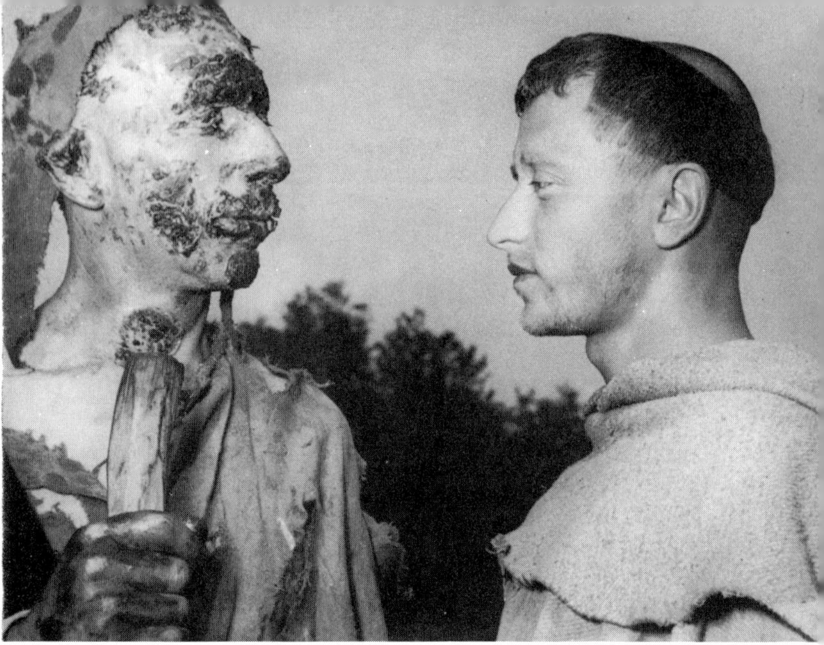

Fioretti (Roberto Rossellini) : « Respecter le réel n'est pas en effet accumuler les apparences, c'est au contraire le dépouiller de tout ce qui n'est pas l'essentiel, c'est parvenir à la totalité dans la simplicité. »

soit moins possible de discerner autre chose que l'événement même. Tout comme un corps peut se présenter à l'état amorphe ou cristallisé. L'art de Rossellini, c'est de savoir donner aux faits à la fois leur structure la plus dense et la plus élégante ; non pas la plus gracieuse mais la plus aiguë, la plus directe ou la plus tranchante. Avec lui le néo-réalisme retrouve naturellement le style et les ressources de l'abstraction. Respecter le réel n'est pas en effet accumuler les apparences, c'est au contraire le dépouiller de tout ce qui n'est pas l'essentiel, c'est parvenir à la totalité dans la simplicité. L'art de Rossellini est comme linéaire et mélodique. Il est vrai que plusieurs de ses films font penser à une esquisse, le trait indique plus qu'il ne peint. Mais faut-il prendre cette sûreté du trait pour de la pauvreté ou de la paresse ? Autant le reprocher à Matisse. Peut-être Rossellini est-il, en effet, davantage dessinateur que peintre, nouvelliste que romancier, mais la hiérarchie n'est pas dans les genres, elle n'est que dans les artistes.

Je n'espère pas, mon cher Aristarco, vous avoir convaincu. Aussi bien ne convainc-t-on guère avec des arguments. La conviction qu'on y met compte souvent davantage. Je serais heureux si seulement la mienne, où vous trouverez l'écho de l'admiration de quelques autres critiques de mes amis, pouvait au moins ébranler la vôtre.

XXVII

« EUROPE 51[1] »

Commencée sur un chef-d'œuvre incompris (*Umberto D*), l'année s'est terminée sur un autre chef-d'œuvre maudit, *Europe 51* de Roberto Rossellini. Comme on avait reproché à de Sica d'avoir fait un mélodrame social, on accusa Rossellini de donner dans l'idéologie politique confuse et cette fois-ci plutôt réactionnaire. C'était une fois encore se tromper sur l'essentiel et juger le sujet abstraction faite du style qui lui confère son sens et sa dignité esthétique. Une jeune femme riche, et frivole, perd son fils unique qui a tenté de se suicider, un soir que sa mère trop préoccupée de mondanités l'a envoyé se coucher avec inattention. Le choc moral est si violent qu'il plonge la pauvre jeune femme dans une crise de conscience dont elle cherche d'abord la solution dans l'action sociale sur les conseils d'un cousin intellectuel communiste. Mais peu à peu elle a le sentiment que ce n'est là encore qu'un plan intermédiaire qu'elle doit dépasser vers une mystique toute personnelle de la charité au-delà des catégories de la politique et même de la morale sociale ou religieuse. Ainsi est-elle amenée à soigner jusqu'à sa mort une prostituée, puis à aider la fuite d'un jeune criminel. Cette dernière initiative fait scandale et son mari même, qui la comprend de moins en moins, préfère la voir enfermée dans une « maison de santé » avec la complicité de toute la famille épouvantée par sa démence. Se fût-elle inscrite au parti communiste ou serait-elle entrée au couvent que la société bourgeoise y aurait vu moins à redire : l'Europe 51, c'est le monde des partis et des embrigadements sociaux sous

1. Texte écrit en 1953.

toutes les formes. Sous cet angle, il est vrai que le scénario de Rossellini n'est pas dépourvu de naïvetés, voire d'incohérences et en tout cas de prétention. On devine en particulier ce que l'auteur a emprunté à la biographie de Simone Weil sans en retrouver d'ailleurs la solidité de pensée. Mais ces réserves ne tiennent pas devant la totalité d'un film qu'il faut comprendre et juger à partir de sa mise en scène. Que vaudrait, réduit à son résumé logique, *L'Idiot* de Dostoïevski ? Parce que Rossellini est un vrai metteur en scène, la forme du film n'est pas chez lui la parure du scénario, il en est la matière même. L'auteur d'*Allemagne année zéro* est personnellement et profondément hanté par le scandale de la mort des enfants et plus encore de leur suicide. C'est autour de cette expérience spirituelle authentique que le film prend corps ; le thème de la sainteté laïque, thème éminemment moderne, s'en dégage naturellement ; son organisation plus ou moins adroite par le scénario importe peu ; ce qui compte, c'est que chaque séquence est une sorte de méditation, de chant cinématographique, par le truchement de la mise en scène sur ces thèmes fondamentaux. Il ne s'agit pas de démontrer mais de montrer. Et comment résister à la bouleversante présence spirituelle d'Ingrid Bergman et, au-delà de l'interprète, rester insensible à la tension d'une mise en scène où l'univers paraît s'organiser sur les mêmes lignes de force spirituelles jusqu'à les dessiner aussi lisiblement que la limaille de fer sur le champ magnétique de l'aimant ? Rarement la présence du spirituel dans les êtres et dans le monde aura-t-elle été exprimée avec une aussi éblouissante évidence.

Il est vrai que le néo-réalisme d'un Rossellini paraît ici bien différent, sinon contradictoire, de celui d'un de Sica. Il nous semble pourtant judicieux de les rapprocher comme les deux pôles d'une même école esthétique. Là où de Sica fouille la réalité avec toujours plus de tendre curiosité, Rossellini au contraire paraît dépouiller toujours davantage, styliser avec une rigueur douloureuse mais impitoyable, bref retrouver le classicisme de l'expression dramatique par le jeu et par le choix. Mais à y regarder de près ce classicisme procède de la même révolution néo-réaliste. Pour Rossellini comme pour de Sica il s'agit de répudier les catégories du jeu et de l'expression dramatique pour contraindre la réalité à livrer son sens à partir de ses seules apparences. Rossellini ne fait pas *jouer* ses acteurs, il ne leur fait pas exprimer tel ou tel sentiment, il les contraint seulement à être d'une certaine façon devant la caméra. Dans une telle mise en scène, la place respective des personnages, leur façon de marcher, leurs déplacements dans le décor, leurs gestes ont beaucoup plus d'importance que les sentiments qui se peignent sur leur visage, voire que ce qu'ils disent. Du reste, quels « sentiments » pourrait bien « exprimer » Ingrid Bergman ? Son drame est bien au-delà de toute nomenclature psychologique. Son visage n'est que la trace d'une certaine qualité de souffrance.

Qu'une telle mise en scène appelle une stylisation aussi évoluée qu'on voudra, *Europe 51* en offre l'évidence même. Un tel film est tout le contraire du réalisme « pris sur le vif » : l'équivalent d'une écriture austère et stricte dépouillée parfois jusqu'à l'ascèse. Arrivé à ce point, le néo-réalisme retrouve l'abstraction classique et sa généralité. D'où cet apparent paradoxe : la bonne version du film n'est pas la version italienne doublée, mais la version anglaise où a été conservé le maximum de voix originales. A la limite de ce réalisme l'exactitude de la réalité sociale extérieure redevient indifférente. Les enfants des rues de Rome peuvent parler anglais sans que nous songions à cette invraisemblance. La réalité par le truchement du style renoue avec les conventions de l'art.

INDEX DES FILMS CITÉS

TABLE DES MATIÈRES

7ART Collection « Septième Art »

1. **J. QUEVAL :** *Marcel Carné**.
2. **H. AGEL :** *Le cinéma a-t-il une âme ?* (13e mille)*.
3. **G. CHARENSOL :** *René Clair et les Belles-de-Nuits**.
4. **H. AGEL, Jean-Pierre BARROT, André BAZIN, Jacques DONIOL-VALCROZE, Denis MARION, Jean QUEVAL, Jean-Louis TALLENAY :** *Sept Ans de cinéma français* (1945-1952)*.
5. **J.-L. RIEUPEYROUT et André BAZIN :** *Le Western ou le cinéma américain par exellence**.
6. **H. AGEL et A. AYFRE :** *Le Cinéma et le Sacré.*
7. **A. BAZIN, J. DONIOL-VALCROZE, G. LAMBERT, C. MARKER, J. QUEVAL, J.-L. TALLENAY :** *Cinéma 53 à travers le monde**.
8. **P. LEPROHON :** *Cinquante ans de cinéma français* (1895-1945)*.
9. **J. LEIRENS :** *Le Cinéma et le Temps**.
10. **G. AGEL :** *Hulot parmi nous**.
11. **P. VANDROMME :** *Le Cinéma et l'Enfance**.
12. **M. MARTIN :** *Le Langage cinématographique**.
13. **H. LEMAÎTRE :** *Beaux-Arts et Cinéma**.
14. **M. et Sh. GIUGLARIS :** *Le Cinéma japonais* (1896-1955)*.
15. **A. CAULIEZ :** *Le Film criminel et le Film Policier**.
16. **J. SICLIER :** *Le Mythe de la femme dans le cinéma américain**.
17. **G. AGEL et D. DELOUCHE :** *Les Chemins de Fellini, suivi du Journal d'un bidoniste**.
18. **C. MAURIAC :** *Petite Littérature du cinéma**.
19. **R. BRIOT :** *Robert Bresson**
20. **J. SICLIER :** *La Femme dans le cinéma français**.
21. **M. FIELD :** *Cinéma pour enfants**.
22. **H. AGEL :** *Miroirs de l'insolite dans le cinéma français**.
23. **J. SICLIER et A.S. LABARTHE :** *Images de la science-fiction**.
24. **A. BAZIN :** *Q'est-ce que le cinéma ?*, T. I, Ontologie et langage*.
25. **A. BAZIN :** *Qu'est-ce que le cinéma ?*, T. II, Le cinéma et les autres arts*.
26. **P. HOVALD :** *Le Néo-Réalisme italien et ses créateurs**.
27. **J. LEIRINS :** *Le Cinéma et la crise de notre temps**.
28. **J.-R. DEBRIX :** *Les Fondements de l'art cinématographique**, T. I, Art et réalité au cinéma*.

---

* Les titres suivis d'un astérique sont épuisés ou en réimpression.

29. **A. Bazin :** *Qu'est-ce que le cinéma ?*, T. III, Cinéma et sociologie*.
30. **J. Siclier :** *Nouvelle Vague* ?*
31. **P. Leprohon :** *Histoire du cinéma**, T. I, Vie et mort du cinématographe (1875-1930).
32. **M. Martin :** *Le Langage cinématographique.*
33. **A. Bazin :** *Qu'est-ce que le cinéma ?*, T. IV, Une esthétique de la Réalité : le néo-réalisme*.
34. **P. Leprohon :** *Histoire du cinéma*, T. II, L'étape du film parlant*.
35. **H. Agel :** *Romance américaine**.
36. **J. Deslandes :** *Le Boulevard du cinéma à l'époque de Georges Méliès.*
37. **F. Mars :** *Le Gag**.
38. **É. Fuzelier :** *Cinéma et Littérature.*
39. **A. Ayfre :** *Conversion aux images ?*
40. **J.-L. Rieupeyrout :** *La Grande Aventure du western* (1894-1964)*.
41. **L. Escoube :** *Gary Cooper, le cavalier de l'Ouest.*
42. **F. Porcile :** *Défense du court métrage français.*
43. **H. Agel :** *Les grands cinéastes que je propose.*
44. **A. Ayfre :** *Le Cinéma et sa vérité.*
45. **A. Ayfre :** *Cinéma et Mystère.*
46. **F. Poulle :** *Renoir 1938, ou Renoir pour rien ?*
47. **N. Simsolo :** *Le Monde de Jerry Lewis.*
48. **Ph. Parrain :** *Regards sur le cinéma indien.*
49. **F. Porcile :** *Présence de la musique à l'écran.*
50. **P. Kané :** *Roman Polanski**.
51. **G. Lenne :** *Le Cinéma « fantastique » et ses mythologies**.
52. **Y.-R. Baticle :** *Le Professeur à l'écran.*
53. **G. Lenne :** *La Mort du cinéma.*
54. **D. Fanne :** *L'Univers de François Truffaut**.
55. **J. Collet :** *Le Cinéma en question : Rozier, Chabrol, Rivette, Truffaut, Demy, Rohmer.*
56. **A. Bazin :** *Orson Welles**.
57. **A. Bazin et E. Rohmer :** *Charlie Chaplin.*
58. **M. Mardore :** *Pour une critique-fiction.*
59. **G. Hennebelle :** *Quinze ans de cinéma mondial* (1960-1975)*.
60. **A. Bazin :** *Qu'est-ce que le cinéma ?* (éd. définitive, disponible en petit format).
61. **J. Roy :** *Pour John Ford.*
62. **J.-A. Gili :** *Francesco Rosi : cinéma et pouvoir.*
63. **G. Lenne :** *La mort à voir.*
64. **M. Drouzy :** *Carl Th. Dreyer, né Nilson.*
65. **D. Serceau :** *Mizoguchi : de la révolte aux songes.*
66. **J.-L. Douin :** *La Nouvelle Vague 25 ans après.*

67. **R. Prédal :** *Le Cinéma français contemporain.*
68. **C. Zimmer :** *Le Retour de la fiction.*
69. **M. Estève :** *Le Pouvoir en question.*
70. **F. Garçon :** *De Blum à Pétain, cinéma et société française.*
71. **M. Oms :** *Don Luis Bunuel.*
72. **R. Prédal :** *La Photo de cinéma.*
73. **G. Bedouelle :** *Du spirituel dans le cinéma.*
74. **D. Serceau :** *Jean Renoir, la sagesse du plaisir.*
75. **M. Martin :** *Le langage cinématographique.*
76. **M. Serceau :** *Roberto Rossellini : du néo-réalisme au cinéma d'analyse.*
77. **E. Larraz :** *Le Cinéma espagnol, des origines à nos jours.*
78. **M. Oms :** *La Guerre d'Espagne au cinéma. Mythes et réalités.*
79. **C. Th. Dreyer :** *Jésus de Nazareth — Médée.* Dossier réuni par M. Drouzy.
80. **S.M. Eisenstein :** *Le mouvement de l'art.* Édition établie par Naoum Kleiman et François Alberta.
81. **J. Mitry :** *La Sémiologie en question. Langage et Cinéma.*
82. **H. Agel :** *Un art de la célébration : le cinéma de Flaherty à Rouch.*
83. **D. Noguez :** *Le Cinéma, autrement.* Édition revue et augmentée.
84. **H. Puiseux :** *L'Apocalypse nucléaire et son cinéma.*
85. **R. Prédal :** *900 cinéastes français d'aujourd'hui. Dictionnaire.*
86. **M. Cieutat :** *Les Grands Thèmes du cinéma américain.*
87. **M. et A. Liehm :** *Les cinémas de l'Est.*
88. **J. Fuksiewicz :** *Le cinéma polonais.*
89. **R. Schneider :** *Histoire du cinéma allemand.*
90. **P. Handling et P. Véronneau :** *L'horreur intérieure : les films de David Cronenberg.*
91. **R. Prédal :** *Michelangelo Antonioni, ou la vigilance du désir.*
92. **M. Cieutat :** *Les Grands Thèmes du cinéma américain.* Tome II.
93. **F. Vallet :** *L'image de l'Enfance au cinéma.*
94. **J. Marty :** *Ingmar Bergman, une poétique du désir.*
95. **M. Tsikounas :** *Les origines du cinéma soviétique. Un regard neuf.*
96. **A. Gardies et J. Bessalel :** *200 mots-clés de la théorie du cinéma.*
97. **P. Durand :** *Cinéma et montage : un art de l'ellipse.*

Aubin Imprimeur
LIGUGÉ, POITIERS

Achevé d'imprimer en mai 1994
N° d'édition 8063 / N° d'impression L 45270
1er dépôt légal, juillet 1985
Nouveau dépôt légal avril 1994
Imprimé en France